本书为北京市习近平新时代中国特色社会主义思想研究中心
"大变局中的世界社会主义现状与前景研究"项目阶段性成果

# 世界社会主义历史进程与现状前景研究

柴尚金 ◎ 著

RESEARCH ON
THE HISTORIC COURSE
PRESENT SITUATION AND
PROSPECT OF
THE WORLD SOCIALISM

图书在版编目（CIP）数据

世界社会主义历史进程与现状前景研究／柴尚金著. -- 北京：当代世界出版社，2023.5
ISBN 978-7-5090-1733-3

Ⅰ.①世… Ⅱ.①柴… Ⅲ.①社会主义-研究-世界 Ⅳ.①D507

中国国家版本馆CIP数据核字（2023）第043113号

| | |
|---|---|
| 书　　名 | 世界社会主义历史进程与现状前景研究 |
| 出 品 人 | 丁　云 |
| 策划编辑 | 刘娟娟 |
| 责任编辑 | 刘娟娟　姜松秀 |
| 装帧设计 | 武晓强 |
| 版式设计 | 韩　雪 |
| 出版发行 | 当代世界出版社 |
| 地　　址 | 北京市地安门东大街70-9号 |
| 邮　　编 | 100009 |
| 邮　　箱 | ddsjchubanshe@163.com |
| 编务电话 | (010) 83907528 |
| 发行电话 | (010) 83908410（传真）<br>13601274970<br>18611107149<br>13521909533 |
| 经　　销 | 新华书店 |
| 印　　刷 | 北京新华印刷有限公司 |
| 开　　本 | 710毫米×1000毫米　1/16 |
| 印　　张 | 22.75 |
| 字　　数 | 306千字 |
| 版　　次 | 2023年5月第1版 |
| 印　　次 | 2023年5月第1次 |
| 书　　号 | ISBN 978-7-5090-1733-3 |
| 定　　价 | 89.00元 |

如发现印装质量问题，请与承印厂联系调换。

**版权所有，翻印必究；未经许可，不得转载！**

# 目 录

导 读　当前世界社会主义研究中值得关注的几个问题　/ 1

## 第一编　百年大变局与世界社会主义历史进程

**第一章　社会主义从普遍到特殊的历史演进**
第一节　社会主义思想从空想到科学、从普遍到特殊的历史演进　/ 35
第二节　科学社会主义实践的三次高潮　/ 49
第三节　世界社会主义运动历史演进的主要特点　/ 61
第四节　正确认识世界社会主义历史进程　/ 73

**第二章　社会主义政治制度百年历史演进**
第一节　社会主义政治制度百年回顾　/ 89
第二节　社会主义政治制度百年发展的主要经验　/ 94
第三节　对坚持和完善中国特色社会主义政治制度的几点思考　/ 101

**第三章　百年大变局与当代资本主义新变化**
第一节　百年大变局与西方国家经济社会矛盾深化　/ 110
第二节　西方国家在大变局中陷入制度性困境　/ 119
第三节　世界大变局与资本主义、社会主义两制关系格局变化　/ 124

**第四章　百年大变局与西方政党政治新变化**
第一节　西方政党政治变化的主要特点　/ 134

第二节　西方政党政治扭曲效应及启示　/ 143
第三节　西方政党政治发展演变趋势　/ 153

# 第二编　百年大变局与各国共产党的新探索

## 第五章　越南、朝鲜、老挝、古巴特色社会主义探索
第一节　越南、朝鲜、老挝、古巴对走本国特色社会主义道路的理论探索 / 161
第二节　越南、朝鲜、老挝、古巴的政策调整与革新　/ 173
第三节　越南、朝鲜、老挝、古巴加强执政党自身建设　/ 185

## 第六章　非执政共产党社会主义理论探索
第一节　非执政共产党理论变化历程　/ 197
第二节　非执政共产党理论变化原因　/ 214
第三节　非执政共产党理论探索的比较及总体评价　/ 220

## 第七章　中国共产党与外国共产党关系的历史演变与基本经验
第一节　按照无产阶级国际主义原则开展同外国共产党的交往　/ 231
第二节　按照新型党际关系原则发展同各国共产党的关系　/ 237
第三节　着眼国家关系全方位开展同各国共产党交往　/ 242
第四节　立足命运共同体深化同各国共产党的交流与合作　/ 250
第五节　中国共产党与外国共产党发展关系的基本经验　/ 257

# 第三编　百年大变局与世界社会主义发展前景

## 第八章　百年大变局与世界社会主义新格局
第一节　世纪疫情打破西方"制度优越"神话　/ 265
第二节　当今世界社会主义仍具有不可遏止的吸引力　/ 270
第三节　社会主义与资本主义两制关系格局出现新变化　/ 277

## 第九章 当今国外共产党发展新态势

第一节 执政共产党守正创新打造命运共同体 / 283

第二节 发展中国家共产党积极作为 / 289

第三节 发达国家共产党面临挑战艰难前行 / 296

第四节 共产党对世界社会主义运动的引领作用渐显 / 302

## 第十章 西亚北非地区社会主义演变与现状

第一节 阿拉伯社会主义流行 / 311

第二节 阿拉伯国家左翼政党的发展演变 / 316

第三节 "阿拉伯之春"以来阿拉伯国家左翼政党的发展 / 322

第四节 当今西亚北非地区社会主义运动主要特点和发展趋势 / 328

## 第十一章 世界社会主义发展面临的机遇、挑战和发展前景

第一节 百年大变局与世界社会主义发展机遇 / 332

第二节 当今世界社会主义面临的严峻挑战 / 337

第三节 从百年大变局看世界社会主义发展前景 / 343

后　记 / 354

# 导　读　当前世界社会主义研究中值得关注的几个问题

随着社会主义从理论到实践、从一国到多国、从建设到改革、从传统到现代的发展，有许多重大理论和实践问题值得我们深入研究。如何研究和把握当今世界社会主义发展的特点及规律，不断推进世界社会主义的学术研究和学科及话语体系建设？如何把握和应对当前国际共产主义运动的新矛盾、新挑战？如何准确识变、科学应变、主动求变，善于在危机中育先机，于变局中开新局，推进世界社会主义在探索中振兴？这是我们在世界社会主义研究中不可回避的理论问题和实践问题。

## 一、如何理解"世界社会主义"的研究对象

"世界社会主义"是什么样的社会主义，或者说"世界社会主义"作为学科其研究对象是什么？"世界社会主义"与"国际共产主义"的区别在哪？虽然这个问题不是问题，但实际上，一些人对"世界社会主义"的理解是有歧义的，不同的含义和语境，自然只是百家争鸣而不会产生思想交集，也得不出有共识的理论成果。

### （一）"世界社会主义"是什么样的社会主义？

什么是社会主义？过去多是以马克思、恩格斯提出的科学社会主

义为标准,有一部分人坚称社会主义就是科学社会主义,其标志是公有制、计划经济、按劳分配、无产阶级专政等,只有这样的社会才是社会主义。受这种思维影响,一些人往往将社会主义与科学社会主义、共产主义等同起来。这几个概念混同使用,导致话题指向不明,歧义丛生。当今世界社会主义既是思潮,也是运动,还是制度,是超越资本主义、实现世界公平正义的进步思想、运动和力量的总称,包括各种社会主义思潮流派和左翼力量。一般而言,当今世界社会主义是一个包括各种社会主义思潮流派和社会主义不同力量的统合性概念。反对资本统治一切、重视劳动者利益、实现资本主义替代的主张,是世界社会主义的思想基础,也是追寻社会主义的各种左翼及中左翼的基本共识。在世界社会主义运动中,只有那些坚持以马克思主义为指导,把马克思主义基本原理与本国实际相结合,坚定走社会主义道路的思想主张和革命实践,才可算作是科学社会主义,而那些自称信仰社会主义的民主社会主义、民族社会主义及各色新社会主义思潮流派,尽管抨击资本主义并主张实现资本主义替代,但他们大都不信奉马克思主义,因而不能称其为科学社会主义。尽管学界对社会主义、科学社会主义、共产主义的定义不一致,对当今世界社会主义的定义尚无统一标准,但是对世界社会主义与科学社会主义之间的联系和区别,总体上有共性认识。科学社会主义研究各国共产党人在马克思主义指导下开展的社会主义革命和建设的基本理论和一般规律,世界社会主义主要研究当今世界各左翼及进步力量开展的反对资本主义、探索社会主义的理论和实践。共产党人是按照科学社会主义原则开展反对资本主义的斗争,其理论主张已超出其他左翼力量形成的一般共识。我们要看到世界社会主义思潮流派和左翼力量之间的联系和区别,既不能将当今世界社会主义看作是单纯的科学社会主义,也不能以科学社会主义来代替世界社会主义,两者各有自己的研究对象和研究范畴。

### (二) 世界社会主义运动是国际共产主义运动吗?

什么是国际共产主义运动,国际共产主义运动与世界社会主义运动有什么区别，可以等同于世界社会主义运动吗？对此，有三种观点：

第一种观点认为，当今世界不存在国际共产主义运动。"国际共产主义运动"这个名词是在1920年共产国际二大首次使用的，其本意是指在共产国际这一国际组织领导下，各国共产党为争取无产阶级政权和社会主义胜利而开展的革命运动。因此，"国际共产主义运动"有特定的含义，其中一个重要标志是这一运动有一个国际组织的集中统一领导。当共产国际解散，特别是国际共产主义运动内部发生大论战，以往那种集中统一、有组织有领导的国际共产主义运动就开始分裂并渐渐解体了。东欧剧变、苏联解体后，许多共产党消亡了，有的是自行解散，有的更换了名称。没有解散或更名的共产党吸取了过去国际共产主义运动的教训，对自己的理论主张和方针政策进行了调整，走自己的路，在实践中探索社会主义。现在的社会主义探索基本上是各国各党独立进行的，没有中心和领导，过去那种一个中心、一条道路、一种模式的国际共产主义运动不复存在了。

第二种观点认为，可用"世界共产主义"来表述当今的"国际共产主义"，即将"国际共产主义"改称为"世界共产主义"。因为"世界共产主义运动"这个名词是马克思、恩格斯一直用的，在他们看来"国际共产主义运动"与"世界共产主义运动"的实际含义是一样的。原中联部副部长李一氓在1979年给中央党校学员作报告时曾专门谈了这个问题，他在分析了当时的国际形势后指出，"现在提国际共运，只能是个因袭下来的提法，真正说起来，这个国际共运是不存在的""国际共运应该有一个共同的组织，共同的纲领、共同的目的、共同的行动，现在都没有了""国际共运是有'各方面内部联系'的，现在这个联系没有了，用世界共运这个名词可能好一点"。① 李一氓认为现在不应再提"国际共产主义运动"，应称"世界共产主义运动"为好，当前世界范围内的共产主义运动没有统一组织领导，因此叫"世界共

---

① 肖枫：《社会主义：转折与创新》，北京：当代世界出版社，2016年版，第4页。

产主义运动"更为确切。

第三种观点认为，国际共产主义运动的内容和形式发生了深刻变化，走本国特色社会主义道路已成为国际共产义义运动后继者们的广泛共识，再用"国际共产主义运动"来表述当今各有特色的社会主义不太恰当，可用"世界社会主义运动"来表述。20世纪七八十年代以后，世界上出现各种各样的共产主义、社会主义理论，许多共产党都进行理论革新和道路探索，走本国特色的社会主义道路，其中"欧洲共产主义"最为典型。20世纪80年代末90年代初，东欧和苏联纷纷放弃社会主义，世界上许多共产党改名换姓，国际共产主义运动受到重创，陷入低潮。此后，学界基本上很少使用"国际共产主义运动"作为学科名称了，但也没用"世界共产主义运动"，而更多用"世界社会主义运动"这个概念。不同于"国际共产主义"概念那样强调科学社会主义，"世界社会主义"包含各种社会主义思潮和左翼运动。"世界社会主义"是一个开放性、包容性概念，目前尚未有严格定义。在马克思主义理论研究和建设工程重点教材《国际共产主义运动史》教材编写时，学界对教材如何用"国际共产主义运动"和"世界社会主义运动"问题没有完全形成统一看法，最终还是坚持过去一贯的做法，把国际共产主义运动限于科学社会主义和共产党范围内，是马克思主义指导下各国共产党争取无产阶级政权和社会主义胜利的运动。对此，有很多学者都不以为然，也引来各种非议。当今各国共产党是国际共产主义运动的继任者，保留有科学社会主义因素和共产主义运动传统。尽管共产党对社会主义的探索各有特点，但他们主张的社会主义不同于民主社会主义、民族社会主义，当今世界上不同社会主义思潮、运动之间并无直接关联。如何从整体上表述当今各有特点的社会主义思潮、运动，有没有世界性的社会主义运动？这个问题需要继续探讨。

马克思、恩格斯曾指出，无产阶级的解放，只能是国际的事业，[①] 认

---

[①] 中共中央马克思恩格斯列宁斯大林著作编译局编：《马克思恩格斯文集》（第十卷），北京：人民出版社，2009年版，第656页。

为社会主义在形式上是民族的，在内容上是国际的。根据这一观点，笔者认为，共产主义运动的本质特征是"国际性"，而"民族性"是其外在形式，这就是称马克思主义指导下各国共产党争取无产阶级政权和社会主义胜利的运动为"国际共产主义运动"的一个重要注脚。"民族性"、本国特色是当今社会主义运动的基本特征，但社会主义只专注"民族特色"，将民族性与国际性割裂开来，那在世界资本主义体系占主导地位的国际环境中就会被孤立，难以形成各国社会主义力量之间相互支持、相互促进的有利条件，也难以形成对资本主义有效的竞争优势。世界社会主义是民族性与国际性相统一的社会主义，国际性是以民族性为前提基础的，只强调国际性而忽视民族特色，就会重蹈过去国际共产主义运动覆辙，使世界社会主义运动走进死胡同。

与国际共产主义运动中曾经执政的共产党和一度风靡的社会主义思潮、运动相比，中国共产党不仅成功实现了长期执政，而且成功开辟了一条中国特色社会主义崭新道路。中国特色社会主义以深化改革促进扩大开放，不仅为中国及全球经济发展注入新动力，而且拓展了发展中国家走向现代化的途径，给世界上那些既希望加快发展又希望保持自身独立性的国家和民族提供了全新选择。中国特色社会主义的影响不止于中国，它对马克思主义、社会主义和人类社会发展同样有重大意义。"中国特色"并不意味着闭关自守、孤芳自赏，而是要求在吸收借鉴人类社会创造的一切文明成果的基础上自我变革、自我完善。习近平总书记指出："当今世界，经济社会发展越来越依赖于理论、制度、科技、文化等领域的创新，国际竞争新优势也越来越体现在创新能力上。"[①] 只有与历史同步伐、与时代共命运的人，才能赢得光明的未来。改革没有完成时，中国特色社会主义制度完善永无止境，其民族性和国际性特色将大放异彩。

---

① 习近平：《习近平谈治国理政》（第二卷），北京：外文出版社，2017年版，第203页。

## 二、如何看当今世界社会主义结构性变化与新发展

伴随社会主义的认识不断深化和社会主义改革不断推进,世界社会主义发生了很大变化,世界社会主义步入了从传统到现代的历史转换进程中,已进入社会主义新发展阶段。

### (一) 社会主义从传统到现代的发展是世界社会主义的理论与实践的创新和模式转换,是一种结构性变化

之所以发生结构性变化,是因为旧的结构在松动,甚至是不同程度的坍塌,新的结构在生成,世界社会主义在内容和形式上都不同以往,目标任务、依靠力量、斗争形式、实现途径等都与过去有很大不同,呈现出新的特征。当今社会主义作为一种世界现象不同于过去的社会主义,其最大的变化是,世界社会主义现实进程中出现理论与实践不一致、历史与逻辑不统一问题,如社会主义实现途径、依靠力量、动力机制等都与马克思主义经典作家的理论设想有出入,这种不一致、不统一是客观事实,意味着当今世界社会主义运动发生的变化不是形式表象变化,而是内涵式结构性变化。这种结构性变化正是当今需要深入研究的"真问题"。

结构性变化第一表现在社会主义道路由照抄照搬到自主探索的历史性转变。对社会主义实现途径问题,马克思、恩格斯当年设想是在高度发达生产力水平的西欧国家同时取得胜利,在落后国家是不能单独取得胜利的。列宁根据帝国主义本性和俄国革命实际,认为在帝国主义链条的薄弱环节可以通过武装斗争取得社会主义革命胜利。毛泽东领导中国共产党人将马克思列宁主义与中国革命实际相结合,走出了以农村包围城市、武装夺取政权的中国式革命道路。二战后,随着科技革命和经济全球化浪潮汹涌,社会主义面临的时代主题发生转换。世界大多数马克思主义政党在实现社会主义方式上抛弃了过去的暴力斗争方式,选择议会道路,主张通过合法、和平方式实现社会主义。

这些变化表明，实现社会主义是一个长期历史过程，在任何一个国家都不是轻而易举的事情，需要各党结合本国国情和本党实际，走自己的路。实现社会主义的道路和方式是随着时代及各国革命实践的发展而不断变化，不能固守教条而一成不变，走自己的路是当今世界社会主义运动的普遍现象。

第二表现在社会主义建设模式由一种模式到各种特色模式的结构性转换。列宁领导俄国布尔什维克党和劳动人民，通过武装斗争建立了无产阶级专政的国家政权，使社会主义从理论变为现实，并在之后的实践中形成苏联模式。在社会主义国家建立初期，基本上实行了建立在公有制和计划经济基础上的高度集中模式，这一模式能有效地调动各种资源，集中力量干大事，在较短时间内改变了国家经济社会结构，实现较快发展。在国际共产主义运动史上，苏联模式曾是社会主义制度的唯一模式。然而，社会主义高度集中的模式存在很大弊端，比如机制僵化、权力集中、企业缺乏自主权、基层单位和个人缺乏积极性，一段时间后，高度集中的优势反而会成为阻碍经济发展的障碍。习近平总书记对苏联模式的形成时间及弊端有过明确表述，他认为苏联模式是在列宁逝世后斯大林领导苏联期间开始形成的，苏联模式的主要特点是粗放的发展方式、长期忽视民主法治建设、个人崇拜、家长制等。在他看来，苏联模式是社会主义制度的一种特定模式，不是社会主义固有模式，社会主义需要在长期的探索中不断完善，并要充分体现相对于资本主义制度的优越性。社会主义国家在过去实践中，曾饱尝苏联僵化模式的苦果，盲目照搬苏联模式不仅导致经济发展停滞不前，而且还会出现亡党亡国的危险。东欧剧变、苏联解体不能不说是僵化的社会主义体制的失败，其教训是极其深刻的。东欧剧变、苏联解体后，西方反共人士宣称社会主义历史终结，把东欧剧变、苏联解体看作是社会主义、共产主义的失败。实际上，东欧剧变、苏联解体只是国际共产主义运动的一部分或者说是一种模式的失败，并不是整个世界社会主义运动的失败，不能把苏联模式等同于社会主义整体。现存的社会主义国家从东欧剧变、苏联解体中吸取教训，强调从本国实际出发，不同程度地调整政策，开始转变发展模式，不断创新和完善社会主义制度，建设具有本国特色的社会主义。

第三表现在对未来社会主义形成了新的认识。过去对社会主义的认知局限于本质、特征等概念范畴认识上，并往往以经典作家的论述为标准，将他们对未来美好社会的憧憬投射在现实生活中。而当今各国共产党及其他左翼力量对社会主义的认识是立足于现实，是在自己的探索实践中总结出来的经验性认识，是在新的社会运动中形成的新的社会主义思潮。对社会主义国家而言，要实现经济社会发展，必须尊重客观经济规律，发挥市场机制作用，搞社会主义市场经济，处理好公平与效率的关系。坚持改革开放，把市场经济与社会主义结合起来，这是对社会主义认识的一大突破。消除贫富差距，实现共同富裕是社会主义应有之义，也是社会主义长期追求的目标。在实现这一目标的过程中，必须坚持以人民为中心，人民共享发展成果，走经济与社会、人与自然全面协调可持续发展之路。随着科学技术和经济全球化的迅猛发展，人类对自然的征服能力空前提高，人与自然的矛盾日益突出，环境污染、气候变化、自然灾害等对人类威胁越来越严重，解决人与自然矛盾，实现人与自然协调发展，不断提高人民群众的幸福感、安全感，这种"创新、协调、绿色、开放、共享"的新发展理念，是对社会主义认识的一大飞跃，是社会主义由传统到现代结构性转型的一个重要标志。

## （二）以历史和现实为依据研究世界社会主义从传统到现代的结构性变化

"问题是时代的格言，是表现时代自己内心状态的最实际的呼声。"[①] 我们研究和分析世界社会主义发展变化问题，应以历史和现实

---

[①] 中共中央马克思恩格斯列宁斯大林著作编译局译：《马克思恩格斯全集》（第一卷），北京：人民出版社，1995年版，第203页。

为依据，不能仅凭个人好恶贴标签。历史上的国际共产主义运动是世界社会主义研究的逻辑起点，现实中的社会主义是世界社会主义研究的重点内容。全球化、信息化、网络化、智能化是21世纪人类生活中最重大的历史进程和发展趋势，这一进程和趋势必然对社会主义、资本主义两种不同制度的国家关系产生影响，并使世界社会主义发展具有不同的趋势和特点。后疫情时代，全球秩序愈加碎片化，个人主义与集体主义、"自由主义"与"威权主义"、资本主义与社会主义的竞争更趋白热化、长期化，制度之争将进入一个新的历史时期。习近平总书记指出，当代中国的伟大社会变革，不是简单延续我国历史文化的母版，也不是简单套用马克思主义经典作家设想的模板，不是其他国家社会主义实践的再版，也不是国外现代化发展的翻版。① 今天我们理解社会主义制度、中国特色社会主义制度，不能就理论原则进行自我解读和演绎，必须是在同资本主义制度的比较中全景式再现，在克服资本主义制度弊端中体现出社会主义制度自身优势。同新自由主义模式和苏联模式相比，中国特色社会主义制度模式既顾及社会差距的客观性和现实性，把追求效率、提高效率放在重要位置；又顾及社会公平与公正的必然性和目标性，在发展过程中着力实现效率与公平的有机统一。社会主义和资本主义是矛盾统一体，研究社会主义不可能不涉及资本主义，但长期以来学界对这两者的研究是割裂开来的，研究世界社会主义就只看到共产党和左翼力量的兴衰沉浮，对资本主义制度的发展演变及其对社会主义的影响研究不多，较少将两者结合起来整体研究。新冠肺炎疫情既扯掉了美国民主灯塔的"遮羞布"，也展示了中国特色社会主义的制度伟力。"东升西降"是历史大趋势，也是当今世界大变局中值得研究的时代课题。既然时代发展再次凸显社会主义和资本主义两种制度竞争态势，我们就不能孤立地研究社会主义或资本主义问题，要将两者的发展变化结合起来研究。

---

① 习近平：《论中国共产党历史》，北京：中央文献出版社，2021年版，第211页。

实现社会主义是一个长期历史过程，在任何一个国家都不是轻而易举的事情，需要各党结合本国国情和本党实际，走自己的路。对各国特色，要从社会主义多样性角度去理解，不能因之不同于传统社会主义模式，就认为是离经叛道而大张挞伐。我们应有海纳百川的胸襟，不轻易否定调整改革探索实践。社会主义改革有快有慢，有的甚至还未起步，不能强求一致，要吸取过去国际共产主义运动的历史教训，尊重各国对改革开放的具体想法和做法，不能以一国实践经验去评判其他社会主义国家的实际。当前，国内外存在一种否认现存社会主义国家性质的舆论动向，不仅将个别国家看作另类，否认其是社会主义国家，也质疑中国特色社会主义性质，非议越南、老挝的革新变化，认为其偏离了马克思列宁主义和科学社会主义轨道。我们研究和分析一国政治经济社会发展模式，应以历史和现实为依据，不能仅凭个人好恶来评判，要在差异中把握现存社会主义国家的同一性。比如，朝鲜社会主义体制是历史与现实、主观与客观、内因与外因共同作用的结果，与朝鲜民族文化、历史遭遇、地缘政治及国际共产主义运动起伏变化等因素直接关联。朝鲜劳动党坚持以主体思想、先军政治和金日成-金正日主义的指导地位，重视政治思想教育，注重用民族主义、爱国主义、忠于领袖及"遗训政治"等教育党员和人民，利用建党、建军、国庆日，以及领袖生日纪念活动等进行广泛的革命传统和社会主义、爱国主义教育，打造全党、全社会思想的"统一体"和"纯洁体"，全党革命思想一色化。在朝鲜劳动党七大和八大上，金正恩反复强调主体思想、先军政治的重要性，强调朝鲜劳动党要高举金日成-金正日思想旗帜，为社会主义事业、为祖国的自主统一、为世界的自主化而奋斗。朝鲜强调主体思想，并不意味着就是否定了马克思主义、背离了社会主义。朝鲜劳动党认为主体思想是对马克思主义的继承和发展，强调朝鲜仍坚持社会主义本色、坚持集体主义原则，在经济上坚持公有制，坚持政府对经济的掌控力。如何看中国、朝鲜、越南、老挝、古巴在社会主义探索中的差异性和不同点，如何理解社会主义差异化发展？这涉及世界观问题，也涉及方法论问题。从方法论上看，就是要从各自社会主义探索的特殊性中去理解社会主义共性原则，不能以一般原则去套用现实中的多样性探索。根据形势的变化和本国本党的实际进行理论革新和政策调整，在20世纪后半期的世界社会主义运动中已成为普遍潮流，这种革新和探索从理论上看有利于马克思主义理论的丰富发展，从实践上看有利于推进世界社会主义运动不断向前。

世界社会主义多样化发展进程中，左翼力量碎片化是一个不容回避的客观现实，我们要聚焦当今世界社会主义多样化发展的现实问题，展开不同层次的探索和研究。多年来，学界对世界社会主义的研究取得了丰硕成果，积累了深厚基础，但有些研究只停留在对现象的描述或对个例的分析，理论、实践、历史之间缺乏逻辑统一，仅停留在短时段的历史事件层面，虽研究视角独特，研究对象和问题提法也新颖，但结论往往以偏概全，并不能完全反映世界社会主义理论与现实发展中的真实面貌和发展趋势。习近平总书记强调："走自己的路，是党的全部理论和实践立足点，更是党百年奋斗得出的历史结论。"[①] 中国走自己的路，实行改革开放并取得巨大成功，这是世界社会主义发展历程中的大事件。把马克思主义与本国实际相结合，走自己的路，已成为各国共产党和左翼人士的共同选择，建设本国特色社会主义是现存社会主义国家的共识。对社会主义的多样性理解和多层次探索，从理论上看是对马克思主义理论宝库的丰富和发展，从实践上看也有利于世界社会主义运动纵深向前。

当今世界社会主义"碎片"加"碎片"式研究绝不等于整体，若要改变世界社会主义研究缺乏整体性、过于强调各个左翼政党发展的现状，对社会主义研究就要用普遍联系的眼光，把对国外各种左翼力量的研究同对各种社会主义思潮和流派的研究结合起来，在比较中找

---

① 习近平：《在庆祝中国共产党成立100周年大会上的讲话》，北京：人民出版社单行本，2021年版。

出区别与联系。"只有回看走过的路、比较别人的路、远眺前行的路,弄清楚我们从哪儿来、往哪儿去,很多问题才能看得深、把得准。"① 只有以问题为导向,尽可能地将历史与时代、现实结合起来,才能更多地激活研究的在场意识,突出研究的实用性和存在感;只有开展整体性、结构性研究,才能去粗取精、去伪存真,从当今时代的结构性变迁中提炼出关乎世界社会主义前途命运的本质性、深度性学术问题。

### 三、如何看当今世界社会主义的主体力量

社会主义经历了 500 多年的发展历程,产生了各式各色的社会主义主张,尽管有的思潮流派是打着社会主义旗号,宣扬资本主义改良主张甚至封建意识,但从思想发展史看,各种思潮流派的出现是客观现象,不能只看到一家而否定其他社会主义思潮流派的存在。然而,我们不能因社会主义思潮流派多样化,进而推导出当今世界社会主义主体力量也是多元的,有多个力量主体。马克思主义产生后,国际共产主义运动是以各国共产党力量为主体的。在当今世界社会主义多样化发展进程中,主体力量、依靠力量是什么?学界对此有不同看法,有人认为世界社会主义力量主体也是多元的,坚持科学社会主义的共产党及其所团结的力量只是其中一种,信奉民主社会主义的社会党和推崇民族社会主义的民族主义政党也应是主体力量之一。从表面上看,这一说法没问题,有自己的理论逻辑,但从实际上看,社会党和民族主义政党多是理论上信奉社会主义或民主社会主义,实践上大都未取得成功,多数情况下其社会主义实践变异走形,认为它们也是世界社会主义的主导或主体力量可能有点牵强。

在 20 世纪国际共产主义运动中,出现过三类共产党:第一类是在

---

① 《习近平在学习贯彻党的十九大精神研讨班开班式上发表重要讲话》,载《人民日报》,2018 年 1 月 6 日,第 1 版。

苏共①和共产国际指导下建立的共产党，这类共产党往往被视为正宗的传统共产党；第二类是20世纪二三十年代在苏联共产党内出现的托洛茨基派及其在一些国家的支持者，这些人往往以共产党激进派自居；第三类是在中苏论战中形成的各国马列主义共产党。这三类共产党之后的结果和命运不尽相同，有的成为执政党甚至长期执政的党；有的度过了东欧剧变、苏联解体后的困难期，经过调整变革后焕发出新的生机与活力；有的由于偏离马克思主义，放弃了为人民谋利益的宗旨，忽视党的自身建设，最终导致党组织解散或改名换姓。恩格斯认为："无产阶级要在决定关头强大到足以取得胜利，就必须（马克思和我从1847年以来就坚持这种立场）组成一个不同于其他所有政党并与它们对立的特殊政党，一个自觉的阶级政党。"② 目前，全世界有130多个信奉马克思主义并有一定影响的共产党。我们称其为共产党，是因为它们仍坚持信仰马克思主义、信仰共产主义。如果它们不信仰马克思主义和共产主义，那就不能称之为共产党。此外，还有一批自称是共产党、工人党和劳动党的政治组织或个人，但它们基本上放弃了马克思主义指导地位，指导思想多元化，政策主张激进，没有什么影响力，日益被边缘化。正是在对待马克思主义的态度上不同，使得共产党出现多党多派现象，有的国家甚至出现多个名称不一的共产党。共产国际时期那样要求一国只能有一个共产党（各国共产党都是共产国际的分支机构）、国际共产主义运动要有一个核心的做法很难再现。

以马克思主义为指导的各国共产党和工人党领导人民开展社会主义探索实践，是共产党初心与使命所然。各国共产党人为争取社会主义仍在不断努力，国际上越来越多的共产党和左翼力量及一大批共产主义的信仰者，开展联合行动。它们作为主体力量是世界社会主义运

---

① 1918年，布尔什维克党改称俄国共产党（布尔什维克），简称"俄苏布"；1925年改称全联盟共产党（布尔什维克），简称"联共（布）"；1952年改称苏联共产党，简称"苏共"。

② 中共中央马克思恩格斯列宁斯大林著作编译局编：《马克思恩格斯文集》（第十卷），北京：人民出版社，2009年版，第578页。

动区别于其他社会运动的主要标志,它们的存在和发展,对世界社会主义运动具有重要影响。当今世界上的马克思主义政党也有三大部分:一是社会主义国家五个长期执政的共产党——中国共产党、越南共产党、老挝人民革命党、朝鲜劳动党和古巴共产党。社会主义国家执政党在探索如何建设本国特色的社会主义过程中取得了不同程度的成就,对引领世界社会主义发展方向,凝聚各种反资本主义政治力量、巩固世界社会主义力量大团结都产生不可替代的作用;二是欧美、日本等发达国家的共产党,主要任务是反对垄断资本主义、反对霸权主义,维护广大劳动人民权益;还有苏联东欧地区遗留下来或重建的共产党,其目标是争取群众,谋求东山再起;三是亚非拉广大发展中国家的共产党,力量大小不一,虽然都信奉马克思主义和共产主义,但囿于不同国情和发展阶段,在政策主张、斗争方式和依靠力量等方面都表现出复杂情况,南非、南美、南亚国家的共产主义运动取得一定成就,有的国家甚至出现了共产党通过议会斗争上台执政的现象。当今发展中国家共产党保持生机和活力,有的成为本国重要政治力量,其发展值得我们深入研究。

为什么说共产党仍是当今世界社会主义的主体力量?主要是因为与其他中左翼和社会运动相比,这些共产党在社会主义的长期探索中形成了比较成熟的思想理论优势和组织行动能力。

### (一) 普遍认同马克思主义理论不是教条,而是行动指南

由于多年来推行革新调整,一些共产党思想理论过于多元化,缺乏明确的、有凝聚力的纲领目标,在许多重大问题上没有形成自己的观点。许多政策主张与社会党趋同,特色不明显,缺乏吸引力。以法国共产党为代表的一些共产党在 20 世纪 90 年代的理论变革中过快过急,放弃了长期坚持的马克思主义基本原则,导致党内分歧和矛盾激化。意大利重建共产党、意大利共产党人党等由于党内思想混乱,导致进退失据,在近几届全国大选中无人当选议员,失去国家财政资助,

处境更加困难。还有极少数党固守阶级对立和武装斗争的立场,在本国政治格局中日益边缘化。令人欣慰的是,虽然许多共产党在理论政策上的分歧难以弥合,但普遍认同马克思主义理论不是教条,而是行动指南,必须随着实践的变化而发展。在纪念马克思恩格斯诞辰200周年、列宁诞辰150周年等活动中,许多共产党强调指出马克思主义不仅是科学的理论,而且是不断发展的、开放的理论,必须从实际出发,革新和发展马克思主义。澳大利亚共产党副主席马斯特说,澳共用了很长时间才认识到共产主义并无固定模式,各国共产党都需要找到一条适合自己的路。许多外国共产党对百年中共的最深印象是中共能把马克思主义理论与中国实际相结合,走自己的路,中国特色社会主义是结合中国国情、历史传统所取得的伟大成果,也融入了对马克思主义的深刻理解。马克思主义与中国实际相结合是最值得其他共产党学习借鉴的重要经验。坚持马克思主义本土化,走自己的路,这是当今绝大多数共产党的"共识"。

### (二) 在新的时代背景下重振共产党组织优势

政党的力量主要体现为组织的力量,组织严密、行动有力则政党强大。对马克思主义政党而言,依靠和发挥组织力量更为重要,也是共产党传统优势所在。但应清醒地看到,一些非执政共产党思想分歧导致组织分裂已成为世界社会主义力量振兴的最大障碍;有的老党、大党"精英化"和"官僚化"倾向明显,没有处理好民主与集中的问题,抑制了党的活力,领导层多年无法正常轮替,党员干部日益脱离民众;有的党基层组织萎缩,无力应对来自其他政党、非政府组织的竞争。近年来,许多共产党深刻认识到"民主化"的弊端,吸取教训。不少党注重以党章、党纲和政治决议等明确基层组织的地位、功能和作用,对基层党组织基本任务、目标职能和运作方式都作了细致规定,强调要通过加强党的建设,重振共产党的传统优势,特别是组织优势。

### （三）加强与各种新社会运动合作，团结各种左翼力量，培育新优势

2008年国际金融危机爆发以来，反新自由主义全球化运动方兴未艾，许多左翼力量、非政府组织投身其中，并得到民众的广泛响应和支持。一些有利民生、推动历史进步的新兴社会运动拓宽了当今政治实践领域，不仅为共产党扩大生存和发展空间提供了机遇，也是共产党可以借重和合作的生力军。和平发展、合作共赢、共同进步是时代要求，也是各国人民共识。一些环保主义政党如绿党等在不少国家政坛独树一帜，成为重要的参政党，也是左翼政党的合作力量。共产党应坚持尊重差异、包容多样的原则，善加引导，调动和利用各种积极因素，利用新兴社会运动反对霸权政治、反对野蛮资本主义、建立公正合理的世界秩序、建立一个不同于资本主义的"另一个世界"等正义要求，制定正确的战略与策略，扩大左翼统一战线，以达到凝聚队伍和争取自身发展的目的。如今，许多共产党除了继续受右翼的排斥打压外，还受到来自民粹主义的挑战。他们都认识到，在这种复杂形势下必须加强与各种新兴社会运动的团结与合作，在实现广泛的左翼联合中赢得国际话语权，树立新形象，争取世界社会主义运动新优势和新发展。

### （四）共产党执政的社会主义国家形成战略共同体

1956年欧洲共产党工人党情报局解散后，国际共产主义运动的组织机构和国际中心不复存在了，但许多共产党仍呼吁要建立一个平台来加强国际联合与团结。20世纪七八十年代，各国共产党没有大范围的国际联系。1998年在希腊共产党、法国共产党等倡议下，在雅典举行了各国共产党工人党国际会议，之后基本上每年举办一次，形成每年一会机制，迄今已举办了22次（2020年、2021年因新冠肺炎疫情没有按时召开）。中共、越共、古共、朝鲜劳动党和老挝人革党都派高级代表团多次出席了世界共产党和工人党国际会议，越南共产党还承

办了第 18 次世界共产党和工人党国际会议,越南党领导人在会议致辞中向各国共产党宣示继续走社会主义道路的决心和意志。共产党执政国家理想信念相通、发展道路相近、前途命运相关,打造社会主义国家命运共同体成为共识。在当前国际格局深刻演变、世界社会主义发展面临新形势的背景下,坚持共产党领导和社会主义道路、打造社会主义国家战略共同体是现存社会主义国家最大的利益交汇点。随着中国日益走近世界舞台中央,中国作为世界社会主义运动的定盘星和压舱石作用更加突出,中国倡导的构建人类命运共同体理念受到越来越多的国家认同。越共中央总书记阮富仲称习近平总书记提出的构建人类命运共同体主张,体现了中国的全球视野和大国担当;古巴赞赏中国提出的构建人类命运共同体的理念,强调古巴坚持在和平、正义、关注人类命运、尊重人民自主权原则的基础上发展对外关系。在当前国际形势深刻演变、世界社会主义发展面临新的发展机遇的时代背景下,社会主义国家执政党清醒认识到要始终坚持共产党领导和社会主义道路,打造社会主义国家战略共同体。在朝鲜劳动党召开八大期间,中共致电祝贺。朝鲜劳动党以八大名义复电中共中央,对中方祝贺表示感谢,称朝中关系是以社会主义为核心的友好关系。老挝是最早认同中国构建命运共同体倡议的周边国家,近年来两国领导人就命运共同体进行了深入沟通,达成共识,将中老是具有战略意义的命运共同体的表述写入联合声明。老挝国会主席巴妮说,中国现在就是一面旗帜,是推动世界发展的重要力量。近年来,现存社会主义国家高层互访不断,执政党相互开展治国理政经验交流,进一步提升了相互之间在政治、经贸、投资、文化、教育培训、卫生、科技等领域的合作成效,社会主义国家传统友谊历久弥新。

**四、如何看发展中国家社会主义探索**

"发展中国家"概念形成于 20 世纪五六十年代。二战后,一大批殖民地半殖民地国家政治意识觉醒,纷纷走上民族解放、国家独立道路，成为世界民族之林的主权国家。这些刚实现主权独立的国家往往经济发展水平比较落后，迫切希望有一个和平的国际环境来发展自己，因而和平与发展成为这些国家的面临的主要任务。为了追求世界和平，它们倡导和坚持和平共处五项原则，对外奉行不结盟政策，反对帝国主义和殖民主义统治，反对战争，主张裁军特别是核裁军。1964年，在日内瓦召开的第一届"联合国贸易和发展会议"期间，亚非拉76个国家和南斯拉夫发表《77个发展中国家联合宣言》，提出了关于国际经济关系、贸易与发展的一整套主张。七十七国集团由此得名，该集团主要致力于维护发展中国家民族独立和国家主权，争取经济利益，在一些涉及重大共同利益的问题上协调立场、发挥积极作用。七十七国家集团被视为发展中国家的第一次群体崛起。20世纪70年代初，美苏争霸日趋激烈，毛泽东提出"三个世界"划分的战略思想，对中国国际战略和外交政策了作出了重大调整，将亚非拉广大发展中国家称为"第三世界"，明确中国属于第三世界，要联合第三世界反对霸权主义。

　　今天的"发展中国家"概念是"第二世界"的扩展延伸，其政治主张与毛泽东提出的"第三世界"反帝、反殖、反霸斗争一脉相承，但"第三世界"内涵侧重于政治，"发展中国家"内涵侧重经济，内容更丰富。当然，"发展中国家"不只是一个经济范畴，也是一个具有历史、政治、经济和文化属性的政治概念，表达了不发达国家要求发达国家尊重其民族特性、尊重文明多样性、独立自主选择自己的发展道路、按自己的方式实现国家现代化的共同任务和政治诉求。当今很多发展中国家跳出西式民主模式来寻求国家治理出路，出现了一股股新社会主义思潮。坦桑尼亚革命党主席马古富力自2015年当选总统后，以前总统尼雷尔的学生和坚定追随者自居，在"乌贾马社会主义"思想基础上，融入多党民主、强人政治、民粹主义等要素，以巩固和壮大坦桑尼亚革命党的执政基础。纳米比亚人组党（1960年成立时称西南非洲人民组织）是纳米比亚独立以来一直执政的民族主义政党。该党在非洲民族解放运动时期深受苏联共产党和中国共产党影响，宣称奉行科学社会主义。1976年人组党政治纲领明确提出要"建立一个基于科学社会主义理想和原则的无阶级、无剥削的社会"。① 1990年，人组党领导人民取得国家独立。受当时国际形势影响，纳米比亚走上了民主社会主义道路，但并没有放弃科学社会主义的目标志向。人组党在执政过程中，越来越认识到民主社会主义实际上是资本主义的一个流派，虽然可以带来政治民主自由，但不能根本解决人组党革命和纳民众急盼的土地分配、经济平权等问题，已影响到人组党的执政地位。因此，人组党也在重新审视和改革当前发展模式。执政27年的人组党在2017年召开的六大上再次提出建设"纳米比亚特色社会主义"的设想，并在2018年党的特别代表大会上正式将此确立为党的奋斗目标并写入党章。这是自20世纪90年代以来，首个提出要将社会主义作为奋斗目标的非洲执政党。2020年，在人组党执政30年全党总结大会上，党主席、总统根哥布表示，人组党要实现长期执政，必须适应新形势，深化改革，建设"纳米比亚特色社会主义"。人组党领导人表示，要立足纳米比亚国情实际，借鉴中国、古巴等国探索社会主义道路的成功实践，进一步完善纳米比亚特色社会主义的独特内涵。纳米比亚人组党提出建设"特色社会主义"在非洲并非个例，近年来，津巴布韦与安哥拉执政党也提出了建设本国特色社会主义或特色民主社会主义的想法，反映出新时期非洲政党渴望探索自主发展道路的强烈意愿，再次证明世界上相信社会主义的人多了起来。

当今发展中国家民族社会主义是世界社会主义运动历史与现实中一个流派，既是思潮，也是运动，其理论和实践有如下特点：

### （一）民族社会主义同民族独立国家的政治身份认同相一致

20世纪50至70年代，世界上出现社会主义国家和资本主义国家

---

① 中共中央对外联络部《各国民族民主政党手册》编辑委员会编：《各国民族民主政党手册》，北京：人民出版社，1995年版，第682页。

两大阵营对立格局，曾一度出现"东风压倒西风"之势。在当时国际共产主义运动高潮推动下，亚非拉先后有49个独立的民族国家（占战后新独立国家一半以上，其中亚洲10国、非洲24国、拉美15国）选择走社会主义道路，纷纷在本国宪法、执政党党纲或国名上打上社会主义烙印。缅甸、印度、埃及等国对外实行不结盟政策，在两大阵营之间搞平衡，打着"民族社会主义"招牌提升自身地位，赢得了更大的发展空间。随着亚非拉地区民族民主运动的不断兴起，发展中国家民族主义政党迅速涌现，它们都把反殖民主义、争取民族独立作为自己的奋斗目标，在本国人民争取民族解放的斗争中发挥了重要作用。在国家摆脱殖民统治、取得独立后，它们又为维护民族独立、捍卫国家主权、发展民族经济和文化作出了突出贡献，其中一些民族民主政党成为本国执政党。在民族解放运动中诞生的民族主义政党曾在民族独立斗争中携手同行，有相似的政治身份认同，感情相通。它们与其政治身份认同保持一致，奉行亲近社会主义的意识形态和政治立场，选择不同于西方的政治制度和发展道路。"民族社会主义"在某种意义上是这些民族独立国家政治身份认同的一种标签。斯里兰卡也是在摆脱殖民统治、争取民族独立的斗争中与社会主义结缘的，现仍保留"民主社会主义共和国"国名，尽管不断有人提出要去掉"社会主义"的字眼，但在议会通过决议修改国名相当困难。斯里兰卡两大政党——自由党和统一国民党都具有社会主义思想传统，长期轮流执政，社会主义已成为斯里兰卡传统主流政党和左翼进步力量的政治认同和身份标识。

## （二）民族社会主义是社会主义民族化的产物

马克思、恩格斯早在创立他们理论时就阐明："共产主义不是教义，而是运动。它不是从原则出发，而是从事实出发。"[①] 针对世界各

---

① 中共中央马克思恩格斯列宁斯大林著作编译局编：《马克思恩格斯选集》（第一卷），北京：人民出版社，1995年版，第210—211页。

民族国家的国情特殊性问题,马克思、恩格斯反复强调工人阶级政党必须广泛了解各国的历史和现状,探索适应各民族国家国情的革命发展道路。主张人们结合本国国情运用马克思主义,且"必须考虑到各国的制度、风俗和传统"①。晚年的马克思关注东方民族国家社会发展道路,明确反对把他曾阐述过的西欧资本主义起源的历史概述成一般发展道路,指明各民族国家革命的道路"一切都取决于它所处的历史环境"②。19世纪70年代以后欧洲各国工人运动之所以得到广泛的、巨大的发展,一个主要的原因就在于有力地克服了机会主义特别是教条主义思潮的干扰,初步实现了马克思主义的广泛传播并和各国具体实际相结合,形成了符合自己国情的纲领路线。恩格斯总结这一发展实践时强调指出:工人政党要制定正确的纲领路线就必须把马克思的理论应用于本国的经济政治条件,而且切实了解这些基本条件。各个国家的工人政党要胜利地领导本国的革命和建设事业都必须从自己国家的历史条件出发,制定马克思主义一般原理同本国的历史事实和发展过程相结合的理论、路线和政策,即马克思主义的民族化。列宁也指出:"一切民族都将走到社会主义,这是不可避免的,但是一切民族的走法却不会完全一样……每个民族都会有自己的特点。"③ 列宁还特别指明了俄国社会党人特别需要独立自主地探讨、研究马克思的理论,以此探索出一条适合俄国具体国情的革命道路。列宁认为,"在东方那些人口无比众多、社会情况无比复杂的国家里,今后的革命无疑会比俄国的革命带有更多的特殊性。"④ 由于东方各民族国家在经济、政治、文化等方面与欧洲各国有着较大的差别,必须探索适合特殊国情

---

① 中共中央马克思恩格斯列宁斯大林著作编译局译:《马克思恩格斯全集》(第十八卷),北京:人民出版社,1964年版,第179页。
② 中共中央马克思恩格斯列宁斯大林著作编译局译:《马克思恩格斯全集》(第十九卷),北京:人民出版社,1963年版,第451页。
③ 中共中央马克思恩格斯列宁斯大林著作编译局译:《列宁全集》(第二十八卷),北京:人民出版社,1990年版,第163页。
④ 中共中央马克思恩格斯列宁斯大林著作编译局编:《列宁选集》(第四卷),北京:人民出版社,1995年版,第778页。

的特殊道路，推进马克思主义民族化。近百年来，中国人民在中国共产党的领导下，把马克思主义与中国的实际相结合，走上了人民解放、民族复兴、实现社会主义现代化的艰难探索之路。1938年，毛泽东在中共六届六中全会上的讲话中第一次阐明了马克思主义民族化、中国化的历史任务和基本原则。他说："共产党员是国际主义的马克思主义者，但马克思主义必须通过民族形式才能实现。没有抽象的马克思主义，只有具体的马克思主义。所谓具体的马克思主义，就是通过民族形式的马克思主义，就是把马克思主义应用到中国具体环境的具体斗争中去，而不是抽象地应用它。"[①] 发展中国家倾向或选择民族社会主义，有其思想基础和历史传统。从思想来源来看，俄国十月革命胜利，加速马克思主义在世界范围迅速传播，社会主义成为时代进步的代名词，受到许多争取民族解放运动的政党和政治人物的追捧。这些政党及其领袖结合本国实际，提出了各具特色的社会主义主张并以不同方式探索社会主义。发展中国家民族社会主义虽然源自马克思主义，但很大程度上也受到民主社会主义及民族宗教历史传统的深刻影响。坦桑尼亚独立运动领导人、前总统尼雷尔阅读过许多马列主义书籍，受民主社会主义思想影响也很深，在坦桑尼亚独立前就形成了自己一套"非洲社会主义"理论，倡导通过建立村社制度，达到财产共有、消灭剥削、人人平等的美好"社会主义"境界。尼雷尔在1967年2月发表的《阿鲁沙宣言》中正式宣告，不仅要在坦桑尼亚建设社会主义，还要在东非实现生产资料国有化、无剥削、无阶级的理想社会。"非洲社会主义"实际上是社会主义本土化、民族化、非洲化。20世纪60—80年代，非洲的安哥拉、贝宁、刚果（布）、埃塞俄比亚、莫桑比克、索马里等国自称搞科学社会主义，宪法中也有马克思列宁主义和科学社会主义的文字表述，但执政党多是民族主义政党，其社会主义实践带有明显的民族特色。南非非国大、津巴布韦非洲民族联盟、坦桑尼亚革

---

① 中央档案馆编：《中共中央文件选集》（第十一册），北京：中共中央党校出版社，1991年版，第658页。

命党、莫桑比克解放阵线、纳米比亚人组党、安哥拉民族解放运动等领导南部非洲民族独立运动的政党几十年来在本国政治进程中一直发挥重要作用,大都长期处于执政地位。这些党都倾向于走不同于资本主义和苏联的发展模式,其指导思想都带有社会主义烙印。这些党在执政初期效仿苏联、古巴和中国,普遍实行国有化和公有制,搞社会主义。它们虽然高调宣称走社会主义道路,但走的是一条不同于资本主义、也不同于科学社会主义的独特道路,其社会主义理念和实践都带有各自民族特色。受国内阶级矛盾、部族矛盾、地区矛盾及南北矛盾、南南矛盾等内部外部矛盾影响,发展中国家社会主义探索呈现出复杂局面,其本国特色、民族特色进一步彰显。民族社会主义思潮在亚非拉不同国家尽管复杂多变,但民族性是其不变的灵魂。对中国而言,"发展中国家"概念既承载着一种历史记忆,也有一种特殊的归属感、亲近感和认同感。基于自身发展中国家的身份定位和与发展中国家长期相互支持合作的优良传统,中国始终将发展中国家作为可靠朋友和真诚伙伴,将发展中国家作为社会主义的同情者和团结依靠的力量,不断巩固和拓展世界社会主义运动统一战线。

### (三) 民族社会主义道路是当今发展中国家实现现代化的现实选择

发展中国家民族社会主义尽管各有特色,但都主张以社会主义作为社会进步选项,奉行政府主导型发展模式,捍卫民族独立,维护民族利益,走经济社会可持续、绿色发展的现代化道路。多数独立后的发展中国家为什么倾向于社会主义而不选择西方资本主义道路?主要原因是西方制度模式不适合这些国家。苏联解体后,多数发展中国家放弃过去的传统模式改行多党制民主道路,但西方民主改变不了落后国家一穷二白的面貌,实现不了现代化。世界上有150多个发展中国家,没有一个国家因为实现了西方自由民主而进入发达国家行列。某些发展中国家照抄照搬西方模式甚至依附于西方国家搞现代化,最终失去发展自主性,非但没有实现现代化,反而陷入动荡之中;许多发展中国家的民族主义政党基本认同独立自主、国家稳定、有为政府与社会共识等社会主义国家的治国理政理念，一些党在执政实践中逐渐形成自己的发展模式；有些发展中国家则紧紧抓住经济全球化和第四次工业革命带来的发展机遇，发挥本国自然资源和人力资本优势，实现自身在全球产业链、价值链中的升级换代，发展势头强劲。事实证明，西方现代化道路不是唯一的，发展中国家要实现现代化，必须走自己的路，按自己方式走出一条具有民族特色的现代化道路。

### （四）发展中国家民族社会主义是世界社会主义的重要组成部分

社会主义之所以对发展中国家具有不可遏制的吸引力，原因在于它所追求的消灭剥削、实现社会平等、实现每个人自由而全面的发展、实现人类彻底解放、从必然王国到自由王国的飞跃等理念是一种超越资本主义的先进思想，符合亚非拉广大发展中国家追求无剥削、无阶级、公平正义和包容性发展的社会价值目标。非洲传统价值观中含有许多原始社会主义元素，如强调集体主义、长幼有序和贫富均等，许多非洲政治迫于压力接受了西方民主模式，但极为反感西方借理念与模式控制非洲，对中国立足自身传统和价值观取得巨大成功有着强烈的好感和认同。马克思主义中国化提供了马克思主义民族化、本土化的样板。中国特色社会主义为发展中国家探索符合本国国情的发展道路树立了榜样，提供了全新选择。作为一种实现社会主义现代化的发展模式，中国道路解决了中国的实际问题，也在一定意义上回答和解决了其他经济文化相对落后国家如何实现现代化、如何发展的共同问题。中国特色社会主义开辟出一条不同于西方模式的现代化道路，拓展了发展中国家走向现代化的途径。发展中国家的民族社会主义始终认同并践行社会主义价值理念。拉美左翼与新自由主义模式决裂，主张搞拉美"21 世纪社会主义"，巴西劳工党、委内瑞拉统一社会主义党等致力于"21 世纪社会主义"实践。在拉美出现的查韦斯 21 世纪社会主义、巴西劳工社会主义、玻利维亚"社群社会主义"、厄瓜多尔

"美好生活社会主义"等都体现了拉美特色。百年大变局引发不同文明和思想文化相互激荡。

**五、如何在大变局中看社会主义和资本主义两制关系变化**

当今世界正经历百年未有之大变局，又遇到新冠肺炎疫情世界大流行，两者相互交织，深刻改变了国际格局和社会主义与资本主义两制关系。从历史发展规律来看，任何大变局本质上都是由世界力量对比发生重大变化而引发的国际秩序调整。新一轮科技革命加速重塑世界和国家间竞争形态，"东升西降""北分南合"是这一变局的主要特征。

所谓"东升西降"，是指以中国为代表的东方国家整体实力在持续走强，而以美国为首的西方国家在力量对比上则呈相对下降之势；所谓"北分南合"，是指在西方发达国家之间矛盾重重、各国"内顾"倾向日益凸显的同时，新兴经济体和发展中国家的团结合作却日益加强。新冠肺炎疫情全球蔓延，加速了百年大变局进程。一方面，新一轮科技革命和产业变革深入发展，国际力量对比深刻调整，和平与发展仍是时代主题，人类命运共同体理念深入人心，中国特色社会主义在世界上高高举起科学社会主义旗帜，日益成为振兴世界社会主义的中坚力量；另一方面国际环境日趋复杂，不确定性、不稳定性明显增加，经济全球化遭遇逆流，世界进入动荡变革期，世界社会主义总体上仍处于"资强社弱"格局中，但资本主义与社会主义两种制度出现了新的变化。

疫情放大和加剧了国际体系中的固有矛盾，西方"政治正确"黯然失色。近年来，美欧极端政党与民粹主义融合聚变，加速西方政党碎片化和国家政治极化。疫情危机充分暴露了资本主义逐利和自私本性，西方国家政府权威和效率低下，应对疫情失策，社会纠偏机制失灵，民众对西方制度运转和治理能力的失望和不满快速上升。美西方国家将疫情政治化、民粹化，把虚伪的"人权"与"自由"置于人的性命之上,"民主"体制成疫情防控的最大羁绊,生命与资本、个体与集体、个人主义价值观和集体主义价值观发生激烈碰撞,民粹主义、民族主义、保守主义思潮泛滥,民族、宗教、阶级矛盾持续紧张,社会动荡难安,西方价值观和制度体系深陷困境不可自拔。与冷战结束初期许多国家改行资本主义道路的浪潮相比,西方长期引以为傲并不遗余力向别国推销的制度光环黯淡,吸引力越来越小,美西方主宰世界的地位开始动摇。

社会主义制度优势日显。马克思、恩格斯从生产方式与交换方式变革的角度,分析了资本主义的产生和发展,论述了资本主义现代文明的产生。同时,马克思、恩格斯也在现实地考察和批判资本主义矛盾、弊端的基础上,论述了一种以社会为本位,旨在实现每一个人的自由和全面发展的现代社会主义形态产生的必然性。从当今世界各种发展模式比较中,我们可以看出,尽管资本主义发展模式不断调整,但很难实现发展生产力与共同富裕的有机统一、追求效率和维护公平的有机统一。相比较而言,社会主义制度优越性就在于能在不断解放和发展社会生产力的基础上,逐步消灭剥削,消除两极分化,最终达到共同富裕。社会主义是高于资本主义的社会形态,社会主义相对资本主义而言具有制度优越性,这不再是理论逻辑推导出来的预言,而是在历史与现实比较中得出的结论。社会主义制度一经问世,就对资本主义世界产生现实影响,也为促进人类文明进步作出了贡献。世界范围内社会主义制度的建立、建设和改革的伟大进程,深刻影响、甚至决定着西方各国的政策选择、制度变革和经济社会发展。20世纪二三十年代,社会主义苏联的繁荣与陷入大萧条的西方国家经济社会形成鲜明的对比,二战后社会主义的凯歌行进,对西方文明发展构成了深刻挑战和现实影响,深刻改变了世界两种制度之间的力量对比,加快了资本主义制度调整变化的进程。中国通过改革开放,促进经济发展和综合国力发生翻天覆地变化,中国特色社会主义制度优势不断显现。社会主义不仅仅是一种价值观念,更重要的是一种社会组织形态。

社会主义作为国家制度的优势主要表现在党和政府坚强有力、各方团结协作、能集中力量办大事等方面。中国特色社会主义制度模式既顾及社会差距的客观性和现实性,把追求效率、提高效率放在重要位置;又顾及社会公平与公正的必然性和目标性,在发展过程中着力实现效率与公平的有机统一。今天我们理解社会主义制度优势,不能就理论原则进行自我解读和演绎,更不要自吹自擂,应在克服资本主义制度弊端及不同制度比较中深刻认识社会主义制度优势。

"向东看""往中靠"成为流行思潮。习近平总书记指出,"当代中国的伟大社会变革,不是简单延续我国历史文化的母版,不是简单地套用马克思主义经典作家设想的模板,不是其他国家社会主义实践的再版,也不是国外现代化发展的翻版,不可能找到现成的教科书。"① 与西方国家"弱肉强食"的发展方式不同,中国的崛起一直是通过和平方式实现的,这也为世界其他国家实现发展提供了一种新的可能。中国特色社会主义的成功实践,当代中国的现代化成就,生动揭示了这样一个真理:人类通往现代化的路径并非只有欧美国家一种模式,每个国家都可以探索适合自己国情的现代化道路。同时也要看到,每一种现代化经验都是人类文明发展的成果,不应独自垄断,可以被其他国家吸收和借鉴。作为一种实现现代化的发展模式,中国特色社会主义既有其特殊性,也有其一般性,它在回答和解决中国问题的探索中,为其他经济文化相对落后国家如何实现现代化、如何发展,积累了经验,提供了选择。习近平总书记指出:"越是民族的越是世界的。解决好民族性问题,就有更强能力去解决世界性问题;把中国实践总结好,就有更强能力为解决世界性问题提供思路和办法。这是由特殊性到普遍性的发展规律。"② 中国特色并不是中国特有,中国特色社会主义在实践中显示出的个性和特色,通过经验总结和理论升华可

---

① 习近平:《习近平谈治国理政》(第二卷),北京:外文出版社,2017年版,第344页。

② 同上书,第340页。

变成可复制、可分享的共同经验而得到普遍认可。针对目前一些发展中国家"去西方化"的形势变化，我们应以治国理政经验交流为着力点，寻求理念共识，推进发展中国家的治理能力建设，打造中国同发展中国家的利益共同体和理念共同体。

社会制度多样化是世界潮流，广大非西方国家普遍根据自身传统优势，选择并发展本民族特点的政治制度，"向东看""往中靠"成为流行思潮。长期以来，以美国为代表的西方国家固守其过时的民主价值观，在世界各地推行多党制民主，以选举不公为借口搞"街头革命"，推翻了一批所谓"不民主"政权，结果导致许多国家动荡不宁、冲突不断。西式价值观被视为"政治正确"的金科玉律，被强推到发展中国家，尽管"水土不服"，但他们敢怒不敢言，当看到美国新冠肺炎感染数和死亡人数世界第一，看清美国疫情治理缺失和"甩锅"他人的表现，对中美战略博弈和世界发展大势的认识会更加清晰。越来越多的发展中国家对奉为圭臬的西方制度产生怀疑，对中美制度和力量对比有自己的判断，开始打消对美西方的幻想，选择站在符合社会发展大势的一边，选择并发展适合本民族特点的政治制度与发展模式。世界发展道路与发展模式多样化，这是美西方国家阻挡不了的历史大趋势。

社会主义国家和资本主义国家围绕发展道路和制度模式展开激烈较量。东欧剧变、苏联解体已过去30多年了，今天的社会主义各具特色，不再只有一条道路、一种模式了。社会主义作为一种超越资本主义的先进思想，它所追求的消灭剥削、实现社会公正平等、实现每个人自由而全面的发展，实现人类彻底解放，从必然王国到自由王国的飞跃等理念和价值，永远占据人类道义的制高点，这是社会主义具有不可遏止的吸引力的根本原因。中国特色社会主义实践使科学社会主义在中国焕发出强大生机和活力，中国的发展给世界上那些既希望加快发展又希望保持自身独立性的国家和民族提供了全新选择。"随着中国特色社会主义不断发展，我们的制度必将越来越成熟，我国社会主义制度的优越性必将进一步显现,我们的道路必将越走越宽广,我国发展道路对世界的影响必将越来越大。"① 世界在关注中国快速崛起的同时,特别关注中国说什么,中国将以什么方式影响世界。以 2017 年 1 月,时任美国总统特朗普首次发布《国情咨文》将中国定义为"战略竞争对手"为标志,中美关系发生深刻变化,美国对中国全面发起意识形态围剿,中美意识形态和制度博弈将更加激烈,这一博弈结果如何,将是社会主义与资本主义两制关系演变最大的变数。从未来趋势看,制度更替最终取决于谁在竞争中占优势,优胜劣汰。"只要中国社会主义不倒,社会主义在世界将始终站得住。"②

## 六、如何看人类命运共同体与世界社会主义发展前景

"一个时代有一个时代的问题,一代人有一代人的使命。"③ 在过去战争与革命时代,社会主义要通过激进的革命方式来实现。当今时代的主题是和平与发展,实现共产主义不可能像马克思、恩格斯设想的那样在西方发达国家多国同时爆发并取得胜利,武装革命不再是实现共产主义的唯一道路。为争取社会主义革命胜利,既要反对美国等西方霸权主义、反对各国和国际垄断资本主义的残酷剥削和掠夺,维护工人阶级和劳动人民利益,又要推动构建人类命运共同体。从表面上看,反对西方霸权主义和资本主义剥削掠夺与推动构建人类命运共同体似乎是矛盾的,是两个不同的目标指向,实际上两者是一致的,都是致力于实现人类文明进步。从时代潮流看,超越资本主义,实现共产主义,构建人类命运共同体,是人类历史和现代文明的发展趋势。

当今世界百年未有之大变局正加速演进,世界多极化、经济全球化处于深刻变化之中,人类社会再次面临何去何从的历史当口。作为

---

① 习近平:《习近平谈治国理政》,北京:外文出版社,2014 年版,第 22 页。
② 邓小平:《邓小平文选》(第三卷),北京:人民出版社,1993 年版,第 346 页。
③ 习近平:《习近平谈治国理政》(第三卷),北京:外文出版社,2020 年版,第 193 页。

世界上最大的政党，中国共产党如何以全球视野、世界胸怀、大国担当推动人类进步？习近平总书记在庆祝中国共产党成立100周年大会上给出明确答案："以史为鉴、开创未来，必须不断推动构建人类命运共同体"。"人类命运共同体"理念作为习近平新时代中国特色社会主义理论的重要组成部分，是对马克思主义人民理论、中国优秀传统文化和中国特色大国外交理论体系的丰富和发展，有着鲜明的时代性、极强的包容性和高度的概括性。马克思、恩格斯在《共产党宣言》中阐述了人的自由全面发展的思想，充分体现了他们对无产阶级和人类命运的深切关怀。习近平总书记在纪念马克思诞辰200周年的讲话中，将人类命运共同体的理论源头与马克思的世界历史理论和当前世界的现代化联系起来，强调中国共产党始终坚持走和平发展道路，同世界上一切进步力量携手向前，坚持中国人民和世界各国人民命运与共。这表明中国共产党站在历史正确的一边，站在人类进步的一边，与世界各国人民一起共同反对西方霸权主义和资本主义剥削掠夺，为推动构建人类命运共同体、建设更加美好的世界作出新的更大贡献。由此可见，构建人类命运共同体是共产党人推进人类发展进步的内在要求和必然选择，与马克思主义人民观点和人类共同体思想一脉相承，是对马克思主义人类解放理论的创新性发展。

人类命运共同体的建立意味着世界消除了战争、贫穷及民族宗教、意识形态对立等现象，实现了普遍和平、安全、繁荣和开放包容，并为人的自由全面发展和人类彻底解放创造了条件，这与马克思、恩格斯追求的"真正的共同体""自由人联合体"目标是一致的。人类命运共同体与共产主义是什么样的关系？习近平总书记没有直接论述，但他从世界历史和人类进步潮流的高度展现了共产主义的未来前景。他认为尽管我们所处的时代同马克思所处的时代相比发生了巨大而深刻的变化，但从世界社会主义500年的大视野来看，我们依然处在马克思主义所指明的历史时代。这是我们对马克思主义保持坚定信心、对社会主义保持必胜信念的科学根据。我们应以这样的时代观和历史视野观察时代、解读时代,正确认识当今国外共产党新变化及其承担的历史使命,深刻把握当今时代发展脉络和走向。他在庆祝中国共产党成立 100 周年大会上的讲话中强调,"我们所做的一切都是为人民谋幸福,为民族谋复兴,为世界谋大同。"① 他用历史映照现实、远观未来,在世界大变局的时空维度中把握中华民族复兴和人类文明进步的深刻关联及互动关系,强调"中国共产党关注人类前途命运,同世界上一切进步力量携手前进,中国始终是世界和平的建设者、全球发展的贡献者、国际秩序的维护者"。②

人类命运共同体不同于自由主义或理想主义国际关系理论,也与几百年前威斯特伐利亚和约确定的国际关系准则有别,它不是立足于人性善恶或民族利益来解决各国间矛盾、冲突的方法,而是着眼人类整体利益、各国合作共赢、和谐相处的价值理念,是一种"天下一家"的美好情怀。习近平强调中国人民不仅希望自己过得好,也希望各国人民过得好。构建人类命运共同体顺应世界发展潮流,契合各国人民共同期盼,再过一百年、一千年都不会过时,那时一定会成为普世价值的核心理念。人类命运共同体理念提出后,已多次写入联合国大会、联合国安理会、联合国人权理事会、联合国社会发展委员会决议等,从中国理念上升为国际共识。事实证明,人类命运共同体代表了人类社会的一种最高理想和不懈追求,反映了世界各国人民的共同心声,具有广泛的适应性和高度的包容性,对世界各国各地区、各民族、各文明共存共荣具有普遍意义。

---

① 《习近平会见联合国秘书长古特雷斯》,载《人民日报》,2018 年 4 月 9 日,第 1 版。
② 习近平:《在庆祝中国共产党成立 100 周年大会上的讲话》,北京:人民出版社单行本,2021 年版。

| 第一编 |

# 百年大变局与世界社会主义历史进程

社会主义的前途和命运，同时代潮流和世界大变局紧密联系在一起。如何看待新世纪世界社会主义格局变化？首先要看当今世界发生了什么变化，当今时代发生了什么变化，也就是当今世界社会主义运动所处的外部环境有什么变化，时代变化直接影响世界社会主义格局变化。其次是看世界社会主义运动发生了什么变化，包括社会主义思潮流派、组织力量、活动方式本身是如何变化的，有什么特点。

对当今世界变化，习近平总书记指出："世界正处于大发展大变革大调整时期。"[①]"放眼世界，我们面对的是百年未有之大变局。"[②] 在这一大变局中，无论是资本主义，还是社会主义都会受到巨大冲击而发生深刻变化，世界格局正处在加快演变的历史进程之中，产生了大量深刻复杂的现实问题，提出了大量亟待回答的理论课题。习近平总书记强调，要立足当今世界大变局，加强对当代资本主义的研究，分析把握其出现的各种变化及其本质，深化对资本主义和国际政治经济关系深刻复杂变化的规律性认识。据此，本编将作者本人近年来在《人民日报》《马克思主义研究》《当代世界与社会主义》等报刊上发表的文章及相关课题研究成果作了修改和删节，重点回顾20世纪世界社会主义历史进程，结合当今世界大变局，整体呈现当今西方资本主义、世界社会主义、世界政党政治的发展现状，深入研究大变局与当今世界社会主义运动格局变化。

---

[①] 《中国共产党第十九次全国代表大会文件汇编》，北京：人民出版社，2017年版，第47页。

[②] 习近平：《习近平谈治国理政》（第三卷），北京：外文出版社，2020年版，第421页。

# 第一章　社会主义从普遍到特殊的历史演进

社会主义500年斗转星移,实现了从空想到科学、从理论到实践、从一种模式到多种模式的形态变革,也经历了成就与挫折相伴、高潮与低潮更替、曲折与前进交错的历史演进,为人类历史进步贡献了丰硕醇厚的物质和精神财富。"历史是最好的教科书",我们可从社会主义500年历史演进中,总结概括出社会主义低潮高潮演进的阶段性特点及规律性认识,并从中揭示共产主义由欧洲一隅的思想"幽灵"变成全球性革命运动的历史必然性,探寻科学社会主义理论和实践中心点由西方发达国家向东方落后国家、由中心向外围不断扩展的历史规律性,从而更加坚定中国特色社会主义的道路自信、理论自信、制度自信和文化自信。

## 第一节　社会主义思想从空想到科学、从普遍到特殊的历史演进

2013年1月,习近平总书记在中央党校学习贯彻党的十八大精神研讨班讲话中,把世界社会主义500年历史划分为空想社会主义产生和发展、马克思恩格斯创立科学社会主义理论体系、列宁领导十月革命胜利并实践社会主义、苏联模式逐步形成、新中国成立后中国共产

党对社会主义的探索和实践、改革开放和中国特色社会主义的发展六个时间段，并且深刻阐释了社会主义是如何从空想到科学、从理论到实践的，深刻总结了社会主义从低级到高级演进的一般规律，对我们科学认识社会主义思想演进的理论逻辑，精准把握世界社会主义高潮低潮标准具有重要的指导意义。

### 一、空想社会主义理论的产生和发展

自人类进入阶级社会后，无剥削、无压迫、人人劳动、人人共享财产的大同世界就成为人们追寻的一种理想社会。世界许多民族早期都有与社会主义相关的朦胧意识，古希腊有柏拉图的理想国，古代中国有孔子的"天下大同"，但从严格意义上讲，古代人的大同意识并不是社会主义。

欧洲到了中世纪后期，资本主义生产方式开始萌生并渐渐形成，文艺复兴运动冲破了宗教神学禁区，人们可以运用科学方法来研究社会问题，于是一种以学说形式出现的社会主义思潮即空想社会主义问世了。社会主义真正成为一种思潮，起始于16世纪初英国的莫尔、德国的闵采尔、意大利的康帕内拉等人提出的各种"乌托邦"设想。莫尔（1478—1535）由于痛恨当时英国资本主义圈地运动时出现的"羊吃人"现象，以文学形式，于1516年写了《乌托邦》一书（全称是《关于最完美的国家制度和乌托邦新岛的既有益又有趣的全书》），在社会主义思想史上第一次系统地阐述了空想社会主义的基本思想。该书第一部分是对资本原始积累时期"羊吃人"现象的揭露与批判，第二部分是对未来社会的设想。莫尔认为英国社会贫富两极分化的根源就在于私有制的存在，"如不彻底废除私有制，产品不可能公平分配，人类不可能获得幸福"。[①] 以莫尔、闵采尔、康帕内拉为代表的早期空想社会主义思想家不同程度地吸收了柏拉图理想国、原始基督教及各

---

① 托马斯·莫尔著，戴镏龄译：《乌托邦》，北京：商务印书馆，1982年版，第44页。

种"异端"思想,并通过文学艺术形式,揭露资本主义原始积累给劳动人民带来的不幸与痛苦,虚幻地描绘了一个没有剥削和压迫、财产公有、人人劳动、按需分配的美好社会,"乌托邦"最大特点是全部社会财富由社会成员共同拥有和使用。这一"乌托邦"是空想社会主义的早期形态,带有虚幻理想性质,但莫尔首次在揭露批判资本主义的基础上系统地阐述了未来理想社会的美好图景,在社会主义思想史上具有开创意义,以至于他的《乌托邦》成了此后空想社会主义的同义语。虽然《乌托邦》一书并没有出现"社会主义"一词,但其内在思想与社会主义有共同之处,即不承认资本主义的合理性,并把资本主义制度与封建制度及一切私有制度一起都视为一种罪恶制度,因而后人将《乌托邦》冠为空想社会主义思潮的开山之作。

哪里有剥削,哪里就有反抗。17世纪初,资本主义制度在英国全面确立后,那些因"羊吃人"而失去土地的贫苦农民和生活无着的无产者开始行动起来,聚集伦敦近郊,集体开荒种地,过着一种共同劳动的集体生活,这一行动很快被英国很多地方效仿,于是便发生了英国历史上著名的"掘地派"或"真正平等派"运动。这一运动的领袖和代言人温斯坦莱(1609—1652)在其所著《自由法》一书中,以法律条文形式系统阐述了他关于全面改造英国现实社会的方案,并呼吁废除私有制及一切社会不公平现象,建立一个真正的自由共和国。同《乌托邦》相比,《自由法》不是以文学游记形式,而是以自然法形式来设计未来社会方案。18世纪法国启蒙运动著名社会主义者梅叶(1664—1729)、摩莱里(1720—1780)和马布利(1709—1789)等人继承和发展了《自由法》中的社会主义思想,把反对封建主义推进到反对一切形式的剥削和压迫制度,主张废除包括资本主义在内的一切私有制,建立一个以公有制为基础的理性王国。他们把社会主义学说建立在自然法学说的理性基础上,深化了对社会主义本质的认识,但其理论中带有明显的平均主义和禁欲主义特征,没有摆脱人性论和空想色彩,恩格斯曾称之为"禁欲主义的、禁绝一切生活享受的、斯巴达式的共产主义"。①

在莫尔《乌托邦》问世之后的 300 年中,欧洲乃至全世界并没有人用"社会主义"一词,直到 19 世纪初,英、法、德等国的思想家才以"社会主义"冠称自己的思想,站在不同立场上反对新兴资本主义制度的人,自命为社会主义者,纷纷打出各种社会主义旗号,"社会主义"成为当时欧洲广泛流行的时尚用语。到 19 世纪三四十年代,随着无产阶级和资产阶级矛盾上升为社会主要矛盾,工人阶级走上政治舞台。与"社会主义"一样,以"共产主义"为旗号的各种学说也从不同角度解读未来社会理想,以至出现各种不同的"共产主义"流派。法国工人斗争秘密社团领导人卡贝、德萨米等最先把共产主义作为自己斗争的思想纲领,在英国、德国、瑞士也出现了共产主义的团体、集会及报刊,一种自发的共产主义运动在欧洲多国兴起。马克思和恩格斯在《共产党宣言》卷首就用"一个幽灵,共产主义的幽灵,在欧洲游荡"的名言描述了这一现象,并对这一时期流行于欧洲各国的形形色色的社会主义派别按其代表的阶级利益,划分为封建的社会主义、小资产阶级的社会主义、资产阶级的社会主义、无产阶级的社会主义,逐一进行了分析批判。在马克思、恩格斯看来,这些思潮流派由于没有找到实现社会主义的正确途径,总体上都是空想的社会主义。封建的社会主义和小资产阶级的社会主义代表没落的封建贵族或正在衰亡的小私有制的利益,企图使历史车轮倒转,属于反动的社会主义。

这一时期对科学社会主义创立最有影响、最富有思想价值的是法国的圣西门(1760—1825)、傅立叶(1772—1837)和英国的欧文(1772—1858)为代表的无产阶级社会主义学说及其实践活动。他们运用启蒙主义的思想原则,用科学理性的哲学观点和方法,系统而深刻地揭示和批判了资本主义的不合理性,并在此基础上提出了各自理想的社会方案及实现途径。圣西门被马克思和恩格斯称作是"批判的

---

① 中共中央马克思恩格斯列宁斯大林著作编译局编:《马克思恩格斯选集》(第三卷),北京:人民出版社,1995 年版,第 721 页。

空想的社会主义和共产主义"①第一人。欧文是一位伟大的社会主义实践者，他的社会主义思想主要是在自己经营工厂的实践中形成的，他的理想社会是建立在生产资料公有制基础上的众多的共产主义劳动公社的联合体。马克思对欧文为自己所信奉的社会主义事业奋斗一生的精神给予了高度评价，称赞他是一个真正坚强的人。这一时期以圣西门、傅立叶、欧文为主要代表的社会主义学说对资本主义的批判较之以往更加深刻，其批判的矛头直接指向资本主义社会，初步揭示了资本主义规模生产与分散经营的矛盾，正因如此，马克思、恩格斯将他们的学说称为批判的空想的社会主义和共产主义。他们对未来社会的论证更加严谨，基本克服了莫尔《乌托邦》的虚拟幻想和18世纪空想家的禁欲色彩，没有把未来理想社会建立在小生产和小农经济上，而是以生产力高度发达的大工业生产为基础来构建未来的社会制度。这些"天才的思想萌芽和天才的思想"为科学社会主义的创立提供了直接的思想素材。

## 二、马克思、恩格斯使社会主义从空想变成科学

空想社会主义包括空想共产主义曾经是早期无产阶级反对资产阶级斗争的理论武器，但到了19世纪中叶，当工人阶级作为独立的政治力量登上历史舞台，亟须先进的科学理论指导其斗争实践的时候，空想社会主义却无力回答当时无产阶级所面临的迫切的理论问题。马克思、恩格斯适应时代需要，在批判地吸收前人思想成果，特别是在参与当时无产阶级革命实践的过程中，推进社会主义由空想到科学的转变，创立了科学社会主义理论体系，为无产阶级解放事业提供了强有力的武器。

1843年10月，马克思迁居巴黎，同阿·卢格合办《德法年鉴》，

---

① 中共中央马克思恩格斯列宁斯大林著作编译局编：《马克思恩格斯选集》（第一卷），北京：人民出版社，1995年版，第302—305页。

写出了《〈黑格尔法哲学批判〉导言》《论犹太人问题》等著作，论述了革命理论同革命实践相统一及无产阶级的历史使命等问题，开始从唯心主义向唯物主义、从革命民主主义向共产主义的转变。1844年9月，马克思和恩格斯合著《神圣家族》，主要批判青年黑格尔派，论证存在决定思维而不是相反，提出人由工业和经济状况决定、粗糙的物质生产是历史的发源地等思想，为他们共同创立科学社会主义理论奠定了基础。1847年6月，由德国侨民在巴黎成立的正义者同盟在马克思、恩格斯的帮助下改名为"共产主义者同盟"，受该同盟委托，马克思、恩格斯起草同盟纲领——《共产党宣言》。1847年10月，恩格斯在《共产主义原理》中，通过对25个问题的回答阐述了《共产党宣言》中包含的基本理论。1848年年初，第一个科学阐述科学社会主义基本原理的纲领性文献《共产党宣言》在伦敦出版。马克思、恩格斯在《共产党宣言》中论证了资产阶级的灭亡和无产阶级的胜利是同样不可避免的重要结论。这一结论既不是出自痛恨资本主义的道德义愤，也不是源于向往未来共产主义的善良愿望，而是基于对资本主义经济运动规律和人类社会历史发展规律的科学认识。马克思创立的唯物史观和剩余价值学说，揭示了人类历史的发展规律和资本主义社会的运动规律，在此基础上使社会主义从空想到科学。

巴黎公社失败后，马克思、恩格斯在《法兰西内战》等著作中总结巴黎公社经验与教训，论述了必须建立无产阶级政党和国家机器等科学社会主义原理。马克思的《哥达纲领批判》和恩格斯的《反杜林论》等著作，阐述了科学社会主义产生的过程和基本原理，实现了科学社会主义理论的系统化。恩格斯改写的通俗性著作《社会主义从空想到科学的发展》，被译成欧洲各国文字，在工人运动中得到广泛传播。1881年3月，马克思为回答俄国公社和俄国革命问题，在给俄国革命家伊·查苏利奇的复信中，指出由于历史条件不同，"历史必然性"不适用于俄国。前资本主义国家是否可以不通过资本主义的"卡夫丁峡谷"进入社会主义，是值得认真研究的重大理论问题。事实证明，马克思、恩格斯对自己创立的科学社会主义学说是持开放态度的，提倡要根据各国实际不断发展和完善社会主义理论。

### 三、列宁将马克思主义推向新的历史高度

19世纪末20世纪初，资本主义发展到垄断的帝国主义阶段。帝国主义列强将各国领土瓜分完毕，野蛮地掠夺广大殖民地，残酷地盘剥附属国人民，也把资本主义生产方式及其基本矛盾和社会弊病推向了世界各地，引起了巨大的社会动荡和剧烈血腥的战争，造成整个世界发展的不平衡性、不确定性。从1905年到1917年，由于世界三大矛盾即无产阶级与资产阶级之间的矛盾、殖民主义与民族独立之间的矛盾、帝国主义之间的矛盾激化，最终酿成第一次世界大战，国际共产主义运动所面临的时代课题是战争与革命问题。以列宁为代表的俄国布尔什维克党人对这一时代课题进行了实践探索，产生了列宁主义。

1915年8月，列宁在《论欧洲联邦口号》一文中，提出了社会主义不能在所有国家内同时获得胜利，它将首先在一个或者几个国家内获得胜利的观点。他于1916年1月至6月写成了《帝国主义是资本主义的最高阶段》一书，阐述了帝国主义的基本经济特征，指出帝国主义是垄断的、寄生的、垂死的资本主义，是资本主义发展的最高阶段，是世界无产阶级革命的前夜，揭示了帝国主义的产生、发展和必然灭亡的规律，探索了新形势下无产阶级革命道路问题，再次论述了社会主义可以首先在一个或者几个国家内获得胜利的观点。这是对马克思主义关于无产阶级革命理论的重大贡献，为人们认识帝国主义时代的资本主义发展提供了理论指导。列宁在1917年8月至9月写成的《国家与革命》一书中，驳斥第二国际机会主义的反动国家观和考茨基等人的错误理论，分析了国家的起源、特征、本质及其历史作用，进一步发展了马克思主义国家观和无产阶级专政理论。十月革命胜利后，列宁在《共产主义运动中的"左派"幼稚病》等著作中，集中阐述了领袖、政党、阶级、群众之间的关系及党的纪律问题，强调无产阶级

政党必须把原则的坚定性和策略的灵活性结合起来，并根据本国的具体情况来运用马克思主义的基本原则。1921年3月，列宁在俄共（布）第十次代表大会的报告中提出以新经济政策代替战时共产主义政策，对新经济政策作了理论上和政治上的论述，阐明了向新经济政策过渡的必要性。之后，列宁在《论粮食税》等文章中，又阐述了与实行粮食税有关的一系列理论问题，如建立工业与农业之间的正常经济联系、巩固工农联盟、发展社会生产力、实现从资本主义向社会主义过渡等，不断深化对俄国如何走向社会主义的认识。列宁对当时苏俄社会主义建设的系列思考，是对科学社会主义的重大发展，对经济文化落后国家探索自己国情的社会主义建设道路具有重要启示意义。

列宁逝世后，随着大规模社会主义建设工作的展开，围绕苏联一国能否建成社会主义、选择什么样的社会主义建设道路等重大问题，苏共领导层出现了严重分歧，先后发生了两次大的争论。斯大林在批判托洛茨基、季诺维也夫等反对派时，阐述了一国建成社会主义的观点。他认为，在世界革命不可能马上到来的情况下，苏联能够依靠自己内部的力量，依靠国内的经济和文化资源，通过实行社会主义计划经济来建设社会主义，而且一定能够在苏联建成社会主义。斯大林认为新经济政策是战后经济恢复时期的权宜之计，而苏联处在资本主义的重重包围中，必须最大限度地集中资源和力量，加速实现国家工业化和农业集体化，不能靠那种缓慢的步骤走向社会主义。针对布哈林等人主张应首先大力发展农业，然后再大力发展工业，或者至少实行工农业并举的方针，斯大林认为要解决工人所需的商品粮和工业建设所需的原料的难题，首先必须克服社会主义工业化与分散落后的农村小商品经济之间的矛盾，其途径就是消灭富农阶级，加快集体化步伐。两次争论都以斯大林一方的胜利而告终，而斯大林都对失败的一方做了严厉的组织处理和残酷打击。斯大林关于一国建成社会主义及国家工业化和农业集体化理论，对苏联社会主义建设和国际共产主义运动产生了深远影响，一方面使苏联迅速从一个落后的农业国转变为强大的工业国,另一方面由此形成高度集中僵化的苏联社会主义模式,留下了深刻的历史教训。

**四、各国共产党人的理论探索和中国特色社会主义理论的形成**

"什么是社会主义,如何建设社会主义",是170多年国际共产主义运动史上没有很好解决的问题。马克思和恩格斯生前没遇到过建立社会主义制度问题。列宁逝世过早,还没来得及深入探索这个问题。后来的苏联领导人进行社会主义建设,搞了一套苏联社会主义模式,但犯了很多错误,并没有解决这个问题。作为世界上第一个社会主义国家,苏联的实践经验及做法对其他社会主义国家和各国共产党人产生了重要影响。20世纪后半叶,随着经济全球化不断发展,各国联系日益紧密,和平与发展成为世界主题,世界社会主义进入了调整改革新时期,探索适合本国国情的社会主义道路,成为各国共产党人和左翼力量的主要任务。不同的探索使世界社会主义运动出现了极为复杂的局面,民主社会主义和欧洲共产主义的探索没有成功,苏联东欧社会主义国家改革导致改旗易帜,亚非拉左翼对社会主义探索在曲折中前进。

中国共产党一方面认真学习借鉴苏联经验,另一方面认真研究本国国情和具体实际,积极探索具有本国特点的社会主义建设道路。1956年4月25日,毛泽东在中央政治局扩大会议上作了《论十大关系》的报告,强调必须坚持马克思列宁主义的普遍真理同中国革命的具体实践相结合,根据本国国情走自己的道路,从而进一步明确了中国共产党关于社会主义建设的基本指导思想。但之后的"大跃进"和人民公社运动,特别是"文化大革命"使中国社会主义建设走了一段曲折道路。

1976年6月,意大利共产党总书记贝林格和法国共产党总书记马歇在巴黎发表演说,第一次使用了"欧洲共产主义"这个词。同月,欧洲29个共产党和工人党在柏林举行会议,贝林格和西班牙共产党总书记卡里略在大会发言中阐述了"欧洲共产主义"的基本主张,"欧洲共产主义"第一次被载入共产党和工人党国际会议文件,并作为欧洲共产党的共同立场。一年后,意共、法共、西共领导人在马德里会晤,通过了被称作"欧洲共产主义的宣言"——《在民主、自由中实现社会主义》的联合声明。至此,"欧洲共产主义"作为欧洲大陆一些共产党在探索当代发达资本主义国家走向社会主义的道路的理论观点和政治路线正式形成,其核心思想是反对苏联大党主义,走欧洲独特的民主道路,主张法国、意大利等经济发达又有民主传统的国家要实现社会主义,应走既不同于社会民主党又不同于东欧和亚洲一些共产党走过的道路。随着苏共的垮台,"欧洲共产主义"所追求的独立自主的目标不复存在,引发欧洲一些共产党的思想混乱和组织涣散,其中一些党最后放弃共产党名称,迅速投向社会民主主义怀抱。

受"欧洲共产主义"思潮影响,苏联等一些社会主义国家开始出现新的改革探索。1985年苏联戈尔巴乔夫上台,提出"改革与新思维",试图从根本上重建社会主义的价值观念和政治体制,彻底摈弃斯大林主义留下的政治体制遗产,建立人道的、民主的社会主义,同时改变苏共干涉欧洲各国共产党内部事务的做法。然而,改革变"改向",最终导致苏共垮台和苏联解体。历史证明,戈尔巴乔夫式的改革,放弃了马克思主义指导地位和共产党领导,在国际共产主义运动史上留下惨痛教训。

中国、越南、朝鲜、老挝、古巴等共产党执政的国家顶住了东欧剧变、苏联解体的冲击,吸取国际共产主义运动历史教训,进一步坚定对马克思主义、社会主义理想的信仰,加快推进马克思主义的本国化、时代化步伐。发达国家和发展中国家非执政共产党在吸取东欧剧变、苏联解体教训的基础上,对超越阶段实行社会主义的"革命急躁病"进行了深刻反思,提出从国情出发分阶段走向社会主义的设想。发展中国家多数共产党认为,目前不具备革命形势,通过暴力革命夺取政权不现实,纷纷放弃过去坚持的武装夺取政权的道路,主张在现有政治制度下进行议会民主斗争，通过议会选举、与国内左翼力量联合，以及开展无产阶级的国际合作等多种斗争形式来扩大党的影响，最终实现社会主义。

1978年12月中共十一届三中全会召开，以邓小平同志为主要代表的中国共产党人，总结新中国成立以来正反两方面的经验，解放思想，实事求是，实现全党工作中心向经济建设转移，实行改革开放，开辟了社会主义事业发展的新时期，逐步形成了中国特色社会主义的路线、方针、政策，创立了邓小平理论。在改革开放的历史进程中，中国特色社会主义迎来了从创立、发展到完善的伟大飞跃。中国特色社会主义是中共在改革开放和社会主义现代化建设中的全部理论和实践的主题，同时也是世界社会主义500年特别是科学社会主义持续发展的重大成果，开拓了马克思主义发展的新境界，展现了社会主义的优越性和强大生命力。正如习近平总书记指出的那样，"邓小平同志开创了中国特色社会主义，第一次比较系统地初步回答了在中国这样经济文化比较落后的国家如何建设社会主义、如何巩固和发展社会主义的一系列基本问题，用新的思想观点，继承和发展了马克思主义，开拓了马克思主义新境界，把对社会主义的认识提高到新的科学水平。"[①]

党的十三届四中全会后，以江泽民同志为主要代表的中国共产党人，在国内外政治风波、经济风险、自然灾害等严峻考验面前，高举邓小平理论的伟大旗帜，团结带领全党全国各族人民，坚持和发展中国特色社会主义，继续推进改革开放伟大事业，形成了"三个代表"重要思想，把改革开放和社会主义现代化建设推向21世纪。21世纪初，面对新世纪新阶段复杂多变的国际环境和艰巨繁重的改革发展任务，以胡锦涛为总书记的中共中央领导集体，高举邓小平理论和"三个代表"重要思想的伟大旗帜，团结和带领全党和全国人民，战胜各种困难和风险，形成了科学发展观，对新形势下实现什么样的发展、

---

① 习近平：《习近平谈治国理政》，北京：外文出版社，2014年版，第22页。

怎样发展等重大问题作出了新的科学回答，把我们对中国特色社会主义规律的认识提高到新的水平。

**五、新时代中国特色社会主义为解决人类问题贡献了中国智慧和中国方案**

2017年10月召开的党的十九大，提出了中国特色社会主义进入新时代的重要论断，把习近平新时代中国特色社会主义思想确立为党必须长期坚持的指导思想并写入党章和载入宪法。习近平新时代中国特色社会主义思想深刻揭示了新时代中国特色社会主义的本质特征、发展规律和建设路径，为科学社会主义理论宝库增添了新内容，为新时代坚持和发展中国特色社会主义、实现"两个一百年"奋斗目标和中华民族伟大复兴中国梦提供了科学理论指导和行动指南，为当代中国马克思主义和21世纪马克思主义发展作出了重大贡献。党的十九大报告用中国特色社会主义进入新时代来总结中国的历史成就，定义我国发展新的历史方位，又用"三个意味着"概括中国特色社会主义进入新时代的重要意义："中国特色社会主义进入新时代，意味着近代以来久经磨难的中华民族迎来了从站起来、富起来到强起来的伟大飞跃，迎来了实现中华民族伟大复兴的光明前景；意味着科学社会主义在二十一世纪的中国焕发出强大生机活力，在世界上高高举起了中国特色社会主义伟大旗帜；意味着中国特色社会主义道路、理论、制度、文化不断发展，拓展了发展中国家走向现代化的途径，给世界上那些既希望加快发展又希望保持自身独立性的国家和民族提供了全新选择，为解决人类问题贡献了中国智慧和中国方案。""中国特色社会主义进入新时代，在中华人民共和国发展史上、中华民族发展史上具有重大意义，在世界社会主义发展史上、人类社会发展史上也具有重大意义。"[①]

---

① 习近平：《决胜全面建成小康社会，夺取新时代中国特色社会主义伟大胜利》，北京：人民出版社，2017年版，第10—12页。

外国一些共产党和进步人士对中国特色社会主义给予高度评价。曾获诺贝尔奖的经济学家科思感叹:"我深知中国前途远大,深知中国的奋斗就是人类的奋斗,中国倡导的价值和经验对全人类非常重要。"① 中国所选择的和平发展道路为世界文明进步带来正能量,为世界美丽增加新风景。不仅广大发展中国家的政党政要越来越认识到中国模式在全球的吸引力越来越强,值得发展中国家借鉴,期待分享和借鉴中国的发展经验,以探索符合自身实际的发展道路,而且西方发达国家也开始关注中国特色社会主义和中国共产党。许多共产党认为中国特色社会主义融入了对马克思主义的深刻理解,是结合中国国情、历史传统所取得的伟大成果。这一点是最值得其他共产党学习借鉴的经验。西班牙共产党主席森特利亚认为,中共特质之一是能够因应内外条件变化不断创新,与时俱进地发展自己的理论和主张并在实践中加以修正和完善。这是中国特色社会主义作为一个科学体系建立的基础,也是它在中国取得巨大成功的关键。法国共产党全国书记鲁塞尔说,中共理论创新,对马克思主义在新形势下发挥普世价值有着重要意义。中共在改革进程中展现出自我修正能力,为争取广泛共识,顺利推进改革,不断巩固政权,发挥了决定性作用。白俄共第一书记索科尔说,作为马克思主义政党,中共在建设社会主义过程中依靠辩证法,并从当代现实出发,把握住了马克思主义的本质,坚持理论创新,创造性地发展了马克思主义,中国特色社会主义的飞速发展归功于中国共产党的务实性和自我革新能力,归功于中共坚持与时俱进,坚持以人民利益为最高目标。

当前,世界处于大发展大变革大调整时期,和平赤字、发展赤字、治理赤字是摆在全人类面前的严峻挑战,需要通过构建人类命运共同体的实践来寻找最大公约数和共同价值,增进各国相互理解和共识。经过疫情洗礼,人类对自然与生命更加敬畏,绿色生态理念、集体主

---

① 《中国的经验对全人类非常重要》,载《人民日报》,2019年9月16日,第5版。

义、社会主义理念更加深入人心，中国与世界关系出现新变化，制度之争引发各方关注。习近平总书记以社会主义大国领导人的气度，强调中国人是讲爱国主义的，同时也是具有国际视野和国际胸怀的；中国在国际和地区事务中主持公道，伸张正义，在力所能及范围内积极承担更多国际责任和义务，同世界各国一道维护人类良知和国际公理，推动构建人类命运共同体。联合国秘书长古特雷斯高度赞同中国所倡导的理念，他说："中国已成为多边主义的重要支柱，而我们践行多边主义的目的，就是要建立人类命运共同体。"①构建人类命运共同体顺应世界发展潮流，契合各国人民共同期盼。"和平学之父"约翰·加尔通认为："以整体意识、全球思维、人类情怀打量这个世界，正是中国的大国外交提供的新的世界观。"②构建人类命运共同体是新时代中国共产党人的伟大梦想，也是中国引领时代发展方向的一面旗帜。近年来，习近平总书记利用出席一系列重要国际会议论坛的机会，从面向周边友好国家到面向亚非拉国家，从上合组织域内到金砖国家层面，从海洋命运共同体到人类卫生健康共同体，深入阐述构建人类命运共同体的重大意义和可行路径，推动构建人类命运共同体理念向更广区域、更多领域延伸，向世界亮明了中国与世界同行的基本价值观。特别是在新冠肺炎疫情的考验下，构建人类命运共同体理念展现出更加耀眼的真理光芒。

总而言之，500年社会主义理论与实践发展史，是与时代主题和各国实际相向而行的历史，是理论创新与实践探索相辅相成、不断推进社会主义多样性发展的历史。

---

① 《习近平会见联合国秘书长古特雷斯》，载《人民日报》，2018年4月8日，第1版。
② 《站在中国与世界的命运交汇点——写在中国特色大国外交全面推进之年》，载《人民日报》，2015年12月31日，第2版。

## 第二节　科学社会主义实践的三次高潮

共产主义者同盟的成立和《共产党宣言》的发表标志着国际共产主义运动的兴起；俄国十月社会主义革命胜利和一大批共产主义政党成立，是国际共产主义运动的扩展；二战后一批社会主义国家建立和民族解放运动的兴起，国际共产主义运动高歌猛进，世界一度出现东风压倒西风之势，但苏联社会主义模式走向僵化，给国际共产主义运动带来严重损失；东欧剧变、苏联解体后世界社会主义运动进入新一轮探索与创新阶段，中国特色社会主义日显生机活力，成为引领世界社会主义发展的一面旗帜。170多年间，国际共产主义运动呈现出曲折性与前进性、任务的阶段性与目标的统一性、量的扩张与质的飞跃的发展轨迹。

### 一、国际共产主义运动的兴起和巴黎公社的诞生

作为科学社会主义创始人，马克思、恩格斯阐发的共产主义"幽灵"一经问世，迅速在世界广泛传播，为人类点亮了通向崇高理想社会的方向路标，深刻改变了人类历史进程。随着1831年和1834年法国里昂工人两次起义、1836—1848年英国宪章运动、1844年德国西里西亚织工起义的爆发，无产阶级作为独立的政治力量登上历史舞台，提出了同整个资产阶级和资本主义制度进行斗争的政治主张。马克思和恩格斯适应当时工人运动和无产阶级斗争的需要，创立了科学社会主义理论，在人类思想史上实现了一次伟大变革。马克思和恩格斯把自己的理论与工人运动相结合，创建了世界上第一个无产阶级政党组织——共产主义者同盟，并为同盟起草了《共产党宣言》这一不朽的历史文献。《共产党宣言》运用历史唯物主义原理，阐述了资本主义必然灭亡、社会主义必然胜利的人类历史发展规律，在对当时形形色色的社会主义思潮流派进行分析批判的基础上，提出了关于未来共产主

义社会的基本观点，论述了共产党的性质特点和纲领目标，奠定了无产阶级政党学说和科学社会主义理论基础。《共产党宣言》问世后，先后被译成200多种文字发表，在全世界广泛传播。20世纪初，《共产党宣言》被介绍到中国，成为中国革命的指南。

马克思和恩格斯在创立自己的科学社会主义理论的过程中，同各种资产阶级、小资产阶级的思潮进行了斗争，一方面更彻底地、直接和公开地批判了形形色色的空想社会主义，另一方面则借机进一步向前推进自己的理论，同时也在这一过程中传播自己的思想。1848年欧洲革命爆发。在革命过程中，资产阶级为战胜封建残余势力，暂时联合无产阶级，使欧洲革命打上了无产阶级的印记，科学社会主义理论开始接受无产阶级革命实践的检验，共产主义成为世界各国无产阶级的共同事业。马克思和恩格斯参加了当时德国的革命，创办了《新莱茵报》，恩格斯还直接参加了普法尔茨的武装起义。革命失败后，欧洲工人运动陷入低潮。马克思、恩格斯流亡英国伦敦期间，深入工人运动，开始为创建无产阶级政党及其国际组织做准备工作。到19世纪50年代末60年代初，欧洲工人运动再次高涨。为了对付工人罢工，各国资产阶级联合起来破坏工人运动。各国工人也日益认识到工人阶级利益的一致性和国际联合的必要性。在此背景下，国际工人协会（第一国际）于1864年9月在英国成立。马克思依据科学社会主义原理，从当时国际工人运动的实际出发，重新起草了第一国际的纲领和章程，因而成为第一国际的灵魂人物和实际领导者。第一国际一直致力于推动工人运动与革命理论的结合，对马克思、恩格斯创立的科学社会主义思想传播发挥了重要作用。

第一国际先后在欧、美、非三大洲的18个国家成立了支部，会员多达百万人。第一国际成立时，科学社会主义还只是众多的思潮流派之一，通过马克思主义者与国际内部的工联派、蒲鲁东派、巴枯宁派、拉萨尔派的激烈交锋，科学社会主义初步确立了在国际工人运动和社会主义运动中的主导地位。第一国际发挥了工人运动领导中心的作用，积极支持了各国人民的革命斗争,广泛传播了科学社会主义,在思想上和组织上为在各国建立独立的无产阶级政党准备了条件。因此,列宁认为:"第一国际完成了自己的历史使命,随之而来的是世界各国工人运动空前大发展的时代,即工人运动向广度发展,以各个民族国家为基地建立群众性的社会主义工人政党的时代。"①

19世纪70年代,法国工人阶级的斗争开始由经济斗争转向政治斗争。为反对法国国防政府的投降卖国政策,巴黎工人阶级先后于1870年10月和1871年1月两次发动武装起义并建立自己的政治组织和武装。1871年国防政府与普鲁士达成媾和协议后,于3月18日派军队解散工人武装,遭到工人的坚决反击,巴黎爆发工人革命,建立了世界第一个工人政权——巴黎公社。巴黎公社是无产阶级推翻资产阶级统治、建立无产阶级专政的伟大尝试,是把人类从阶级社会中解放出来的社会革命的曙光。巴黎公社革命失败以后,国际共产主义运动经过一段时期的沉寂。

## 二、俄国"十月革命"开辟了人类建设社会主义的新时代

基于19世纪中后期西方资本主义发达国家的实际,马克思、恩格斯曾设想社会主义革命将首先在英国、法国、德国等主要西方国家取得胜利,他们谈论社会主义革命时,基本上是指这几个国家的革命,对俄国或其他东方落后国家的社会主义革命很少论及。

19世纪末20世纪初,世界历史进入帝国主义和无产阶级革命时代,帝国主义使资本主义的各种矛盾进一步激化,俄国首先成为资本主义统治链条上最薄弱的环节和各种矛盾的焦点,无产阶级革命的重心从西欧发达国家转移到经济文化比较落后的俄国或其他东方国家。但是,由于对资本主义向帝国主义过渡的新变化,以及工人阶级斗争的新战略、新策略的认识不尽一致,1895年恩格斯逝世之后,统一的

---

① 中共中央马克思恩格斯列宁斯大林著作编译局编:《列宁选集》(第二卷),北京:人民出版社,1995年版,第417页。

国际社会主义运动逐渐分化为左、中、右三种倾向和派别。以列宁为代表的左派及俄国马克思主义者,根据时代特点和俄国革命实际,把马克思主义同俄国工人运动结合起来,创立了不同于第二国际各党的新型无产阶级政党——布尔什维克党。列宁是伟大的马克思主义者,他在科学分析资本主义不平衡发展和资本主义大国力量对比的基础上,创造性地提出帝国主义论和社会主义"一国胜利论",为俄国十月革命胜利和帝国主义时代世界无产阶级革命提供了重要的理论指导。1917年俄国二月革命爆发,沙皇统治被推翻,布尔什维克党适时推动资产阶级民主革命向社会主义革命转变,发动了震撼世界的伟大的俄国十月社会主义革命,在世界上建立起第一个无产阶级专政的社会主义国家。从此,社会主义从一种思想理论变成现实的社会制度。

十月革命是人类历史上第一次胜利的社会主义革命,开辟了人类探索社会主义道路的新时代,改变了世界政治力量的对比,唤醒了世界各大洲被奴役的人民起来为摧毁帝国主义殖民体系而斗争,国际共产主义运动真正扩展为世界范围的社会运动。在十月革命的鼓舞下,欧洲的芬兰、德国、匈牙利、斯洛伐克等国家的工人阶级纷纷成立工人赤卫队,开展武装夺取政权的革命行动,建立了苏维埃政权。英国、法国、意大利等国工人阶级纷纷开展"不许干涉俄国"的罢工运动,有的甚至组织志愿队援助苏维埃俄国,以实际行动支持苏俄反对列强外来干涉的斗争。这些斗争行动,提高了无产阶级的思想水平和组织水平,极大推动了欧洲革命形势的发展,欧美一些国家的共产主义政党或共产主义小组在此期间纷纷成立。同时,十月革命的胜利,极大地影响了殖民地半殖民地的民族解放运动。在各国的民族解放运动中,许多先进的知识分子在十月革命的影响下开始接受并传播马克思列宁主义,并用以指导工人运动,为建立共产主义组织奠定了坚实的基础。1919年3月,共产国际(第三国际)在莫斯科成立。在共产国际的指导和推动下,中共、德共、美共、英共、法共、意共、南非共等一大批共产党于20世纪20年代初纷纷建立。

十月革命胜利后，国际共产主义运动真正成为世界范围的反对资本主义的社会革命。社会主义成为许多落后国家赢得民族独立、解放和发展的重要选择。广大东方不发达国家的工人阶级和人民群众掀起了暴风骤雨式的社会主义革命、人民民主革命、民族解放革命。共产国际作为国际共产主义运动的组织者和领导者，提出建立工人阶级统一战线及"全世界无产者和被压迫民族联合起来"的战斗口号，有力地推动了国际共产主义运动和民族解放运动的发展，为世界被压迫阶级和被压迫人民的解放事业作出了重大贡献。

十月革命胜利后，列宁、斯大林领导苏联党和人民艰苦奋斗，探索建设社会主义的道路，先后实行了"战时共产主义"政策、新经济政策，以及社会主义工业化和农业集体化，逐步建立起社会主义制度。1918年7月苏维埃全俄第五次代表大会通过了世界上第一部社会主义的宪法——《俄罗斯苏维埃联邦社会主义共和国宪法（根本法）》。1922年12月"苏维埃社会主义共和国联盟"（简称"苏联"）宣告成立，1924年年初苏联第一部宪法《苏维埃社会主义共和国联盟宪法》生效，规定苏联是联邦制社会主义国家。在建立了社会主义制度以后，苏联的国民经济得到比较快的发展，从1917年十月革命到德国法西斯入侵前夕的1940年间，苏联的国民收入增长7.15倍，而同期美国增长34%，英国69%，法国31%；苏联工业总产值增长11倍，而美国增长62%，英国42%，法国98%。苏联在世界工业中所占比重，从1913年的2.6%上升到1937年13.7%，在短短的20多年的时间里，苏联实现了资本主义国家花费了一二百年时间才实现的工业化过程，苏联的工业生产水平由1913年占世界第五位，变成世界第二位、欧洲第一位。与同时期资本主义国家爆发的经济危机相比，苏联社会主义建设取得了巨大成就，充分显示了社会主义制度的优越性，极大地鼓舞和推动了国际共产主义运动的发展。

第二次世界大战结束前后，是国际共产主义运动前所未有的兴旺发达时期。西欧国家的共产党人在抗击法西斯斗争中赢得了本国人民的广泛支持，力量不断发展壮大，在战后民主选举中，法共、意共均成为本国政坛的主要力量，参与政权。欧美一些共产党积极投身议会斗争，积极进行向社会主义过渡的特殊道路的探索。东欧国家的共产党人借助苏联解放东欧的有利国际形势，把反法西斯抵抗运动发展为人民民主革命，领导广大人民群众夺取政权，建立了8个人民民主国家（波兰、捷克斯洛伐克、匈牙利、南斯拉夫、阿尔巴尼亚、保加利亚、罗马尼亚、德意志民主共和国）。在亚洲，中国、朝鲜、越南、蒙古等国也先后取得人民民主革命胜利，并开始向社会主义过渡，拉美出现古巴社会主义国家政权。至20世纪60年代初，世界已有15个国家建立了社会主义制度，社会主义由一国发展为多国实践。亚非拉国家的民族独立解放运动风起云涌，大大削弱了世界资本主义体系，"东风压倒西风"成为当时的时代浪潮，国际共产主义运动进入少有的高潮时期。在俄国十月革命胜利及其之后苏联社会主义实践成就的鼓舞下，各资本主义国家的无产阶级革命运动和殖民地半殖民地国家的民族民主革命风起云涌，沉重打击了帝国主义统治和世界资本主义体系，改变了人类社会的发展进程，一度出现社会主义和资本主义两大阵营并存、对立的世界格局。

1946年3月，英国前首相丘吉尔在美国富尔顿发表了反苏、反共演说，1947美国制定了援助欧洲的"马歇尔计划"，西方拉开了对社会主义国家发动"冷战"的序幕。为了应对西方威胁，1947年9月，苏联、波兰、南斯拉夫、捷克斯洛伐克、匈牙利、罗马尼亚、保加利亚、法国、意大利9国共产党和工人党代表在波兰西里西亚举行会议，决定成立"欧洲9国共产党和工人党情报局"。1949年1月，苏联组织建立了一个由社会主义国家组成的政治经济合作组织"经济互助委员会"，加强政治、经济和军事等联系，形成了社会主义阵营。同年4月，美国与西欧成立"北大西洋公约组织"，形成了以美国为核心的资本主义阵营。在两大阵营对立竞争的国际格局下，反对战争与争取和平成为这一时期国际共产主义运动的重要内容。围绕战争与和平问题，国际共产主义运动内部出现不同声音，由此引发争论。

从社会主义阵营内部来看，时代的发展和形势的变化，给各国共产党人提出了如何认识时代主题的变化及其主要矛盾、如何认识和对待资本主义、如何认识和建设社会主义等重大问题。1951年10月，英国共产党首次公布党纲《英国走向社会主义的道路》，主张"和平过渡"，不提无产阶级专政，认为英国可以通过议会斗争和平过渡到共产主义。在1956年2月苏共二十大上，赫鲁晓夫提出"和平过渡""和平竞赛""和平共处"路线，并作《秘密报告》，对斯大林展开全面批评，震动了社会主义阵营，在国际共产主义运动中产生了重大的消极影响。1956年6月，波兰发生"波兹南事件"，同年10月，匈牙利发生"匈牙利事件"，多国共产党要求摆脱苏共控制、独立自主地探索社会主义建设道路的呼声也同时高涨起来。1957年11月，12个社会主义国家共产党、工人党代表会议和68个共产党、工人党代表会议在莫斯科召开，有一些共产党、工人党在对斯大林评价、国际共产主义运动路线、波匈事件、同苏共关系等重大问题上同苏共有不同看法，出现不同程度的分歧。中共不同意苏共过分强调某些资本主义国家可以"和平过渡"到社会主义的提法，也不同意苏共把"和平共处"说成是社会主义国家对外政策的总路线。虽然会议期间中苏两党之间就一些分歧意见通过谈判达成妥协，基本维持了社会主义阵营的团结和原有的格局，但双方并未达成共识。中苏关系变得更加微妙和复杂。1959年9月，赫鲁晓夫访问美国后访华，中苏领导人围绕上述分歧发生激烈争吵。1963—1964年，中国共产党相继发表了"九篇评论"和"苏共中央公开信"等文章，"中苏论战"达到高潮，两党、两国关系破裂，引发社会主义阵营大分裂。

20世纪80年代末和90年代初发生的东欧剧变、苏联解体，对各国共产党和社会主义事业产生了前所未有的冲击。东欧剧变、苏联解体后，转轨国家的当政者对共产党进行政治清算，疯狂迫害共产党人，刻意清除社会主义制度痕迹。世界共产党数量由180多个减至130多个，除中共以外的世界各国共产党人数从原来的 4400 多万人骤降到 1000 多万人，共产党执政的社会主义国家由 15 个减少到 5 个，国际共产主义和世界社会主义运动陷入历史低潮。

### 三、东欧剧变、苏联解体后各国共产党人探寻本国特色社会主义

东欧剧变、苏联解体虽然给世界社会主义力量带来巨大损失，但并没有改变人类社会进步的大趋势。世界各国共产党人通过对社会主义经验教训的深刻总结，通过对社会主义未来的深入思考与探索，努力从低潮中探寻未来的发展与复兴之路。正如邓小平所说："一些国家出现严重曲折，社会主义好像被削弱了，但人民经受锻炼，从中吸取教训，将促使社会主义向着更加健康的方向发展。"[①] 认真总结国际共产主义运动的经验与教训，根据本国实际进行理论和政策调整，不断探索和振兴社会主义，是东欧剧变、苏联解体后各国共产党人的共同任务和必然选择。

#### （一）越南、朝鲜、老挝、古巴探索本国特色社会主义

越南、朝鲜、老挝、古巴在东欧剧变、苏联解体后坚持共产党的领导和社会主义方向不变，强调要探索社会主义新的发展道路。

越南以建立社会主义为定向的市场经济为目标，进行经济体制革新，推进革新开放。通过多年的改革，越南国有企业初步实现了经营机制的转换，企业市场化、公司化和股份化的目标基本实现。农村与农业革新迅速扭转了粮食生产的下滑局面，多年来保持粮食丰收和农民收入增长，在较短时间内解决了人民的吃饭问题。实行多种分配方式，以按劳动结果和经济效益分配为主，合理地分配和再分配各种收入，保护劳动者的正当利益，鼓励合法致富，同时积极开展扶贫工作，避免各地区发展水平和各阶层人民生活水平差距过大和各地区发展不

---

[①] 邓小平：《邓小平文选》（第三卷），北京：人民出版社，1993 年版，第 383 页。

平衡。建立就业、医疗、住房、养老等社会保障体系，逐步实现社会公平。经过30多年的革新开放，越南摆脱了贫穷落后面貌，一跃成为中等收入的发展中国家。

进入21世纪后，朝鲜在计划经济框架内，以"实利"为中心，对某些具体的经济政策进行了一定的调整。近年来，朝鲜实行经济建设与核武发展并进路线，集中力量改善民生。农业领域继续推行"责任田制"，农民可单独或以生产小组方式进行承包经营。工业方面全面推行"厂长经理负责制"，明确管理者权利、责任、利润分配比例，进一步扩大出口企业经营管理权。同时，设立自由经济贸易区和工业园区，积极寻求对外合作机会，借外力发展经济，这些措施的实施也取得了一定成效。

1991年老挝人革党五大确立了有原则的全面革新路线，农业生产被纳入市场经济轨道，长期处于自然、半自然经济的农村面貌有所改变，农业、畜牧业和其他副业生产迅速发展起来，粮食基本实现自足有余。2016年老挝人革党十大提出，加快经济结构调整，形成社会主义方向的市场经济体系，推动经济增长模式从传统农业向贸易和投资拉动转变，加强基础设施建设和支柱产业发展，推进工业现代化。老挝已制定出中长期农村发展和扶贫战略，大力推动落实到2020年摆脱欠发达状态的目标。在世界经济复苏乏力、国际金融形势不稳的背景下，2011—2015年，老挝经济年均增长7.9%，2016—2017年经济增长7%左右，国内生产总值约160亿美元，人均国内生产总值2500美元，人民生活状况得到很大改善。

古巴发展多种所有制经济，推进国有企业改革和对外开放。1991—1997年，主要实行鼓励个体劳动、开放农贸市场和吸引外资等措施。1997—2006年，古巴改革的重点是国营企业。2011年4月，古共举行了具有历史转折意义的第六次代表大会，通过了《经济社会政策纲领》，进一步鼓励发展个体、合作社、合资经济。古巴改革开始进入"深水区"。古共七大后，古巴加快经济社会模式更新步伐，启动国有企业改革,兴建经济开发区,出台了各种吸引外国投资和外国游客的优惠政策,大力发展个体经营,个体经济已成为古巴经济社会生活中不可或缺的重要组成部分。

## (二) 非执政共产党在社会主义道路探索中渐渐扩大影响

东欧剧变、苏联解体后,西方发达国家的一些共产党被迫改名,力量严重削弱,但也有一些发达国家的共产党仍然坚持不改党名,坚持共产主义信仰,坚持反对资本主义、维护工人利益的斗争。意大利共产党1991年宣布改名为左翼民主党,但仍有15万党员坚持共产党性质不变,以"意大利重建共产党"名称开展活动。英国共产党一度隐匿后又重整旗鼓,发展为多个共产党派别。

2008年国际金融危机后,发达国家共产党联合其他左翼力量,发起各种社会抗议活动,扩大了影响。西班牙共产党、葡萄牙共产党、希腊共产党等保持党的名称不变,在本国政坛中具有一定影响。日本共产党在日本政坛中独树一帜,拒绝政府补贴,拒绝与其他大党结盟,始终保持共产党特性,以各种方式为劳动者和社会弱者说话,吸引许多年轻人入党,力量稳中有升。

苏联和东欧国家的共产党人为争取自己的合法地位奋起抗争,纷纷重建本国的共产党。俄罗斯联邦共产党虽遭执政党排挤打压,但在国家和地方杜马中仍保持一定席位;摩尔多瓦共产党人党曾通过选举上台执政多年;捷克-摩拉维亚共产党也曾在地方执政多年。这些党根据本国历史传统和社会环境,注重利用合法手段进行斗争,强调将在宪法和法律范围内为劳动者的权利而斗争,通过党在国家权力机关中的代表实施自己的政策。它们坚持把建立以社会公正、集体主义、自由平等为原则的社会主义作为党的奋斗目标,认为社会主义的原则不能放弃,强调革新社会主义。2017年11月,为纪念伟大的十月社会主义革命100周年,俄共在圣彼得堡主办了第十九届世界共产党与工人党国际会议,来自77个国家103个共产党和工人党的300多名代表与会，会议号召各国共产党，"弘扬共产主义运动理想、重振反对帝国主义战争、捍卫和平及实现社会主义的伟大斗争"。

亚非拉广大发展中国家的共产党经过多年的调整和探索，力量不断壮大，有的还在国内政治舞台上发挥着重要作用。2008年4月，尼泊尔举行制宪法规定会议选举，尼泊尔共产党（毛主义）① 赢得多数席位，并被授权组织尼泊尔联邦民主共和国第一届政府，普拉昌达成为总理。一年后，联合尼共（毛）放弃执政地位。尼泊尔共产党（联合马克思列宁主义）是尼泊尔重要政治力量，自20世纪90年代以来，多次通过议会选举上台执政。2015年10月11日，尼共（联）和联合尼共（毛）组成竞选阵线，获得议会多数支持，尼共（联）主席奥利出任尼泊尔总理，联合尼共（毛）获得副总统、议长及8个部长职位。印度共产党（马克思主义）② 坚持共产主义理想信念，根据实际探索自己的革命道路，曾在印度西孟加拉邦、喀拉拉邦连续执政30多年。南非共产党有近百年历史，1990年2月获得合法地位后，与非国大、南非工会大会结成政治同盟，公开为争取民族独立和人民解决而斗争。2014年12月，南非共宣布进入民族民主革命的第二阶段，主要任务是以反帝、反垄断资本为中心，加速南非经济转型，争取黑人经济解放。拉美国家现有20多个共产党组织，巴西、智利、委内瑞拉、厄瓜多尔、秘鲁等国共产党比较活跃，均提出要团结各种左翼力量，共同反对资本主义，探索本国特色的社会主义道路。

### （三）中国特色社会主义开辟了世界社会主义运动的光明前景

党的十一届三中全会实现了党的工作重心转移，作出了实行改革

---

① 尼泊尔共产党是马克思主义政党，历史上曾有多个派别，主要有尼泊尔共产党（联合马克思列宁主义）、尼泊尔共产党（毛泽东主义）、尼泊尔共产党（马列）等，其中尼泊尔共产党（毛主义）多次改名，2009年1月，尼共（毛）与另一尼共小派别——团结中心合并，改名为联合尼共（毛）；2016年5月25日，联合尼共（毛）改名为尼泊尔共产党（毛主义中心）。

② 印度共产党成立于1920年，1964年分裂出一派另建印度共产党（马克思主义）。

开放的重大决策，翻开了中国社会主义发展崭新的一页。东欧剧变、苏联解体一度使"社会主义失败论""历史终结论"甚嚣尘上，"中国崩溃论"不绝于耳，但中国没有在这场"多米诺骨牌"式的剧变中倒下，坚守和捍卫了社会主义，并以中国式道路挽救了世界社会主义。中国特色社会主义制度模式既顾及社会差距的客观性和现实性，把追求效率、提高效率放在重要位置；又顾及社会公平与公正的必然性和目标性，在发展过程中着力实现效率与公平的有机统一。中国的发展模式受到许多国家领导人和学者的普遍赞誉，认为"中国一心一意办好自己的事情，既是对自己负责，也是为世界作贡献"。

社会主义500年，中国书写着最华彩的篇章。科学社会主义在中国特色社会主义实践中不断发展，开辟了国家富强和人民幸福之路，彰显了马克思主义与时俱进的理论品格和旺盛生命力。改革开放40多年来，中国走完了发达国家几百年走过的发展历程，经济总量从世界第十位跃升到第二位，国内生产总值突破百万亿元大关，对世界经济增长的贡献率超过30%，创造了举世瞩目的经济奇迹。与此同时，中国在增进民生福祉方面也创造了人类历史上的奇迹：7亿多贫困人口摆脱贫困，对全球减贫的贡献率超过70%，被国际社会誉为"人类历史上前所未有的伟大成就"；人均国民总收入从190美元连续翻番达到现在的1万多美元，从低收入国家跨入中高收入国家行列，人民的生活水平实现了质的飞跃。这意味着世界上生活在高收入经济体的人口将翻一番，对人类发展进步事业来说，这是前所未有的伟大事件。

当今世界处于百年未有之大变局，中国特色社会主义走进了新时代，新时代的中国日益走近世界舞台中央，日益成为世界和平的建设者、全球发展的贡献者、国际秩序的维护者。中国特色社会主义进入新时代。这个新时代不只是中国的，也属于世界社会主义的。中国特色社会主义在21世纪的中国焕发出强大生机活力，正成为21世纪科学社会主义发展的旗帜，也成为振兴世界社会主义的中流砥柱，必将推进世界社会主义进入新阶段。

中国特色社会主义制度既坚持了科学社会主义基本原则，将马克思主义对社会主义制度的基本设想变为现实，又根据国情进行了实事求是的探索创新，开创了中国特色的发展道路和发展模式。中国特色社会主义是科学社会主义，不能将中国特色社会主义孤立于马克思主义体系之外。在坚持以马克思主义为指导这一根本问题上，我们必须坚定不移，任何时候任何情况下都不能动摇。事实证明，社会主义国家只要赢得与资本主义国家相比较的优势，就会增加自身吸引力。中国特色社会主义的成功实践，对国外社会主义及左翼力量形成了巨大吸引力。深入总结中国特色社会主义理论和实践创新经验，特别是中国共产党治国理政和管党治党经验，并加强思想引领，将其转化为具有世界意义与影响的"中国方案"，或可为深陷思想迷茫、理论困惑、政策匮乏、行动失措等多重窘境的国外社会主义及左翼力量提供有益参考借鉴，从而推动世界社会主义运动走向振兴。

## 第三节　世界社会主义运动历史演进的主要特点

500年社会主义理论与实践的发展，总是与时代主题和各国实际相向而行，理论创新与实践探索相辅相成，呈现出时代性、实践性、多样性、复杂曲折性发展等特征。我们认识与判断国际共产主义运动和当代世界社会主义运动高潮、低潮和发展态势等问题，应根据不同历史时代和发展特点，而不是以20世纪共产国际和苏联时代版本来判定，只有与时俱进才能形成新认识和新判断。

### 一、时代性：世界社会主义运动内容和形式随着时代场景转换而变化

马克思指出："在将来某个特定的时刻应该做些什么，应该马上做些什么，这当然完全取决于人们将不得不在其中活动的那个既定的历

史环境。"① 恩格斯认为："每一个时代的理论思维，都是一种历史的产物，它在不同时代具有完全不同的形式，同时具有完全不同的内容。"② 共产主义的产生是由于大工业及由大工业带来的后果，世界市场的形成，无产阶级的形成和资本的积累，由此产生的无产阶级和资产阶级之间阶级斗争历史发展的结果。世界社会主义运动从兴起到世界范围内大发展，经历了自由资本主义到垄断资本主义、从帝国主义扩张到二次世界大战爆发、从战争与革命到和平与发展的时代主题转换，世界社会主义运动的内容和形式也随着时代主题的变化而发生变化，也相应出现高潮与低潮相互交替的曲折历程。从无产阶级专政初步形式的巴黎公社到俄国十月革命在一国建立起社会主义制度，从共产国际将各国无产阶级政党联合成一个严密的组织体系到形成以苏联为中心的社会主义大家庭，从国际共产主义运动分裂、社会主义阵营瓦解到各国共产党自主探索走自己的路，每一阶段都与时代变迁紧密相连。因此，我们认识与判断国际共产主义运动和当代世界社会主义运动高潮、低潮的发展态势、发展阶段这样一些问题，不能脱离历史条件和时代背景，不能以 20 世纪共产国际和苏联时代的版本来判定，需要根据不同历史时代和实际情况，与时俱进，形成新认识和新判断。国际共产主义运动的一条主要经验就是各国共产党人必须运用马克思主义的基本原理，努力探索反映时代特点、适合本国国情和具体历史条件的革命、建设和改革道路。只有聆听时代的声音、回应时代的呼唤，认真研究解决重大而紧迫的问题，才能真正把握住历史脉络、找到发展规律，推动国际共产主义和世界社会主义运动向前发展，不断从一个高潮走向另一个新高潮。

习近平总书记强调，时代在变化，社会在发展，但马克思主义基

---

① 中共中央马克思恩格斯列宁斯大林著作编译局编：《马克思恩格斯文集》（第十卷），北京：人民出版社，2009 年版，第 458 页。
② 中共中央马克思恩格斯列宁斯大林著作编译局编：《马克思恩格斯选集》（第四卷），北京：人民出版社，1995 年版，第 284 页。

本原理依然是科学真理。① 要立足时代特点，推进马克思主义时代化，更好运用马克思主义观察时代、解读时代、引领时代，真正搞懂面临的时代课题，深刻把握世界历史的脉络和走向。他指出，尽管我们所处的时代同马克思所处的时代相比发生了巨大而深刻的变化，但从世界社会主义500年的大视野来看，我们依然处在马克思主义所指明的历史时代。② 这是我们对马克思主义保持坚定信心、对社会主义保持必胜信念的科学根据。发展21世纪马克思主义、当代中国马克思主义，必须立足中国、放眼世界，保持与时俱进的理论品格，深刻认识马克思主义的时代意义和现实意义，锲而不舍推进马克思主义中国化、时代化、大众化，使马克思主义放射出更加灿烂的真理光芒。在当代中国，坚持和发展中国特色社会主义，必须把握时代特点、直面时代课题，在体现时代性、把握规律性、富于创造性中不断展现蓬勃的生机活力。中国特色社会主义进入新时代这一重大政治判断，正是在准确把握我国发展所处新的历史方位基础上作出的，具有充分的实践依据和理论依据。

当今时代变化，对共产党和左翼力量产生了深刻影响，世界社会主义运动格局也相应发生了很大变化。这个变化可概括为从东欧剧变、苏联解体后世界社会主义运动长期陷入力量严重下降、思想彷徨迷惘、探索变动不居、目标多变不明的低潮困境中开始进入力量重兴的新阶段，一个不同于冷战前两极对立、冷战结束后一度"历史终结"和世纪之交左翼彷徨的世界社会主义运动新格局正在形成。

**二、多样性：苏联社会主义不是社会主义唯一模式，世界社会主义在多样性存在中不断实现革新和发展**

500多年来，对社会主义的定义各种各样，没有一个统一标准。正

---

① 习近平：《习近平谈治国理政》（第二卷），北京：外文出版社，2017年版，第66页。
② 习近平：《习近平谈治国理政》（第二卷），北京：外文出版社，2017年版，第66页。

因为对社会主义有不同理解，所以世界上出现各种社会主义思潮流派，社会主义实践发展日趋多样。当今世界上除科学社会主义外，还有各式各样的社会主义思潮。比较流行的有民主社会主义、生态社会主义、市场社会主义、伦理社会主义和拉美左翼的 21 世纪社会主义等。社会主义流派多种多样，各国社会主义实践各有特色，社会主义没有固定不变的模式，世界社会主义在多样性存在中不断发展。

马克思、恩格斯在创立自己的科学社会主义学说时，是用"共产主义"来表述的，以此区别于当时形形色色的社会主义思潮流派。马克思、恩格斯在使用"共产主义"和"社会主义"这两个概念时，其内涵会随着使用的语境不同而存有差异，但并不是截然对立的，二者既有区别又有联系。共产主义运动是指在马克思主义指导下，在共产主义政党领导下，全世界无产阶级及广大人民群众反对资本主义和一切剥削制度，进行无产阶级革命和社会主义建设，并为最终实现共产主义而奋斗的社会运动。社会主义运动包括以否定、改造或推翻资本主义，争取实现高于资本主义的社会主义为目的的各种流派的社会运动。由于社会主义多样性和复杂性，社会主义运动的外延更为广泛，共产主义运动的外延相对要小一些。马克思、恩格斯在批判旧世界中揭示了科学社会主义基本原则，但他们只是预测了未来社会的大概轮廓和方向，并没有规定未来社会的各种具体制度和方案，也没有将共产主义建立在脱离社会主义的空中楼阁之上。恩格斯当时指出，那种认为共产主义是一种从一定理论原理出发并由此得出进一步结论的教义的观点是大错特错了。"世界历史发展的一般规律，不仅丝毫不排斥个别发展阶段在发展的形式或顺序上表现出特殊性，反而是以此为前提的。"① 实际上，自从科学社会主义诞生以来，国际共产主义运动和世界社会主义运动并不像两股道上行驶的列车那样互不相干，各走各的道，两者之间是相互联系，有时是相互促进并相互转化的。然而，

---

① 中共中央马克思恩格斯列宁斯大林著作编译局编：《列宁选集》（第四卷），北京：人民出版社，2012 年版，第 690 页。

马克思创立科学社会主义,由理论变成实践后,科学社会主义运动和国际共产主义运动是同义语,我们视科学社会主义为社会主义主流,将十月革命看作是国际共产主义唯一道路,苏联社会主义是社会主义唯一制度模式,将其他社会主义思潮看作是非马克思主义的,因而将其排除在社会主义之外,甚至将科学社会主义与其他社会主义思潮对立起来,认为其他社会主义都不科学,是反社会主义的。

在20世纪历史上,随着国际共产主义运动多次分裂,在国际共产主义运动的主体力量即共产党中也出现多党多派现象,主要有以苏联共产党为代表的在共产国际帮助下建立的正统派;20世纪二三十年代因苏共党内斗争造成分裂而形成的托洛茨基派;20世纪60年代中苏论战中新形成的马列派,这三大派今天仍存在并活跃在各国政坛,共产国际当年要求一国只能一个共产党、国际共产主义运动要有核心的做法不复存在。为克服共产党不团结、搞分裂的弊端,一直以来,各国共产党都呼吁加强国际联合。1956年欧洲共产党工人党情报局解散后,各国共产党曾经采取不定期召开国际会议形式,加强联合与团结。1957年、1960年、1969年三次在莫斯科召开过各国共产党和工人党代表会议。20世纪70年代至80年代,各国共产党没有大范围的国际联系。自1998年以来,各国共产党基本上采取年会制的形式,举行各国共产党和工人党代表参加的国际会议,迄今已经召开了22次国际会议。由于这一国际会议是各国共产党、工人党没有沿用过去国际的活动方式和组织形式,因此各自独立平等,无须通过会议决议形式,要求各党共同遵守执行,只是通过这个平台发表自己的观点声明。历次会议发表的共同声明,只是表明各国共产党反对资本主义全球化、反对帝国主义侵略,关注各国人民群众运动、工人贫困化、失业和战争威胁等问题的态度,强调要利用互联网传播共产主义意识形态的价值观,以坚定社会主义、共产主义信念,其中并没有制定一个各国共产党必须统一服从的纲领或决议。国际共产主义运动强调国际主义和全世界无产者大团结,但马克思、恩格斯认为:"真正的国际主义无疑应以独立的民族组织为基础。"① 因此,各国"在内部事务上的自主和独立也就包括在国际主义这一概念本身之中"。② 历史上,苏联共产党对无产阶级国际联合与国际主义曾作出片面解读,过分强调国际共产主义运动的同一性和国际性,忽略了各国的差异性和民族性。随着苏联模式弊端不断暴露,国际共产主义运动开始走向各国独立自主探索与自主改革的阶段,呈现出民族性与多样性。习近平总书记指出,只有民族的才是世界的,只有引领时代才能走向世界。这句话含义深刻,表明社会主义在实践中显示出的个性和特色,通过经验总结和理论升华可变成可复制、可分享的共同经验而得到普遍认可。中国特色并不是中国特有,中国特色社会主义在引领时代前进的道路上不断走向世界,也会渐渐改变世界社会主义前途命运。

通常认为,共产主义是共产党的初心与使命,不信仰共产主义那就不能称为共产党,但现在西方国家的一些共产党放弃了共产主义目标,不提马克思主义为指导,也改变了共产党传统政策主张,这就使得国际共产主义运动的内容和形式发生了很大变化,不能用传统模式和定义来解释,因而我们宜用世界社会主义运动来概括和说明当今包括共产主义运动和一切左翼力量在内的历史进步运动。奉行社会主义的政党除了共产党外,还有社会民主党、工党、绿党、左翼党和一些新兴社会运动。亚非拉一些国家的民族主义政党历史上信奉社会主义、共产主义,现在仍自称信仰社会主义,声称要走社会主义道路。

进入 21 世纪,仍有很多人对世界社会主义运动能否走出低谷、何时穿越黑暗隧道尽头忧心忡忡,对共产主义理想动摇,其中一个原因是陷入将苏联社会主义视为科学社会主义唯一模式、苏联模式崩溃是科学社会主义失败的思维定式。实现社会主义是一个长期历史过程,

---

① 中共中央马克思恩格斯列宁斯大林著作编译局译:《马克思恩格斯全集》(第十八卷),北京:人民出版社,1960 年版,第 87 页。
② 中共中央马克思恩格斯列宁斯大林著作编译局译:《马克思恩格斯全集》(第三十九卷),北京:人民出版社,1974 年版,第 84 页。

在任何一个国家都不是轻而易举的事情，需要各党结合本国国情和本党实际，走自己的路。对各国特色，要从社会主义多样性角度去理解，不能因之不同于传统社会主义模式，就认为是离经叛道而大加挞伐。社会主义改革有快有慢，有的甚至还未起步，不能强求一致，要吸取过去国际共产主义运动的历史教训，尊重各国对改革开放的具体想法和做法，不能以一国实践经验去评判其他社会主义国家的实际。尽管现存社会主义国家改革进程和经济发展水平不一样，但都有相似的价值目标和经济社会基础，如果能在调整革新中实现科学发展，社会主义制度潜在优势就会大放异彩。习近平总书记指出，"解决好民族性问题，就有更强能力去解决世界性问题；把中国实践总结好，就有更强能力为解决世界性问题提供思路和办法。这是由特殊性到普遍性的发展规律。"① 作为一种实现现代化的发展模式，中国特色社会主义既有其特殊性，也有其一般性，它在回答和解决中国问题的探索中，为其他经济文化相对落后国家如何实现现代化、如何发展，积累了经验，提供了选择。中国特色并不是中国特有，中国特色社会主义在实践中显示出的个性和特色，通过经验总结和理论升华可变成可复制、可分享的共同经验而得到普遍认可。

### 三、实践性：社会主义总是在不断开拓创新中前进的

理论来源于实践，以实践为其生命源泉；实践检验理论，赋予理论以新的内容。马克思和恩格斯在创立自己的科学社会主义理论的过程中，自觉地把自己的理论运用于工人运动的实践，从外面向工人灌输这一理论，积极开展建立革命的无产阶级政党的活动。在这一过程中，马克思主义理论在革命的实践中经受了检验，新的理论经受了考验，而工人运动和建党活动的实践反过来又丰富了马克思主义基本原理。马克思主义在与工人运动相结合并与各种非马克思主义派别的斗

---

① 习近平：《习近平谈治国理政》（第二卷），北京：外文出版社，2017年版，第340页。

争中不断传播,逐步确立了在无产阶级革命和国际共产主义运动中的指导地位。

马克思主义在无产阶级革命实践中显示真理本色。社会主义作为前无古人的伟大事业,没有现成的经验可以借鉴,只能随着时代、实践和科学的发展而不断探索前进。马克思、恩格斯在创立科学社会主义学说时,就反复强调社会主义、共产主义不是书本原则,而是一场社会革命,是千千万万人民群众改造世界的创新实践。马克思、恩格斯认为:"共产主义不是教义,而是运动。它不是从原则出发,而是从事实出发。共产主义者不是把某种哲学作为前提,而是把迄今为止的全部历史,特别是这一历史目前在文明各国造成的实际结果作为前提。"[①] "哲学家们只是用不同的方式解释世界,而问题在于改变世界。"[②] 在社会主义500年历史上,有300多年时间都是把社会主义当作一种书本上或思想家描绘的美好理念,并不是看作现实的革命运动,所以仅仅是空想社会主义。马克思、恩格斯是在参加和指导当时轰轰烈烈的无产阶级反对资产阶级的工人运动中,完成了从空想社会主义到科学社会主义的转变,实践性是科学社会主义区别于空想社会主义的一个重要特征,正是由于这一鲜明特征,社会主义实现了思想、运动和制度的统一,不再只是存在于人们头脑中的理念性东西。在之后60多年时间,科学社会主义实现了从理论广泛传播到社会主义制度建立的历史飞跃。马克思、恩格斯认为,"所谓'社会主义社会'不是一种一成不变的东西,而应当和任何其他社会制度一样,把它看成是经常变化和改革的社会。"[③] 作为思想、运动和制度的社会主义,始终存在于实践中,是不断探索、不断完善的社会主义。列宁在社会主义制度建立后,没有停止对社会主义的探索,他根据当时俄国经济文化

---

[①] 中共中央马克思恩格斯列宁斯大林著作编译局编:《马克思恩格斯文集》(第一卷),北京:人民出版社,2009年版,第671—672页。

[②] 同上书,第502页。

[③] 中共中央马克思恩格斯列宁斯大林著作编译局编:《马克思恩格斯文集》(第十卷),北京:人民出版社,2009年版,第588页。

第一章　社会主义从普遍到特殊的历史演进

落后的实际，对最初采取的"战时共产主义"政策及时作出了调整，提出"新经济政策"，只是因为他英年早逝，"新经济政策"并没有完全坚持下去。斯大林上台后，迅速开始一国建成社会主义的一大二公模式。经过30多年，苏联经验被许多社会主义国家照搬照抄，社会主义实践出现了教条和僵化的错误。为克服苏联模式弊端，中国和东欧一些国家开始改革进程，一些共产党也在反思苏共成败得失，开始探索适合本国国情的社会主义道路。进入21世纪，调整、改革、探索成为世界社会主义运动中的普遍潮流。

新民主主义向社会主义转变完成后，如何在中国这样一个经济文化落后的国家建设社会主义，是中国共产党面临的新课题。中共对这个课题的探索，经历了一个艰辛曲折的过程。党的十一届三中全会以来，中共在改革开放和现代化建设的实践中，大胆探索，开拓创新，终于走出了一条中国特色社会主义的新道路，开创了中国特色的发展道路和发展模式。中国特色的发展模式是在吸收借鉴人类社会创造的一切文明成果的基础上自我变革、自我完善的模式。中国特色并不意味着闭关自守、孤芳自赏，中国特色社会主义随着时代要求，与时俱进、不断创新。与西方道路和模式抱残守缺，面临越来越大的变革压力的现状不同，改革没有完成时，"中国特色社会主义进入新的阶段"，中国特色社会主义制度完善永无止境。

习近平总书记指出，"马克思主义必定随着时代、实践和科学的发展而不断发展，不可能一成不变，社会主义从来都是在开拓中前进的。"[①] 马克思主义在时代变化中不断认识和解决新问题，在与时俱进中展现出强大的生命力。只有改革开放才能发展中国、发展社会主义。在新时代、在新历史起点上开始新的伟大事业和伟大斗争，要深入探讨如何建设社会主义、如何通过现代化显示社会主义制度优越性、最终战胜和超越资本主义等在国际共产主义运动史上没有根本解决的问

---

① 习近平：《习近平谈治国理政》，北京：外文出版社，2014年版，第23页。

题,把过去社会主义实践中"没有解决得很好"的问题解决好,以新的实践和成就,证明社会主义制度具有超越资本主义制度的优越性。事实证明,社会主义国家只要赢得与资本主义国家相比较的优势,就会增加自身吸引力。

### 四、曲折性:社会主义取代资本主义是人类历史发展的长期过程

马克思、恩格斯在《共产党宣言》中通过对资本主义基本矛盾的分析,提出了"两个必然"即"资产阶级的灭亡和无产阶级的胜利是同样不可避免的"[1]的重要结论。马克思在1859年写的《〈政治经济学批判〉序言》中又提出"两个决不会"即"无论哪一个社会形态,在它所能容纳的全部生产力发挥出来以前,是决不会灭亡的;而新的更高的生产关系,在它的物质存在条件在旧社会的胎胞里成熟以前,是决不会出现的"[2]的重要论断。"两个必然"的重要结论和"两个决不会"的重要论断,是马克思主义唯物史观的体现和运用,深刻揭示了社会主义代替资本主义的历史必然性和长期性,构成了科学社会主义理论大厦的基本框架,是科学社会主义原理的核心内容。"两个必然"和"两个决不会"的有机统一,对我们今天观察和分析资本主义和社会主义新变化具有指导意义。"两个必然"和"两个决不会"表明,社会主义前途是光明的,但道路是曲折的,社会主义取代资本主义的历史总趋势是不可改变的,但其实现道路和过程是长期艰难的。社会主义革命和建设要取得最终胜利,往往需要一个漫长历史过程。正如邓小平所说:"巩固和发展社会主义制度,还需要一个很长的历史阶段,需要我们几代人、十几代人,甚至几十代人坚持不懈地努力奋

---

[1] 中共中央马克思恩格斯列宁斯大林著作编译局编:《马克思恩格斯选集》(第一卷),北京:人民出版社,1995年版,第284页。
[2] 中共中央马克思恩格斯列宁斯大林著作编译局编:《马克思恩格斯选集》(第二卷),北京:人民出版社,1995年版,第33页。

斗，决不可以掉以轻心。"①

虽然社会主义发展进程呈现出种种曲折性、复杂性和艰巨性，但资本主义向社会主义过渡的历史大方向不会改变。邓小平在20世纪90年代针对有人说马克思主义、社会主义失败了，强调指出："社会主义经过长过程的发展后必然代替资本主义，这是社会历史发展不可逆转的总趋势"。② 如何理解和把握这一历史总趋势？

第一，我们要看到，当今资本主义的种种新变化没有也不可能从根本上解决资本主义的内在矛盾，社会主义始终占据人类道义制高点。当今世界处于百年未有大变局中，新一轮科技革命和产业变革加速推进，与新冠肺炎疫情影响相互交织，深刻重塑世界政治生态和国际竞争格局。在新冠肺炎疫情和大国竞争博弈等因素的影响下，当今世界不同制度文明和价值观的冲突趋于激烈。社会主义的前途和命运，同人类文明进步的时代潮流和世界大变局紧密联系在一起。习近平总书记强调，尽管我们所处的时代同马克思所处的时代相比发生了巨大而深刻的变化，但从世界社会主义500年的大视野来看，我们依然处在马克思主义所指明的历史时代。不可否认，当代资本主义确实发生了一系列耐人寻味的重大变化。但是，这些变化在总体上并没有改变资本主义的本质规定性，并没有解决资本主义固有的内在矛盾，并没有消除资产阶级对广大劳动人民的剥削和压迫。2008年国际金融危机和2020年新冠肺炎疫情危机，加剧了西方国家政治极化、社会不公和种族矛盾，充分暴露了国家治理体系和治理能力的弊端，资本主义陷入制度困境，资本主义占据历史舞台中央的强势地位开始疲软，代表未来的进步力量渐渐走强，特别是社会主义中国的大国地位和作用凸显，已成为振兴世界社会主义的中流砥柱。中国特色社会主义制度优越性的成功彰显，充分验证了"只要中国社会主义不倒，社会主义在

---

① 邓小平：《邓小平文选》（第三卷），北京：人民出版社，1993年版，第379—380页。

② 同上书，第382—383页。

世界将始终站得住"①论断的正确性。从大变局趋势看,随着世界多极化、经济全球化不断发展,世界文明的多样性与发展模式的多样化更加明显。和平发展、合作共赢和构建人类命运共同体的时代潮流推动世界社会主义力量发展壮大,世界社会主义运动在后疫情时期的中美大国博弈中,将迎来一个不同以往的新的发展机遇。

第二,我们还应看到资本主义虽遭遇严重危机,但仍在寻求摆脱困境的招数,内部纠偏机制还在发挥作用,制度上还有一定的调适余地和发展空间,"资强社弱"格局不会因发生某一国际事件或危机而产生根本性转变。在国际话语权上,以美国为首的西方发达国家把持着世界贸易组织、世界银行、国际货币基金组织等国际经济金融机构的话语权和规则制定权,在国际话语权上占据优势。百年大变局引发不同文明和不同思想文化的相互激荡。社会主义国家和资本主义国家、发展中国家和发达国家、新兴大国和传统大国之间,围绕发展道路和发展模式展开激烈较量,其中不乏不同价值观念和不同社会制度之争。以美国为首的西方资本主义国家利用自由民主人权价值观,强化意识形态同盟,无情打压社会主义国家和各国左翼力量。在新冠肺炎疫情给各国带来了巨大威胁的时候,美国无视联合国和世界卫生组织呼吁,不仅拒不解除对有关国家的单边制裁,反而趁机对左翼政权勒紧绞索,加大制裁和封锁朝鲜、古巴、委内瑞拉等国的力度,特朗普甚至在联合国讲坛上叫嚣"社会主义带来深重灾难",民主国家要联合起来"抵制社会主义"。资本主义和社会主义两种制度、两种意识形态的斗争呈现尖锐化、长期化。当前,西方资本主义制度确实陷入困境,但是自动消亡的可能性较小,削弱、改造、再生的可能性较大,社会主义取代资本主义仍是一个长期历史过程。

第三,社会主义国家执政党面临长期执政、改革开放和西方颜色革命的严峻挑战。西方国家共产党和左翼政党由于多年去传统、去意

---

① 邓小平:《邓小平文选》(第三卷),北京:人民出版社,1993年版,第346页。

识形态化，导致思想和组织混乱，创新不足，行动能力弱化，很少能提出有吸引力的政策主张或替代模式。西方国家争取社会主义的进步力量在本国右翼政党和民粹主义的双重夹击下，政治生存环境恶劣，夹缝中生存，活动空间越来越狭窄。世界社会主义力量从总体上看仍势单力薄，处于弱小一方。

中国特色社会主义改变了世界社会主义运动格局，将引领和推进世界社会主义进入新时代，这并不意味着中国特色社会主义是一条与马克思主义和科学社会主义发展完全不同的异类道路，中国特色社会主义始终是科学社会主义，是科学社会主义的新发展。我们深信，中国特色社会主义能够在人类历史上开辟一条社会主义现代化建设的成功之路，使科学社会主义在中国焕发出强大生机活力，推动世界社会主义运动振兴。

## 第四节　正确认识世界社会主义历史进程[①]

马克思、恩格斯在《共产党宣言》中有关资本主义世界市场全球化及经济危机等理论，对当今各国相互关联、相互依存程度空前未有的发展趋势和资本主义社会化大生产等都有科学预见，当今世界多极化、经济全球化、社会信息化、文化多样化深入发展，充分印证了马克思主义关于人类社会发展规律的现实意义。从世界社会主义500年的大视野来看，马克思两大发现揭示的人类历史发展规律没有改变，我们依然处在马克思主义所指明的历史时代。

### 一、世界社会主义历史进程不断证明马克思主义的真理性

伴随着科学社会主义从理论到实践、从一国到多国建设和改革的

---

[①] 本节部分内容曾以《如何评估俄国十月革命的当代意义》一文发表在《中国矿业大学学报社科版》2017年第5期，人大复印报刊资料《世界社会主义运动》2017年第6期全文转载。

深入发展,马克思主义在世界上广泛传播,不仅推动了世界社会主义发展,而且深刻改变了人类历史进程,马克思主义真理性在实践中不断被证明。

### (一) 马克思主义在中国特色社会主义实践中不断丰富和发展

十月革命一声炮响,给我们送来了马克思列宁主义。中国先进的知识分子从各种各样的主义和方案中选择了马克思主义和十月革命道路,他们在把马克思主义与中国工人运动相结合的过程中创建了中国共产党。在中国共产党的带领下,中国人民经过28年浴血奋战,夺取了新民主主义革命胜利,实现了民族独立和人民解放。新中国成立后,以毛泽东为代表的第一代中国共产党领导人领导中国人民确立了社会主义制度,开展社会主义建设,使中华民族傲然屹立于世界东方,极大地鼓舞了亚非拉国家人民开展反帝国主义、反殖民主义斗争。面对马克思主义深入人心和世界社会主义形成体系的严峻挑战,西方国家不得不调整政策,缓和日益尖锐的阶级和社会矛盾,以维持资本主义统治。

中共十一届三中全会后,中国走上了改革开放之路,经济建设取得快速发展。面对东欧剧变、苏联解体的巨大冲击,中国走自己的道路不动摇,坚定社会主义、共产主义理想信念,坚持和发展马克思主义,坚持和发展中国特色社会主义,坚持党对中国特色社会主义的坚强领导,推进人类和平与发展的崇高事业,成功彰显了社会主义制度的优越性,使科学社会主义在中国显示出强大生机活力。改革开放40多年,中国走完了发达国家几百年走过的发展历程,经济总量从世界第十位跃升到第二位,国内生产总值突破百万亿元大关,对世界经济增长的贡献率超过30%,创造了举世瞩目的经济奇迹。与此同时,中国在增进民生福祉方面也创造了人类历史上的奇迹,中国人民的生活水平实现了质的飞跃,从低收入国家跨入中等偏上收入国家行列。

马克斯、恩格斯在《共产党宣言》1872年德文版序言中曾说过:

## 第一章 社会主义从普遍到特殊的历史演进

"这个宣言中所阐述的一般原理整个说来直到现在还是完全正确的","但这些原理的实际运用,正如《宣言》中所说的随时随地都要以当时的历史条件为转移"。①对《宣言》基本原理尚且如此,对社会主义更没有理由将其固化和绝对化。邓小平曾说,什么是社会主义,如何建设社会主义?我们一直没弄清楚,需要我们不断探索。当今世界发生了很大变化,大多数共产党进行了理论革新,对社会主义理解更有本国本党特色,不断探索本国特色社会主义道路,世界社会主义运动发展日趋多样性。现存社会主义国家执政党的党章党纲都强调要在坚持社会主义制度和共产党领导地位不变、以共产主义为奋斗目标的同时,从本国发展阶段的实际出发,不断探索本国特色社会主义道路。中国改革开放40多年,经济实力、综合国力大幅提升,人民生活显著改善,国际地位空前提高,经济总量跃居世界第二,成功实现从低收入国家向中等偏上收入国家的跨越。这样的发展,这样的巨变,在人类历史上都是罕见的。然而,国内外存在一种舆论动向,认为中国特色社会主义偏离了马克思列宁主义和科学社会主义轨道,提出中国现在搞的究竟还是不是社会主义的疑问,有人说是"资本社会主义",还有人干脆说是"国家资本主义""新官僚资本主义",这些都是完全错误的。中国特色社会主义是社会主义,不论怎么改革、怎么开放,都始终要坚持中国特色社会主义道路、中国特色社会主义理论体系、中国特色社会主义制度,坚持党的十八大提出的夺取中国特色社会主义新胜利的基本要求,其中包括在中国共产党领导下,立足基本国情,以经济建设为中心,坚持四项基本原则,坚持改革开放,解放和发展社会生产力,建设社会主义市场经济、社会主义民主政治、社会主义先进文化、社会主义和谐社会、社会主义生态文明,促进人的全面发展,逐步实现全体人民共同富裕,建设富强民主文明和谐的社会主义现代化国家,包括坚持中国特色社会主义基本政治制度和法律体系,

---

① 中共中央马克思恩格斯列宁斯大林著作编译局编:《马克思恩格斯选集》(第一卷),北京:人民出版社,1995年版,第248页。

公有制为主体、多种所有制经济共同发展的基本经济制度。习近平总书记指出："这些都是在新的历史条件下体现科学社会主义基本原则的内容，如果丢掉了这些，那就不成其为社会主义了。"①

### （二）西方社会"马克思热"长盛不衰

2008年国际金融危机后，全球化和科技进步推动商品和资本双重过剩，西方国家经济持续低迷，资本与劳动关系失衡，贫富差距不断扩大，社会矛盾日益加深，政治极化现象突出，陷入制度困境。这些说明马克思揭示的资本主义固有的生产社会化和生产资料私人占有之间的矛盾依然如故，但表现形式、存在特点有新的变化。针对当今资本主义问题和弊端，西方社会再次掀起"马克思热"。不少西方学者谴责和批判资本主义，主张未来世界属于社会主义，呼吁"让马克思主义活起来"。在《共产党宣言》发表170周年和马克思诞辰200周年之际，西方左翼学者"重新发现"马克思关于资本主义的理论价值，认为人类社会至今仍然生活在马克思所阐明的发展规律之中，要探索人类社会发展前景，必须向马克思求教。这表明，社会主义仍是广大劳动人民和被资本边缘化人们的理想追求。在当今世界各种社会主义探索和世界文明进步潮流中，马克思主义的真理性和影响力没有消失，仍然闪耀着灿烂的思想光芒。

### （三）中国特色社会主义给科学社会主义思想带来了生机活力

当今资本主义模式对发展中国家的吸引力越来越小，许多发展中国家开始抛弃过去照搬西方的一些做法，"向东看"成为趋势。广大发展中国家期待分享和借鉴中国的发展经验，以探索符合自身实际的发展道路。许多外国政党政要和智库认为在当今世界面临众多困难问题、不少国家迷茫之际，习近平新时代中国特色社会主义思想犹如21世纪

---

① 习近平：《习近平谈治国理政》，北京：外文出版社，2014年版，第22页。

中国版《共产党宣言》，不仅为中国未来发展提供了全新思路，也给科学社会主义思想带来了生机活力，习近平新时代中国特色社会主义思想对世界社会主义的重大意义将随着时间推移进一步显现。新时代中国特色社会主义具有东方文化的历史底蕴和马克思主义的基因特质，将有力推动当今世界社会主义运动不断向前发展。

## 二、俄国十月革命对世界社会主义历史进程产生巨大影响

恩格斯说过："每一时代的理论思维，包括我们这个时代的理论思维，都是一种历史的产物，它在不同的时代具有非常不同的形式，同时具有完全不同的内容。"[①] 社会主义内涵丰富，外延广泛，思想流派纷呈，因而对社会主义的"理论思维"千姿百态。自英国人 T. 莫尔写出《乌托邦》500 年来，社会主义就成为理论、制度、运动的复合体。尽管社会主义经历了从空想到科学、从理论到实践、从一国到多国的发展，但对社会主义概念迄今没有一个标准统一的定义。马克思、恩格斯力推的社会主义建立在唯物史观和剩余价值学说基础上，最初是作为共产主义的代名词而闻名于世的，其中心思想是社会主义必然代替资本主义，追求一个建立在公有制、计划经济、按劳分配、无产阶级专政、共产党领导等原则上的新型政治制度。马克思、恩格斯一开始并没有将《共产党宣言》中提到的社会主义称为科学社会主义，只是后来，"为了把自己的社会主义同空想社会主义和各种形形色色的冒牌社会主义区别开来，从 1873—1874 年起，马克思、恩格斯乃自称'科学社会主义'。"[②] 列宁领导俄国十月革命，将科学社会主义从理论变为实践。《联共（布）党史简明教程》对俄国十月革命进行了总结，得出了许多重要结论，如无产阶级政党领导人民革命，以暴力打碎资

---

① 中共中央马克思恩格斯列宁斯大林著作编译局编：《马克思恩格斯选集》（第四卷），北京：人民出版社，1995 年版，第 284 页。

② 高放：《马克思主义与社会主义新论》，哈尔滨：黑龙江人民出版社，2007 年版，第 118 页。

产阶级国家机器，建立无产阶级专政，实行工农联盟，走社会主义革命道路，等等，并将这些上升为马克思列宁主义或科学社会主义基本原则。各国共产党都是按此来指导本国革命斗争的，后来走上十月革命道路的国家也都是按此建设社会主义的。西班牙《起义报》刊登文章指出，俄国十月社会主义革命爆发毫无疑问是改变20世纪历史进程的重大事件，具有世界影响力，20世纪几乎所有重大事件都与十月革命有关，影响至今。它建立了一个全新的国家、使用全新模式，产生多米诺骨牌效应，引导催生欧洲共产党和亚非拉民族解放运动及反殖民化运动，并推动欧洲福利国家和欧洲一体化的发展。今天，苏联虽不存在，斯大林体制饱受批判，欧洲共产党力量削弱，但十月革命一些价值观和精神及打造另一个世界的希望仍然存在。

恩格斯在《共产主义原理》中明确指出，"共产主义革命将不是仅仅一个国家的革命，而是将在一切文明国家里，至少在英国、美国、法国、德国同时发生的革命"[①]，如果固守"多国胜利论"教条，在俄国这样落后的个别国家是不可能发动无产阶级革命的。"列宁之所以是一个真正的伟大的马克思主义者，就在于他不是从书本里，而是从实际、逻辑、哲学思想、共产主义理想上找到革命道路，在一个落后的国家干成了十月社会主义革命。"[②] 列宁提出的社会主义"一国胜利论"突破了马克思和恩格斯当初"多国胜利论"设想。列宁"一国胜利论"侧重于革命发生的特殊条件，体现了革命的辩证法，为十月革命提供了理论依据。然而，斯大林没有掌握列宁"具体情况具体分析"活的灵魂，将马克思、恩格斯、列宁的社会主义思想凝固化、绝对化，建立起一大二公、高度集中的苏联模式，并将超越阶段的扭曲的苏联社会主义模式作为样板向其他国家和其他共产党强力推广，产生了严重恶果。东欧剧变、苏联解体，不能不说是僵化的苏联社会主义模式

---

① 中共中央马克思恩格斯列宁斯大林著作编译局编：《马克思恩格斯选集》（第一卷），北京：人民出版社，1995年版，第241页。
② 邓小平：《邓小平文选》（第三卷），北京：人民出版社，1993年版，第292页。

的失败，教训深刻。正因为十月革命开辟了苏联社会主义道路和模式，且苏联模式越来越僵化并最终被抛弃，所以给当今评价十月革命带来许多困扰。

20世纪后半叶，随着经济全球化不断发展，各国联系日益紧密，和平与发展成为世界主题，世界社会主义进入了调整改革新时期，探索适合本国国情的社会主义道路，成为各国共产党人和左翼力量的主要任务。在世界社会主义的探索中，出现了形形色色的社会主义思潮，其中有影响的有科学社会主义、社会民主主义、生态社会主义、市场社会主义、拉美21世纪社会主义、托派社会主义等。社会主义思潮各流派都有自己的立场主张和特有规定性，其不同的探索使20世纪世界社会主义运动出现了极为复杂的局面。民主社会主义和欧洲共产主义的探索没有成功，苏联东欧社会主义国家改革导致改旗易帜，亚非拉左翼对社会主义探索在曲折中前进。东欧剧变、苏联解体，各国社会主义探索受到巨大冲击，一时陷入低潮。

进入21世纪，很多人对世界社会主义运动能否走出低谷、何时穿越黑暗隧道尽头忧心忡忡，对共产主义理想动摇，其中一个原因是他们将俄国十月革命开辟的社会主义道路看作是科学社会主义典范，甚至将后来的苏联模式看作是科学社会主义唯一模式，固定化、绝对化，因而视苏联模式崩溃是科学社会主义的失败。当今许多人坚称社会主义可以说清楚，标准就是以上原则和十月革命开辟的苏联社会主义道路及模式，认为只有科学社会主义才是社会主义，对其他社会主义思潮流派一概否定。由于陷入苏联社会主义是科学社会主义唯一模式的思维定式之中，因而将中国特色社会主义孤立于科学社会主义体系之外，只看到苏联社会主义失败，不见中国特色的发展道路和模式正在社会主义发展史上书写华彩篇章，容易产生中国特色社会主义不是科学社会主义的片面认识。

如何评价俄国十月革命？实际上是一个如何评价社会主义特别是科学社会主义问题。当今许多人特别是年轻人对社会主义的看法比较模糊,说不清楚。说不清楚什么是社会主义,什么是科学社会主义,十月革命的历史和当代意义当然就很难说清楚。评价十月革命不能脱离历史,评价社会主义不能脱离现实。一个国家实行什么样的主义,关键要看这个主义能否解决这个国家面临的历史性课题。列宁根据当时俄国社会迫切需要解决和平与土地问题的呼声,及时提出只有一切权力归苏维埃,走社会主义革命道路,才能给俄国带来和平,让农民摆脱农奴制和享有自己的土地。如果脱离俄国现实,不发动广大工农和士兵力量,仅靠列宁少数人"密谋",十月革命是不会成功的。恩格斯在晚年回答什么是社会主义问题时,指出:"我认为,所谓'社会主义社会'不是一种一成不变的东西,而应当和其他社会制度一样,把它看成是经常变化和改革的社会。"① 邓小平说,"现在的情况和过去大不一样了。我们走的是十月革命的道路,其他国家再走十月革命的道路就难了"②。这里,邓小平是从根据新情况、探索新道路的角度来看十月革命的。强调十月革命道路也要与时俱进,决不可凝固化绝对化。社会主义始终处在"经常变化和改革"之中,这是我们今天纪念十月革命100周年时应持有的一个基本态度,否则,就很难理解中国特色社会主义为何不同于苏联社会主义,当今世界社会主义运动为什么会呈现多样性和差异性特点。

　　实现社会主义是一个长期历史过程,在任何一个国家都不是轻而易举的事情,需要各国共产党结合本国国情和本党实际,走自己的路。俄国十月革命胜利不是历史的偶然,实际上是列宁将马克思主义基本原理与俄国实际相结合的产物,不照搬马克思、恩格斯原话,而是具体情况具体分析,走自己的路,这是俄国十月革命实践得出的一条根本经验。毛泽东在总结近代100多年中国人民革命斗争经验时强调指

---

① 中共中央马克思恩格斯列宁斯大林著作编译局编:《马克思恩格斯选集》(第四卷),北京:人民出版社,1995年版,第693页。
② 中共中央文献研究室编:《邓小平思想年谱(1975—1997)》,北京:中央文献出版社,1998年版,第415页。

出:"直到第一次世界大战和俄国十月革命之后,才找到马克思列宁主义这个最好的真理,作为我们民族的最好的武器,而中国共产党则是拿起这个武器的倡导者、宣传者和组织者。马克思列宁主义的普遍真理一经和中国革命的具体实践相结合,就使中国革命的面目为之一新。"① 中国共产党、中国社会主义革命和建设同俄国十月革命密不可分,但不是俄国道路的简单重复,中国当今发展模式是对苏联模式的超越。20世纪70年代,当多数社会主义国家通过小修小补来摆脱中央计划经济困境的时候,邓小平就明确主张解决经济困境的关键在于改革开放,在于探索一条"新路"。1988年邓小平与外宾谈到如何搞社会主义和共产主义问题时说道:"社会主义究竟是个什么样子,苏联搞了很多年,也并没有完全搞清楚。""我们现在要解决这个问题,我们要建设的是具有中国特色的社会主义。"②

习近平总书记关于中国特色社会主义是社会主义,而不是其他什么主义,坚持和发展中国特色社会主义,就是真正坚持社会主义的提法针对性强,具有重要的现实意义。我们纪念十月革命100周年,应该牢牢把握当代社会主义多样性和差异性特点,既不能将十月革命道路绝对化、教条化,坚持走自己的路,建设各具特色的社会主义。同时,也不能抹杀十月革命意义,坚持科学社会主义原则,坚持十月革命开创的社会主义道路。在当前国内外意识形态斗争尖锐复杂的形势下,重申这些很有必要,有利于消除国内外一些人的疑虑,从而坚定中国特色社会主义道路、理论、制度、文化自信。

### 三、无产阶级政党引领和推动世界社会主义发展进程

历史上任何重大事件的发生都不是偶然的,都具有深厚的历史和时代背景。十月革命的爆发既是俄国当时国内外矛盾激化的结果,也是当时马克思列宁主义理论武装工人运动,出现一支强有力的布尔什

---

① 毛泽东:《毛泽东选集》(第三卷),北京:人民出版社,1991年版,第796页。
② 邓小平:《邓小平文选》(第三卷),北京:人民出版社,1993年版,第261页。

维克党来领导当时俄国革命的结果,无产阶级政党的坚强领导是十月革命胜利的一条重要经验。早在苏共二十大赫鲁晓夫秘密报告给国际共产主义运动带来严重混乱之时,中国共产党就公开发文,对十月革命道路和意义进行了高度概括:"无产阶级的先进分子按照民主集中制的原则组织成为马克思列宁主义的政党;无产阶级和劳动人民在共产党的领导下,通过暴力革命夺取政权;取得胜利的无产阶级在共产党领导下,以工农联盟为基础,建立巩固的无产阶级专政;有计划地发展社会主义经济和社会主义文化,为实现共产主义积极准备条件;坚持无产阶级国际主义原则。与各国劳动人民和被压迫民族相互支援,反对帝国主义侵略,维护世界和平。"①这一经验总结特别强调共产党的领导作用,值得我们思考。100年后,时代发生了变化,过去革命的环境和条件不复存在,人们容易以今天的眼光去看过去的历史,用今天的话语体系去诠释过去的历史。有人否定十月革命,认为十月革命给俄国社会带来巨大破坏;有人抹杀十月革命的必然性和重要意义,认为十月革命是列宁等一小撮布尔什维克党人阴谋煽动的结果;有人否定、攻击列宁,攻击布尔什维克,否定列宁建党理论。无产阶级政党的坚强领导是十月革命胜利的一条重要经验,否定十月革命的要害是要否定列宁及布尔什维克搞的社会主义,取消共产党领导地位,对此须保持警惕。

政党的力量主要体现为组织的力量,组织严密、行动有力则政党强大。对马克思主义政党而言,依靠和发挥组织力量更为重要。随着信息网络技术带来的人们交往方式和工作方式的深刻变化,民众参与政治的热情持续高涨,越来越多的人特别是年轻人对工业社会产生的精英决策、社会追捧的政党组织不感兴趣,要求建立一种网络式、扁平化、无中心的平等参与模式,草根民主与精英政治日益对立,传统政党政治面临严峻挑战。长期以来,西方有左、右政党相互"纠偏"

---

① 《再论无产阶级专政的历史经验》,载《人民日报》,1956年12月29日,第1版。

传统，政治钟摆效应特征明显。中左翼和右翼政党各有自己的政治主张与利益偏好，为了抬高自己，打击对手，往往在发展道路和模式选择上做文章。大选时相互攻讦，上台执政的党也会对前执政党做法进行"矫正"，如此左右互换基本保持了西方国家政治平衡和社会稳定。近年来，西方极端政党与民粹主义融合聚变，加速西方政党政治碎片化和资本主义国家政治极化，政治钟摆出现异动。2017年法国总统大选，传统左右政党社会党和共和党首轮惨遭淘汰，非建制派力量——独立候选人马克龙和极右翼国民阵线国民联盟前身候选人勒庞对决，最后马克龙完胜，大选结果表明法国传统两大党轮替制终结。美国政治中的"极化"特征日益显著，共和、民主两党的理念和政策分歧拉大，为了维护自身政治利益，两党常常互不妥协，在国会讨论有关议案时，为反对而反对成为普遍现象。美国总统行政权与国会立法权长期缠斗不休，这已成为美国政治的一个顽疾。西方议会各党相互倾轧、恶斗不止。议会与政府常常是各干各的，相互制衡的目的达到了，但出了问题谁也解决不了。当今国际格局变化，对共产党和左翼力量也产生了深刻影响。虽然金融危机充分暴露了资本主义内在矛盾，客观上为社会主义发展创造了有利的外部环境，但应清醒地看到，社会主义力量并没有抓住机遇实现逆势而上，民粹主义力量反而成为资本主义危机的"获利者"。究其原因，主要是由于西方国家的共产党和左翼力量缺乏吸引人的政策主张，主动作为不够，批判资本主义仅停留在抽象的道德评判层面上，左翼替代口号在很大程度上变成了没有政治内容的空洞论辩。执政的共产党在如何认识社会主义、如何建设社会主义的问题上还需不懈探索，民主、法治和党的自身建设都需进一步加强。一些共产党由于取消了民主集中制，在党的组织建设方面出现很多问题：党内派别林立，纷争、分裂不断，党员人数不断减少，选民队伍持续流失，自身建设不到位，党的作用弱化，等等。实现世界社会主义复苏与发展，除了需要有利的外部环境外，还要看共产党主观条件是否成熟和实力是否强大，主观条件滞后是世界社会主义未来发展的重大障碍。世界社会主义运动的发展需要共产党和左翼政党的成熟壮大，没有坚强的核心领导，十月革命开创的社会主义事业很难成功。只有通过加强党的思想和组织建设，解放思想，推动党的思想理论和政策主张与时俱进、不断创新，才能凝聚民心，扩大政治影响，从而为实现世界社会主义新发展提供可靠保障。

办好中国的事情，关键在党。习近平总书记在纪念中国共产党成立100周年大会讲话中强调，中国特色社会主义最本质的特征是中国共产党领导，中国特色社会主义制度的最大优势是中国共产党领导。中国共产党的领导地位是宪法规定的，无论是全面建成小康社会，还是全面深化改革、全面依法治国，都离不开党的领导。然而，党的领导地位要求党自身具备相应的领导水平和执政能力，能承担起领导重任。只有坚持全面从严治党，党才能充分发挥在全面建设小康社会中总揽全局、协调各方的领导核心作用。东欧剧变、苏联解体后，一些人片面总结苏联共产党及其他老党大党垮台的教训，否定民主集中制，"去集中化"，搞小山头、小圈子、小团伙那一套，引发党内思想混乱、党组织涣散甚至组织分裂。如何经受长期执政、改革开放、市场经济、外部环境等严峻考验，如何抵抗精神懈怠、能力不足、脱离群众、消极腐败等现实危险，是当前党的建设必须回答和解决的重大课题。我们纪念十月革命100周年，出发点是着眼中国特色社会主义发展，坚持党的领导，提高党的执政能力和国家治理水平。全面从严治党，是习近平总书记关于党的建设重要论述的一条主线，是对马克思主义党建理论的重大创新，极大丰富了马克思主义党建学说。我们应按照"全面从严治党"这一新的标准要求，把党建设成中国特色社会主义的坚强领导核心，使科学社会主义在中国不断焕发出生机和活力，不断推进世界社会主义向前发展。

**四、社会主义代替资本主义的着力点在于发挥自身制度优势**

20世纪初，自由资本主义发展到垄断资本主义阶段，帝国主义列强已将世界瓜分完毕,资本主义已经扩张到全世界,一统天下。① 十月革命胜利,社会主义从理论变成实践,一种新的不同于资本主义的制度模式诞生。然而,社会主义取代资本主义的制度革命是一个进行时,革命可以在一国发生,但很难依靠一国完成。列宁为巩固新生的苏维埃政权,一度实行"战时共产主义",但遭遇严重挫折,不得不调整"唤起世界革命"的思路,改行"新经济政策"。列宁认为苏维埃国家也需要利用外国资本和技术及和平的国际条件,强调"社会主义共和国不同世界发展联系是不能生存下去的"②,"社会主义能否实现,就取决于我们把苏维埃政权和苏维埃管理组织同资本主义最新的进步的东西结合得好坏"③。在列宁看来,同资本主义国家发展经贸往来,目的是巩固和发展社会主义。只要无产阶级掌握了国家政权,资本主义国家的东西都可用来服务于社会主义建设。为此,列宁提出一系列"苏维埃政权+"公式,主张引进德国电气化、美国铁路等资本主义国家先进技术,探索"一球两制"条件下建设社会主义的新路。100多年来,社会主义和资本主义两种不同社会制度长期并存,既相互对立又相互联系。资本主义在其发展过程中,不管出于何种原因,都在不断汲取社会主义一些因素,社会主义也从资本主义发展中汲取人类创造的文明成果来发展自己。

世界上不存在放之四海而皆准的发展道路和发展模式,我们研究和分析一国政治经济社会发展模式,应以历史和现实为依据,不能仅凭个人好恶贴标签。社会主义和资本主义两大社会制度在不同阶段均产生了相应的发展模式,不同发展模式各有优势,彼此相互借鉴。二战后,和平与发展成为世界主要问题,如何在和平时期加快发展自己,

---

① 南京师范大学马克思主义学院主编:《十月革命与东方社会主义——纪念十月革命90周年国际学术研讨文集》,南京:南京师范大学出版社,2008年版,第103页。
② 中共中央马克思恩格斯列宁斯大林著作编译局译:《列宁全集》(第四十一卷),北京:人民出版社,1987年版,第167页。
③ 中共中央马克思恩格斯列宁斯大林著作编译局译:《列宁全集》(第四十三卷),北京:人民出版社,1987年版,第367页。

不断增强自身实力，成为社会主义和资本主义两种制度竞争的主要内容。20世纪四五十年代出现的一批社会主义国家，在初期均仿效公有制和计划经济基础上的高度集中的苏联模式，有效地调动国内各种资源，集中力量干大事，在较短时间内改变了国家经济社会结构，实现了较快发展。然而，照搬苏联模式存在很大弊端，社会主义国家一度机制僵化、权力集中、企业缺乏自主权、基层单位和个人缺乏积极性，高度集中的优势一段时间后反而成为阻碍经济发展的障碍。与此同时，资本主义发展模式也在不断更新，先后出现新自由主义的英美模式、社会市场经济的德国北欧模式，还有日本、新加坡等亚洲国家形成的追赶型工业化发展模式。20世纪70年代以后，经济全球化浪潮汹涌，不同社会制度并存发展、互相竞争。"在竞争比较中取长补短，在求同存异中共同发展。"① 同时，不同制度仍处于竞争博弈中，竞争结果取决于制度优势，最终是以制度优势取胜，优胜劣汰。西方国家今天的福利和民主程度，既是中下层民众不断争取的结果，也是社会主义国家影响的结果。尽管资本主义发展模式不断调整，但很难实现发展生产力与共同富裕的有机统一、追求效率和维护公平的有机统一。作为取代资本主义的对立物，社会主义国家在人的精神世界变革和社会文化方面建设的成果也推动了人类文明的进步。在当今世界，社会主义多样性发展，有利于全球问题共同解决，也有利于实现不同制度、不同发展模式合作共赢。我们通过历史和现实比较，认识社会主义发展模式的优势，要在资本主义矛盾运动中把握社会主义必然性，在不同模式借鉴中揭示人类社会历史发展的规律性。

  如何建设社会主义，怎样充分体现社会主义优越性？这个问题在以往的国际共产主义运动中都没有得到很好解决。过去认为，无产阶级要通过暴力斗争，才能实现发展生产力和社会公正目标。在社会主义制度确立的条件下，主要要靠建设、靠不断的改革去实现。尽管现

---

① 江泽民：《在庆祝中国共产党成立八十周年大会上的讲话》，载《人民日报》，2001年7月2日，第1版。

存社会主义国家改革进程和经济发展水平不一样,但都有相似的价值目标和经济社会基础,如果能在调整革新中实现科学发展,社会主义制度潜在优势就会大放异彩。

全球化、信息化、网络化是新世纪人类生活中最重大的历史进程和趋势,这样一个趋势必然要对社会主义、资本主义两种不同制度的国家关系产生影响。我们立足时代特点,更好运用马克思主义观察时代、解读时代、引领时代,真正搞懂面临的时代课题,深刻把握世界历史的脉络和走向。在两种社会制度竞争中,不断实现社会主义制度的完善和发展,在社会主义和资本主义两种制度长期并存中充分体现社会主义优越性,是 21 世纪的历史主题。邓小平曾高瞻远瞩指出:"我们中国要用本世纪末期的二十年,再加上下个世纪的五十年,共七十年的时间,努力向世界证明社会主义优于资本主义。我们要用发展生产力和科学技术的实践,用精神文明、物质文明建设的实践,证明社会主义制度优于资本主义制度,让发达的资本主义国家的人民认识到,社会主义确实比资本主义好。"[①]习近平总书记也强调指出:"通过不断改革创新,使中国特色社会主义在解放和发展社会生产力、解放和增强社会活力、促进人的全面发展上比资本主义更有效率、更能激发全体人民的积极性、主动性、创造性,更能为社会发展提供有利条件,更能在竞争中赢得比较优势,把中国特色社会主义制度的优越性充分体现出来。"[②]"随着中国特色社会主义不断发展,我们的制度必将越来越成熟,我国社会主义制度的优越性必将进一步显现,我们的道路必将越走越宽广。"[③] 对人类发展进步事业来说,中国对世界的贡献不只是经济上的、物质上的,还包括制度上的、思想上的贡献。中国特色社会主义制度模式既顾及社会差距的客观性和现实性,把追求

---

① 冷溶、汪作玲主编:《邓小平年谱(1975—1997)》(下),北京:中央文献出版社,2004 年版,第 1255 页。
② 习近平:《习近平谈治国理政》,北京:外文出版社,2014 年版,第 93 页。
③ 同上书,第 22 页。

效率、提高效率放在重要位置；又顾及社会公平与公正的必然性和目标性，在发展过程中着力实现效率与公平的有机统一。中国特色社会主义在21世纪的中国焕发出强大生机活力，将进一步证明，社会主义比资本主义更有效率、更能激发全体人民的积极性、主动性和创造性，更能为社会发展提供有利条件，更能在竞争中赢得比较优势。

  国际金融危机后，西方国家贫富差距不断拉大，精英和草根对立加剧，社会分裂，政治极化，资本主义现有政治经济制度面临严峻挑战。与冷战结束初期许多国家改行资本主义道路的浪潮相比，当今西方资本主义政治模式和发展经验光环黯淡，风光不再，对发展中国家的制度吸引力越来越小。自称或主张社会主义、对资本主义持批判和否定态度、要求制度替代的社会思潮、社会运动和政党组织遍及全球，非西方发展模式的探索如春潮涌动，发展模式多样化成为新的时代潮流。中国特色社会主义道路和模式赢得世界越来越多的点赞，越来越多的国家关注和研究中国特色社会主义，重新认识资本主义与社会主义的关系，"向东看"已成为非洲等许多发展中国家的政治共识，中国道路的引领作用越来越突出。

# 第二章　社会主义政治制度百年历史演进[①]

当今世界正经历百年未有之大变局，发展中国家和发达国家、新兴大国和传统大国之间围绕发展模式展开激烈较量，政治制度之争成为社会主义国家和资本主义国家之间博弈焦点。回顾社会主义政治制度百年发展历程，总结其中得失成败的经验教训，对我们坚持和发挥中国特色社会主义制度优势，推动世界社会主义运动由低潮走向复兴，将具有重要启迪意义。

## 第一节　社会主义政治制度百年回顾

社会主义有500年历史，但社会主义作为一种制度的历史只有100多年，社会主义从理论到现实、从一国到多国，从建设到改革，从苏联社会主义到中国特色社会主义的百年实践历程中，创造了许多可歌可泣的人间奇迹，为人类制度文明作出了巨大贡献。

**一、马克思列宁主义的国家学说为社会主义政治制度的建立奠定了坚实的理论基础**

1848年马克思、恩格斯为世界上第一个无产阶级政党组织——共

---

[①] 本章内容曾发表于《当代世界社会主义问题》2019年第4期，现有调整和修改。

产主义者同盟起草的《共产党宣言》问世，在人类思想史上实现了一次伟大变革。在这部巨著中，马克思、恩格斯运用历史唯物主义原理，批判了形形色色的社会主义思潮，提出了关于未来共产主义社会的基本观点，论述了共产党的性质特点和纲领目标，阐述了资本主义必然灭亡、社会主义必然胜利的人类历史发展规律，使社会主义由空想变为科学。《共产党宣言》作为无产阶级政党的行动纲领，规定了党的最近目标是推翻资产阶级统治，使无产阶级上升为统治阶级，争取民主；党的最终目标是消灭私有制，消灭阶级，实现共产主义。为实现党的纲领，无产阶级必须通过暴力革命，打碎旧的国家机器，建立无产阶级专政。《共产党宣言》在世界广泛传播并迅速与各国工人运动相结合，由此开创了100多年以来各国无产阶级和劳动人民反抗资本主义统治、争取实现无产阶级专政的历史进程。

1871年3月18日，法国巴黎爆发了震惊世界的工人革命，废除了资产阶级议会制，制定了许多带有无产阶级民主特点的国家治理措施，建立起世界上第一个无产阶级性质的政权——巴黎公社。巴黎公社尽管只是初步尝试，但已经绽放出新型无产阶级国家的光芒。马克思认为公社"实质上是工人阶级的政府"[①]，虽然只存在72天，却为无产阶级革命留下了宝贵的精神遗产。马克思在《法兰西内战》及1891年恩格斯为该书写的导言等著作中，深刻总结了巴黎公社的经验教训，阐述了社会主义政治制度和国家形态的基本特征，认为巴黎公社是无产阶级夺取政权的首次尝试，它抛弃了资产阶级的议会制和三权分立的国家机器，创造性地建立了无产阶级的国家机器——公社委员会，实行无产阶级专政，即对资产阶级实行专政，对无产阶级实行民主，这些尝试为后来的无产阶级革命和专政积累了宝贵经验。

列宁针对资产阶级和机会主义者极力掩盖国家阶级性的谬论，概括了马克思、恩格斯对巴黎公社性质和作用的分析，深刻阐释了无产

---

① 中共中央马克思恩格斯列宁斯大林著作编译局编：《马克思恩格斯文集》（第三卷），北京：人民出版社，2009年版，第158页。

阶级的国家观，认为"工人阶级不能简单地掌握现成的国家机器，并运用它来达到自己的目的"①。无产阶级国家是工人阶级、劳动人民享有最高程度民主的国家，是新型民主与新型专政的统一体，即对无产阶级和广大劳动人民实行最广泛的民主，对一切反动阶级、敌对分子实行专政。列宁的《国家与革命》是最全面、最集中论述国家问题的马克思主义重要著作，在指导俄国十月革命和苏维埃政权建设中发挥了重要作用，奠定了社会主义现实政治制度的理论基础，对许多国家的社会主义革命和建设产生过重要影响。列宁创造性地发展了马克思主义的国家学说，论述了无产阶级专政和民主的关系问题，认为人民民主同无产阶级专政是一致的，都是无产阶级的国家形式和根本政治制度。列宁不仅回答了国际无产阶级革命和俄国革命提出的一系列重大问题，直接领导布尔什维克和俄国无产阶级顺利地进行武装夺取政权的斗争，取得了十月革命的胜利，而且粉碎了机会主义者对马克思主义国家学说的歪曲和进攻，为之后国际共产主义运动的蓬勃发展和一批社会主义国家的建立提供了强大的理论指导。

## 二、俄国十月革命使科学社会主义从一种先进的思想理论变成现实的社会制度

俄国十月革命推翻了资产阶级临时政府，建立了全俄苏维埃政权，布尔什维克党的民主集中制原则成了苏维埃政权的组织方式和组织制度，布尔什维克领导国家政权，国家机构由党的领导人主持工作，在广泛的地方自治和基层民主的基础上实行全国自上而下的政策法令，人民委员会各委员集体研究制定部署、决定、规定和要求，并把它贯彻落实到部门系统的工作中。这样的组织制度和权力结构，在1918—1920年的国内战争环境中被"战时共产主义"体制替代，苏俄党和国家的政治体制走向高度集中。1921年3月，俄共（布）第十次党代表

---

① 中共中央马克思恩格斯列宁斯大林著作编译局编：《列宁选集》（第三卷），北京：人民出版社，2012年版，第207页。

大会，决定停止"战时共产主义"，开始实行"新经济政策"，以粮食税代替"余粮收集制"，巩固了以工农联盟为基础的苏维埃国家政权。1936年12月，苏维埃第八届代表大会通过了新宪法，明确规定了苏维埃政治制度和国家政权的内容和形式，苏联模式正式形成。

随着和平与发展成为世界主题，世界社会主义进入了调整改革新时期，探索适合本国国情的社会主义道路，成为各国共产党人和左翼力量的主要任务。赫鲁晓夫上台后，对斯大林模式持有异议，开始调整改革，但出现主观随意性，并不成功。70年代开始，世界社会主义运动出现了极为复杂的局面，民主社会主义和欧洲共产主义的探索没有成功，亚非拉一些国家的社会主义实践在曲折中前进，苏联东欧社会主义国家改革前景莫测。东欧剧变、苏联解体，各国共产党和左翼力量受到巨大冲击，世界社会主义运动陷入低潮。

### 三、新中国建立的社会主义国家制度是具有中国特色的伟大政治创造

建立什么样的国家制度，是近代以来中国人民面临的一个历史性课题。中国共产党自成立之日起就致力于建设人民当家作主的新社会，提出了关于未来国家制度的主张，并领导人民为之进行斗争。对即将成立的新中国采取什么样的国体，毛泽东在《论人民民主专政》和《新民主主义论》中，从各阶级在国家中的地位及其相互关系上，阐释了中国国家制度的内容和形式，明确提出工人阶级（经过共产党）领导的以工农联盟为基础的人民民主专政即是新中国国家制度的根本内容，对人民内部的民主方面和对反动派的专政方面，互相结合起来，就是人民民主专政，这就是新中国的国体。人民民主专政既不同于其他社会主义国家的无产阶级专政，也不同于资本主义国家的资产阶级专政，既能发扬人民民主、实现人民当家作主，也能运用国家的力量、专政的力量，保障人民的政治地位和权利。毛泽东在1948年9月中央政治局会议上，对在人民民主专政的国体下实行什么样的政体有具体

说明，即实行民主集中制的人民代表大会制度，特别强调新中国既不采用三权鼎立的资产阶级议会制，又不能照搬苏联的苏维埃政权形式，应该实行基于民主集中制的人民代表大会制度，由各级人民代表大会决定大政方针，选举政府。1949年9月，中国人民政治协商会议第一届全体会议通过了具有中华人民共和国临时宪法性质的《中国人民政治协商会议共同纲领》，明确规定：中华人民共和国为新民主主义即人民民主主义国家，实行工人阶级领导的、以工农联盟为基础的、团结各民主阶级和国内各民族的人民民主专政，反对帝国主义、封建主义和官僚资本主义，为中国的独立、民主、和平、统一和富强而奋斗。新中国成立后，以《共同纲领》为基础，在全国范围内逐渐形成了人民民主专政的政权组织结构和政治制度系统，即新民主主义政体。新民主主义政治体制虽带有明显的"过渡性"色彩，但它是近代中国历史发展的必然选择，是适合中国国情、具有中国特色的伟大政治创造。

通过对资本主义工商业、农业、手工业的三大改造，实现了中国历史上最广泛最深刻的社会变革，占世界人口四分之一的东方大国迈进了社会主义社会。1954年9月诞生的中华人民共和国第一部宪法规定，中华人民共和国是工人阶级领导的、以工农联盟为基础的人民民主专政的社会主义国家。应该看到，中国社会主义制度的全面确立受到苏联模式的一定影响。在新中国成立前夕，毛泽东就表示要实行"一边倒"政策，"走俄国人的路"。[①] 中共中央曾派代表团专程赴苏联向斯大林介绍中国革命形势和新中国筹建情况，征求对新中国建立人民民主专政、多党合作、政治协商等政治制度设想的意见，同时也借机了解苏联在国家机构设立及各权力部门相互关系等情况，为新中国建立新型国家制度提供借鉴。当然，新中国政治制度不是苏联制度的照抄照搬。

---

[①] 毛泽东：《毛泽东选集》（第四卷），北京：人民出版社，1991年版，第1471页。

苏共二十大之后，中国共产党及时提出"以苏为鉴"，独立自主地探索适合国情的社会主义建设道路。毛泽东的《论十大关系》《关于正确处理人民内部矛盾的问题》等著作和党的八大提出关于我国社会主要矛盾的思想，正是对苏联模式反思、走自己的路所取得的重要思想成果。党的十一届三中全会之后，中共在新的历史条件下重新反思苏联模式，继续探索社会主义道路，在中国特色社会主义政治建设和国家制度建设方面取得了可喜成就和宝贵经验。

中国特色社会主义政治制度是中国共产党领导中国人民在实现民族复兴的历史进程中逐步建立和完善的，体现了对科学社会主义基本原则的正确把握和对改革开放实践经验的总结提升，既继承弘扬中华优秀传统文化，又借鉴吸收了人类其他制度文明成果和发展经验，能有效解决我国现实问题、促进生产力持续发展、维护社会团结稳定。实践证明，中国特色社会主义政治制度行得通、真管用、有效率，不仅适应了我国改革开放和经济社会发展需要，提高了国家治理能力现代化水平，为国家与社会充满生机活力提供了重要保障，也为发展中国家走向现代化提供了全新选择，为人类探索建设更好的社会制度贡献了中国智慧和中国方案。

## 第二节 社会主义政治制度百年发展的主要经验

桃李不言，下自成蹊。尽管社会主义政治制度100多年来一直受到各种反共反社会主义势力的歪曲丑化和围剿打压，发展进程艰难曲折，但社会主义负重前行，在同资本主义生死存亡的激烈竞争中，以其特有的制度优势保持了强大的生命力和吸引力，在人类制度文明史上写下了崭新的一页。

### 一、必须坚持科学社会主义底色

历史和当今世界上被称为社会主义的国家都是以科学社会主义原

则建立起来的,马克思主义是其制度本色。马克思主义的国家学说是科学社会主义理论的重要组成部分,是建立社会主义政治制度的理论指南,对当今社会主义国家政治制度建设和改革实践具有现实指导意义。国际共产主义运动经验教训表明,坚持与时俱进发展马克思主义,社会主义事业就会蒸蒸日上;僵化教条式地对待马克思主义,会使社会主义事业停滞不前,失去生机活力;以发展马克思主义的名义阉割马克思主义,甚至否定和抛弃马克思主义,最终会导致无产阶级执政党垮台,社会主义国家失真失色;否定马克思主义国家学说,必将使社会主义政治制度的改革与发展失去底色,最终滑向西方民主制度泥坑。只有坚持马克思主义指导地位和科学社会主义的基本原则,才能从根本上保持社会主义政治制度本色。

苏联的政治经济体制对恢复和发展经济、实现苏联社会主义工业化和农业集体化、夺取反法西斯战争胜利等都发挥了重要作用,其成就不容否定。后来,苏联政治经济体制凝固僵化,积弊甚多,虽几度改革,但见效甚微,严重影响了苏共的执政地位和苏联的国家发展。1985年3月,戈尔巴乔夫上台伊始,开始"全面改革",在推出经济"加速战略"遇挫后转向政治改革。在1987年1月苏共中央全会和《改革与新思维》书中,他反复强调要在思想领域和社会生活中推行"民主化、公开性"原则,搞"公开性和多元化"改革。1988年6月,苏共十九大通过了《关于苏联社会民主化和政治体制改革的决议》及《关于公开性的决议》等七个重要决议,提出"人道的、民主的社会主义"目标,全面展开以"民主化、公开性"为标志的政治改革。戈尔巴乔夫全盘否定斯大林模式,放弃马克思主义和共产党领导,改革变成改向,完善社会主义变成颠覆社会主义。结果造成思想混乱、社会动荡、民族分裂,苏共解散,统一的苏维埃联盟土崩瓦解。

东欧剧变、苏联解体一度使"社会主义失败论""历史终结论"甚嚣尘上,"中国崩溃论"不绝于耳,但中国没有在这场"多米诺骨牌"式的剧变中倒下,坚守马克思主义意识形态和社会主义根本制度,并以中国式道路挽救了世界社会主义。中共在总结国际共产主义运动经验教训的基础上,科学运用马克思主义立场、观点和方法去认识国情世情,坚持初心使命不动摇,不断创新和发展马克思主义。德国知名中国问题学者沃夫拉姆·阿多菲等专家表示,在实践《共产党宣言》和马克思主义的100余年中,中国是最大的成功者,关键在于中国共产党作为执政党,真正领悟了马克思主义的精髓,取得了一系列马克思主义中国化成果。

100年来,中国共产党形成了毛泽东思想、邓小平理论、"三个代表"重要思想、科学发展观和习近平新时代中国特色社会主义理论,深化了对什么是社会主义、如何建设社会主义问题的认识,不断彰显了中国化马克思主义的科学性、实践性、指导性,最终开辟了一条中国特色社会主义道路,形成了一个中国特色社会主义理论体系。中国化马克思主义的形成,不靠中国自说自话,自我标榜,其影响来自中国特色社会主义实践,使马克思主义始终保持了旺盛的生命力。

## 二、必须坚持共产党对国家政权的领导地位

与其他政党不同,无产阶级政党公开宣称自己是按马克思列宁主义思想建立起来的工人阶级先锋队,不是全民党,是代表无产阶级和劳动人民根本利益的政党,党的奋斗目标是实现共产主义。历史上,无产阶级政党既是革命政党,以夺取国家政权为其近期诉求,也是执政党,以领导社会主义建设和国家治理为己任。列宁总结巴黎公社和俄国十月革命的一条重要经验就是,共产党是无产阶级组织的最高形式,是领导无产阶级革命的核心力量,也是无产阶级专政的领导力量。当布尔什维克执政后,列宁将民主集中制这一俄国社会民主工党(布尔什维克)提出并实行的党的组织制度,应用到苏维埃政权运作中,将政党层面的组织原则进一步发展成为社会主义国家机关和人民团体的组织原则,将布尔什维克党的民主集中制变成国家政权的组织方式和运作方式。民主集中制作为苏维埃政权的组织原则,意指布尔什维

克领导国家政权，国家机构由党的领导人主持工作，在广泛的地方自治和基层民主的基础上实行全国自上而下的政策法令，人民委员会各委员集体研究制定各项政策决定和要求，并把它贯彻落实到部门工作中。民主集中的组织制度和权力结构是苏联模式形成的重要基础。斯大林主政后，在清除国内反对派和党内不同政见者的基础上，强化一党制，以法律形式规定苏共在社会生活各个领域中的主导地位和领导作用。在党和国家机关、社会团体、经济部门的关系上，一切重大权力集中于党，苏维埃只限于把党的决议变成法令，社会团体成了党联系群众的"传送带"，国家行政管理机关和经济管理部门的职能被党中央设立的对口部门所替代，党和国家权力运作中的民主集中制渐渐蜕变为极端的集中制。从赫鲁晓夫反对个人崇拜，到戈尔巴乔夫推行"政治多元化"改革，目标都指向斯大林时期形成的高度集中的体制模式。由于苏联改革一步一步走向西方民主，许多反共反社会主义的政治组织应运而生，纷纷要求结束苏共一党统治，实行多党制。1990年2月苏共中央提出取消苏共的法定领导地位，准备实行多党制。不久，苏联人民代表大会修改宪法，取消苏联宪法第六条关于苏联共产党领导地位条款，同时规定苏联公民有权组织政党。1991年8月24日，戈尔巴乔夫辞去苏共中央总书记的职务，并宣布苏共自行解散。至此，一个建党93年、执政74年、拥有1900万党员的苏联共产党彻底瓦解。东欧剧变、苏联解体警示我们：共产党领导是社会主义政治制度的基础和根本，必须坚守共产党对社会主义国家政权的领导地位不动摇，否则就会导致共产党执政地位丧失及社会主义国家变色。

1949年10月1日，中华人民共和国成立，中国共产党由革命党变成执政党，开始担当起整个国家建设的领导责任。新中国成立伊始，中国共产党把马克思主义基本原理同中国具体实际结合起来，创造性地运用马克思主义国家学说和民主集中制原则，在古老的东方大国建立起保证亿万人民当家作主的新型国家制度，构建了社会主义国家治理体系，为实现中华民族伟大复兴奠定了坚实的政治基础。民主集中制原则一直是中共的组织原则,在党成为执政党后,民主集中制也运用到国家政权运作机制中。《中华人民共和国宪法》规定:"中华人民共和国的国家机构实行民主集中制原则。"对我国社会主义国家机构来说,民主集中制主要表现为全国人民代表大会和地方各级人民代表大会都由民主选举产生,对人民负责,受人民监督;国家行政、审判、检察机关都由人民代表大会选举产生,对它负责,受它监督;中央和地方国家机构职权的划分,遵循在中央统一领导和国家法制统一的前提下,充分发挥地方积极性和主动性的原则。在以民主集中制原则运行的国家制度和治理体系中,中国共产党是最高政治领导力量,人民作为新中国主人行使当家作主权利。事实充分证明,以民主集中制原则建立起来的国家机构能够充分发挥人民群众主动性和积极性,能够统一高效组织推进各项事业,充分证明了社会主义制度能够集中力量办大事,能够更好发挥国家治理的效能,能充分体现出社会主义制度的特点和优势。

中国特色社会主义最本质的特征是中国共产党领导,中国特色社会主义制度的最大优势是中国共产党领导,党是最高领导力量,党的领导必须落实和体现到各方面各环节。中国共产党的坚强领导,是中国社会主义事业兴旺发达的根本保证。毛泽东反复强调,领导我们事业的核心力量是中国共产党,党政军民学、东西南北中,党是领导一切的,要发挥党"总揽全局、协调各方"的领导核心作用。刘少奇在党的八大会议上就强调,党已经成为领导全国政权的党,必须加强党的领导,以保证我们的国家能够有效地处理国内和国际的复杂事务。在新中国建立后不长的时间里,正是在中国共产党的英明领导下,我国能够迅速安定社会秩序,迅速组织起有计划的政治、经济、文化、社会等方面建设,有效促进了生产力发展,迅速由新民主主义过渡到社会主义。

为实现中国特色社会主义最本质的特征和最大优势,必须重视执政党自身建设和党的执政能力提高。习近平总书记强调,办好中国的事情，关键在党，关键在坚持党要管党、全面从严治党。2013年11月党的十八届三中全会通过了《中共中央关于全面深化改革若干重大问题的决定》，提出全面深化改革必须加强和改善党的领导，充分发挥党总揽全局、协调各方的领导核心作用。党的十八大以来，以习近平同志为核心的党中央，不断强化党的政治建设，通过建立一整套系统严密的党内法规，规范党的全面领导行为，为巩固优化党的组织优势提供制度化保障。通过深化党和国家机构改革，不断完善和发展中国特色社会主义制度，推进国家治理体系和治理能力现代化，更好地体现了中国共产党的领导这一中国特色社会主义最本质特征。

### 三、必须处理好民族性与国际性的关系问题

马列主义理论不是教条而是行动的指南，它必须同各国的具体实际相结合，根据各国不同的情况具体地加以运用。社会主义革命可以首先在一国或几国取得胜利，但巩固和发展社会主义国家制度，取得社会主义事业最终胜利，只能是世界性的伟大事业。社会主义百年历史证明，社会主义在形式上是以民族国家为舞台的，在内容上则是国际性的、世界性的，必须处理好世界普遍性与民族特殊性、国际中心与各国特色、世界革命与独立自主之间的关系，实现民族性的"形式"与国际性的"内容"的有机统一。

作为当时世界上唯一的社会主义国家，苏维埃政权"按其阶级本质来说是国际主义的"[1]。尽管遭到国内外敌对势力联合围攻而处于极为险恶的战争环境中，但刚建立的苏维埃政权仍责无旁贷地承担了援助世界革命的主要任务，全力去指导、策动、援助和支持其他国家无产阶级的革命斗争，利用各种手段去推动欧洲革命的爆发。1919年3月，列宁领导创建了世界各国共产党和共产主义团体的国际联合组

---

[1] 《苏维埃社会主义共和国联盟根本法（宪法）》（1924年1月31日通过），载北京大学法律系宪法教研室、资料室编：《宪法资料选编》（第五辑），北京：北京大学出版社，1981年版，第182页。

织——共产国际。共产国际一大宣言和二大通过的《共产国际章程》，都明确把推翻国际资产阶级、在全世界建立国际苏维埃共和国作为自己的战略目标。每个加入共产国际的组织都认同由列宁拟定的"无产阶级的国际主义"，视共产国际为领导世界各国无产阶级及劳苦民众与反动阵营进行斗争的堡垒和大本营。共产国际在指导各国革命时，往往不是根据各国不同的情况，不是考虑到各国的政治、经济、文化以至民族特点，制定出适合每个国家情况的方针政策，相反，却是要求各国党都要根据共产国际的决议和指示去行动。斯大林及共产国际从"世界革命"理论出发，过分强调社会主义革命和建设的普遍规律，而忽视各国党及其所在国家具体国情的差异，把苏联或联共（布）一国一党革命经验绝对化、教条化，直接硬性推广，损害了国与国之间，以及各国共产党之间的正常关系，给国际共产主义运动带来了不利的影响。中国共产党对此有着刻骨铭心的记忆，因为这种"把马克思主义教条化、把共产国际决议和苏联经验神圣化的错误倾向，曾使中国革命几乎陷于绝境"[①]。

习近平总书记指出："解决好民族性问题，就有更强能力去解决世界性问题；把中国实践总结好，就有更强能力为解决世界性问题提供思路和办法。这是由特殊性到普遍性的发展规律。"[②] 只有民族的才是世界的，中国坚持走和平发展道路，愿意与其他国家分享自己的发展经验。中国道路和模式中的一些做法是中国独有的，其他国家没法复制，也有一些是社会主义共性问题，如坚持马克思主义意识形态和共产党领导等做法和经验具有共性，具有世界意义。中国特色社会主义具有东方文化的历史底蕴和马克思主义的基因特质，既有其特殊性，也有其一般性，它在回答和解决中国问题的探索中，为其他经济文化

---

① 中共中央文献研究室编：《关于建国以来党的若干历史问题的决议注释本》，北京：人民出版社，1983年版，第47页。

② 习近平：《习近平谈治国理政》（第二卷），北京：外文出版社，2017年版，第340页。

相对落后国家如何实现现代化、如何发展，积累了经验，提供了选择。中国特色并不是中国特有，中国特色社会主义在实践中彰显出的个性和特色，通过经验总结和理论升华可变成可复制、可分享的共同经验而得到普遍认可。

## 第三节　对坚持和完善中国特色社会主义政治制度的几点思考

当前，以信息技术为代表的新技术革命，不断加剧的大国竞争与博弈，快速变革的全球经济治理体系，都极大推动了国际经济格局变化，也对不同社会制度的比较优势和相互关系产生深远的影响。当今各种左翼力量和新兴社会运动开展维护中下层民众利益及反资本主义、推动历史进步的斗争，虽不是社会主义和资本主义之间的制度较量，但其中充满不同价值观念和不同社会制度之争。一方面，不同政治制度求同存异、共存互鉴；另一方面，我们还要看到不同制度竞争斗争博弈，社会主义国家和资本主义国家的竞争博弈主要体现在制度模式的激烈较量，最终的结果，是以制度优势取胜，先进战胜落后，优胜劣汰。

### 一、充分发挥党的领导这一最大政治优势

作为现代社会的主导性政治力量，政党普遍存在于各个国家，但因阶级属性和意识形态不同，政党可区分为无产阶级政党、资产阶级政党、民族主义和民粹主义政党等不同类型政党。共产党是无产阶级政党，是工人阶级的先锋队，其奋斗目标是实现共产主义。当今世界各国共产党基本上是按马克思列宁主义思想建立起来的，社会主义国家政治制度都实行共产党领导。列宁领导的布尔什维克党发动和领导十月社会主义革命，推翻了立宪民主党和社会革命党的临时政府，建立了无产阶级政党领导的全俄苏维埃政权。列宁将布尔什维克党的组

织原则应用到苏维埃政权运作中,将政党层面的组织原则转换成国家层面的组织原则,将布尔什维克党的民主集中制变成国家政权的组织方式和运作方式。1919年3月俄共（布）八大首次对党和苏维埃的关系做了原则性的规定,提出党应当通过苏维埃机关,在苏维埃宪法的范围内来贯彻自己的决定,但不要把党组织的职能和国家机关即苏维埃的职能混淆起来。然而,在战争环境和"战时共产主义"体制中,苏俄党和国家体制逐步走向高度集中。高度集中的政治体制带有战时性质,不是无产阶级国家管理的正常方法。100多年来,时代发生了变化,社会主义制度在改革中不断完善,一些人以今天的眼光或话语去穿越历史和诠释过去,全盘否定列宁党建理论及布尔什维克政权,搞历史虚无主义,由此否定共产党在社会主义国家制度中的地位和作用,对此我们应保持高度警惕。

在社会主义制度下,我们为什么能集中力量办大事？一个重要原因是中国共产党及其领导下的国家机构实行了民主集中制。民主基础上的集中和集中指导下的民主的有机统一,既是中共的根本组织原则,也是国家机构遵循的组织制度。党和政府在重大决策中充分发扬民主,吸收各方有益建议,同时善于进行正确集中,防止议而不决、决而不行。西方三权分立的国家制度本质上是权力制衡,立法、行政、司法等国家权力相互制约,排斥权力集中,其直接后果是没有权力中心,缺乏民主集中。西方选举是票选民主,其中充满了表演秀和铜臭味,无论形式如何公平,但结果都一样,选不出具有政治担当和非凡智慧的领导人,往往是"政治庸人"当选。"政治庸人"热衷权力争夺,自然"办不了事,办不成事"。英国耗资550亿英镑、连接伦敦至伯明翰及曼城的高铁2号项目,从项目论证到实现运营用了20多年时间;印度许多改革大计和民生立法在议会无穷无尽的党派争斗中付诸东流。中国共产党领导的举国一致、万众一心的体制能办大事,能办成西方国家办不了的大事,正如习近平总书记所说,我们最大的优势就是我国社会主义制度能够集中力量办大事,这是我们成就事业的重要法宝,过去我们搞"两弹一星"等靠的是这一法宝，今后我们推进创新跨越也要靠这一法宝。

"中国共产党的领导是中国特色社会主义最本质的特征。"[①] 坚持中国共产党领导，是中国特色社会主义制度的最大优势，是中国政治"奥秘"所在，也是中国政治制度与西方民主制度的最大不同点。民主的核心要义是追求民众福祉、社会公正和有效治理，人民代表大会制度，多党合作和政治协商制度、民族区域自治制度这些基本政治制度能否实现，能否沿着正确道路发展，关键在于坚持中国共产党的领导。人民代表大会制度体现了国家一切权力属于人民的原则，是实现人民民主的制度形式。民主集中制既是中国共产党的组织原则，也是以人民代表大会为核心的国家机构的组织原则，党和国家领导体制因此而有效地组织起来。人民当家作主的实现，不仅要有程序性的选举民主，也需要能将各种程序民主统合起来的制度安排，只有党的领导才能协调各方，做出这种统合性安排。与西方三权分立的极化政治不同，中国把党的领导、人民当家作主、依法治国结合起来，有效调节了各种复杂的政治关系，从根本上保证了国家政治和社会稳定，最大限度地保障人民实现当家作主的民主权利。如果没有共产党的坚强领导，很难有效调节各种复杂的政治关系，不可能实现国家有效治理，追求人民民主、民众福祉和社会公正就成为空谈。

一个政权的性质及其好坏，不在于多党制衡，也不在于执政党纲领多么炫目耀眼，判断依据只有一个，就是执政实践及其效果，即看国家能否良政善治。社会主义作为一种先进的社会制度，一旦聚焦于全力推进现代化建设，必然产生巨大成效，充分发挥出集中力量办大事的优势。同时，在社会主义本质要求的指引下，社会主义物质文明和精神文明的发展成果又不断推动人的全面发展和社会全面进步。美国政治学者福山认为，民主政治的目的不只是限制政府的权力，也在

---

[①] 习近平：《在庆祝全国人民代表大会成立六十周年大会上的讲话》，载《求是》，2019年第18期，第5页。

于增强政府的活力，促进有效治理。中国特色社会主义既顾及社会差距的客观性和现实性，以经济建设为中心，把提高效率和发展生产力放在重要位置；又顾及社会公平与公正的必然性和目标性，努力实现以人为中心的政治、经济、社会、文化、生态建设"五位一体"全面发展。党的十八大以来，以习近平同志为核心的党中央，进一步发挥中国特色社会主义制度优势，坚持全面从严治党，坚持高压反腐，进一步提升了党的执政能力和国家良政善治水平，"解决了许多长期想解决而没有解决的难题，办成了许多过去想办而没有办成的大事"①，赢得了全国人民的广泛拥护和坚定支持。

社会主义作为一种先进的社会形态，其政治制度应体现出较资本主义的制度优越性。中国不仅在经济上取得了巨大成就，显示了社会主义优越性，而且在政治制度上已走出苏联模式阴影，建立了一套行之有效的制度模式，同样了体现出社会主义优势。习近平总书记在十九大报告中指出，"中国特色社会主义政治制度是中国共产党和中国人民的伟大创造。我们完全有信心、有能力把我国社会主义民主政治的优势和特点充分发挥出来，为人类政治文明进步作出充满中国智慧的贡献。"② 改革开放40年来，中国实现了社会主义基本制度优势与市场经济优势的有机结合，既使市场在资源配置中起决定性作用，又更好发挥政府作用，既注重社会关系与社会制度的变革，也注重人类的可持续发展和人类命运共同体建设。在21世纪，世界历史主题仍是两种社会制度、不同发展模式的选择与竞争，随着世界社会主义运动中心开始移向中国，中国特色社会主义将不断在实践中进一步实现社会主义国家制度创新发展，将以充分的制度优势证明社会主义的巨大优越性。

---

① 习近平：《决胜全面建成小康社会，夺取新时代中国特色社会主义伟大胜利》，载中共中央党史和文献研究院编：《十九大以来重要文献选编》（上），北京：中央文献出版社，2019年版，第6页。

② 同上书，第28—29页。

## 二、要在国际意识形态斗争中提升中国政治话语优势

政治话语权的争夺成为当今意识形态领域斗争的主要内容。当今我们同西方意识形态的斗争，焦点在于政治制度，问题围绕一党制与多党制、民主与专制。西方国家按照其固有观念，总是对中国提出各种质疑，诸如中国的人权为什么这么差，中国为什么不能搞多党民主，中国什么时候能够成为民主国家？问来问去，说来说去，最终都是质疑中共一党制和政权合法性，认为中共政权不是选举产生的，是所谓"专制"政权，不合法。香港反对派及其背后的主子就是照搬西方民主标准，利用自己掌控的舆论工具，给香港特区政府乱贴标签，想当然地认为中央之所以不主张香港急速实现普选，根源在于中央本身就是所谓"专制"政权而非民主政权。冷战结束已经30年了，不同意识形态和制度模式的较量不仅没有消失，而且领域更广泛、方式更多样、形势更复杂，新一轮"反社会主义"逆流横行。特别是特朗普上台后，采取极限施压做法，明显加大对朝鲜、古巴、委内瑞拉的制裁封锁，表示要对左翼政权勒紧绞索，彻底铲除冷战后共产主义遗产。中国是一个具有东方文明的国家，又是一个走社会主义道路的国家，不同意识形态和文明特性刺激了西方国家敏感神经，不仅挥舞自由、民主、人权大棒，利用网络舆论，丑化污名中国，而且发动贸易战、科技战、人才战，全方位对中国崛起进行遏制打压。以2017年1月特朗普总统首次发布《国情咨文》将中国定义为"战略竞争对手"为标志，中美关系发生深刻变化，制度模式开始成为中美之争的最后高地。

我们主张不以意识形态划线，发展同不同制度的国家和政党之间的友好关系，但树欲静而风不止，国际意识形态斗争是不以人的意志为转移的客观存在，美国及其他西方国家总是幻想以资本主义意识形态一统世界，对马克思主义意识形态和社会主义制度欲根除而后快。对此不能视而不见，退避三舍。面对挑战，我们要勇于斗争，旗帜鲜明地坚持马克思主义意识形态和中国共产党领导地位，坚持和完善中

国特色社会主义政治制度和国家治理体系。

社会主义事业是伟大的正义事业,但社会主义等不来、靠不来,需要通过长期革命斗争积极争取。习近平总书记指出,马克思主义产生和发展、社会主义国家诞生和发展的历程充满着斗争的艰辛。建立中国共产党、成立中华人民共和国、实行改革开放、推进新时代中国特色社会主义事业,都是在斗争中诞生、在斗争中发展、在斗争中壮大的。话语权是一种影响力,谁掌握了话语权,谁就能在意识形态斗争中处于主导地位,从而引导舆论走向。当今西方价值观与世界文明多样性之间的矛盾对立,主要表现为意识形态和话语权的竞争与更替。面对西方国家加紧对我国进行思想文化渗透、意识形态领域的交锋较量日趋激烈的新形势,我们抓意识形态工作的一项重要任务是要利用中国实力不断走强并日益走向国际舞台中心的有利时机,构建中国政治话语体系,推动国际社会对中国特色社会主义的道路认同、理论认同和制度认同,从战略制高点上争取意识形态斗争的话语权和主导权。

### 三、在党和国家政治建设中要着力处理好民主与集中的关系

民主集中制作为党的组织原则,是共产党区别于其他政党的一个重要标志。按照列宁关于民主集中制的要求,民主是集中的前提和基础,集中是民主的指导和结果,民主与集中是辩证统一的关系。列宁在世时基本上是按上述原则来开展布尔什维克党内活动的,但由于当时所处的环境,列宁更多地强调集中,认为"无产阶级的无条件的集中制和极严格的纪律,是战胜资产阶级的基本条件之一"①。对马克思主义政党而言,民主集中制既是党的根本组织原则,也是群众路线在党的生活中的具体运用。坚持民主集中制的基本要求与目标,就是要在党内努力造成又有集中又有民主,又有纪律又有自由,又有统一意志又有个人心情舒畅、生动活泼的政治局面。

---

① 中共中央马克思恩格斯列宁斯大林著作编译局编:《列宁选集》(第四卷),北京:人民出版社,1972年版,第181页。

长期以来，国外一些共产党在效仿"苏联式的民主集中制"的过程中，遇到很多现实矛盾和问题，往往出现高度集中和自由化两个极端。民主与集中的对立状态使一些人对民主集中制产生怀疑并借此攻击共产党，认为民主集中制就是实行专制独裁，使共产党形象严重受损。而苏共垮台后，一些党随意抛弃民主集中制，改行"民主的运行机制"，结果党内派别林立，组织涣散，党的力量迅速下降。在新形势下如何发扬民主和实现民主基础上的集中，如何在加强党的战斗力的同时又能有效地维护党的团结和统一，是各国共产党仍需解决的一项艰巨任务。

习近平总书记强调，政治制度是用来调节政治关系、建立政治秩序、推动国家发展、维护国家稳定的。在中国社会主义制度下，有事好商量，众人的事情由众人商量，找到全社会意愿和要求的最大公约数，是人民民主的真谛。人民民主需要制度保障，也需要靠科学制度来实现。民主集中制的这一制度安排，既尊重多数、保护少数，反对把个人意志凌驾于集体之上，又反对无政府主义和极端民主化，把民主和法治统一起来，促使各类国家机关提高能力和效率、增进协调和配合，形成治国理政的强大合力，杜绝相互掣肘、内耗严重现象。建设中国特色社会主义民主政治，必须将民主集中制有效地体现到中国共产党执政和国家治理上来，真实落实到中国共产党和国家机关各个方面、各个层级的工作中去。这样有利于维护国家统一、民族团结、社会和谐，从根本上保证人民当家作主，充分发挥我国社会主义政治制度优越性，促进经济发展和社会全面进步。

### 四、要以制度优势显示社会主义优越性

中国特色社会主义政治制度符合中国国情，体现了中国人民长期奋斗的历史逻辑、理论逻辑和实践逻辑，是坚持党的本质属性和践行党的根本宗旨的必然要求。中国特色社会主义到底好不好，中国特色社会主义政治制度是否优越，要用事实说话，通过实践证明。改革开

放 40 多年来，中国特色社会主义政治制度充分吸收了苏联社会主义政治制度的经验与教训，走马克思主义中国化的新路，实现了社会主义基本制度优势与市场经济优势的有机结合，既使市场在资源配置中起决定性作用，又更好地发挥政府作用；既注重社会关系与社会制度的变革，也注重推动全球可持续发展和构建人类命运共同体。在东欧剧变、苏联解体的风云变幻中，在亚洲金融危机、国际金融危机的严峻考验中，在夺取四川汶川特大地震灾后重建、成功举办北京奥运会和打赢脱贫攻坚战等一系列重大胜利中，中国特色社会主义一次次展现出力量优势和制度优势，彰显出巨大优越性和强大生命力。对人类发展进步事业来说，中国对世界的贡献不只是经济上的、物质上的，还包括制度上的、思想上的贡献。中国特色社会主义道路和制度不仅给 14 亿多人口的中国带来了巨大成功，而且也对其他发展中国家探索自己的道路提供了有益的经验借鉴，丰富了人类对未来世界的美好向往。

社会主义战胜资本主义最终在于制度优势。邓小平同志曾高瞻远瞩指出："我们要用发展生产力和科学技术的实践，用精神文明、物质文明建设的实践，证明社会主义制度优于资本主义制度，让发达的资本主义国家的人民认识到，社会主义确实比资本主义好。"[①] 习近平总书记全面阐述了中国特色社会主义政治制度的特色优势，如坚持党的领导的优势，保证人民当家作主的优势，坚持全面依法治国的优势，实行民主集中制的优势，等等，认为"随着中国特色社会主义不断发展，我们的制度必将越来越成熟，我国社会主义制度的优越性必将进一步显现，我们的道路必将越走越宽广，我国发展道路对世界的影响必将越来越大"[②]。他在党的十九大报告中指出："中国特色社会主义政治制度是中国共产党和中国人民的伟大创造。我们完全有信心、有能力把我国社会主义民主政治的优势和特点充分发挥出来，为人类政

---

① 冷溶、汪作玲主编：《邓小平年谱（1975—1997）》（下），北京：中央文献出版社，2004年版，第1255页。

② 习近平：《习近平谈治国理政》，北京：外文出版社，2014年版，第22页。

治文明进步作出充满中国智慧的贡献。"①

在 21 世纪,世界社会主义的中心转移到中国,历史在各种道路、制度、方案的比较和竞争中展现出新的可能和机遇,中国特色社会主义道路和制度在同资本主义的竞争中显示出经济和政治上的比较优势。中国特色社会主义制度优越性验证了"只要中国社会主义不倒,社会主义在世界将始终站得住"②论断的正确性,彰显了科学社会主义在 21 世纪的中国焕发出生机活力,也表明中国能成为振兴世界社会主义的中流砥柱。

---

① 《中国共产党第十九次全国代表大会文件汇编》,北京:人民出版社,2017 年版,第 32 页。

② 邓小平:《邓小平文选》(第三卷),北京:人民出版社,1993 年版,第 346 页。

# 第三章 百年大变局与当代资本主义新变化

"放眼世界,我们面对的是百年未有之大变局。"① 一方面,信息技术和产业发展日趋成熟,以人工智能为代表的"第四次工业革命"如火如荼,不断催生新技术、新产业、新模式,引领全球经济跨越式发展,促进社会生产力整体跃升,加速推进全球治理体系和国际秩序变革,构建以合作共赢为核心的新型全球化和世界多极化;另一方面,世界的发展很不平衡,不公正、不合理的国际政治经济旧秩序还没有根本改变,和平赤字、发展赤字、治理赤字、信任赤字等不稳定不确定因素交织,美国及西方国家"逆全球化"的民粹思潮猖獗,政治极化,社会分裂,制度困境日益显现。一批新兴市场国家和发展中国家正在群体性崛起,大国之间、不同社会制度和发展模式之间博弈加剧。

## 第一节 百年大变局与西方国家经济社会矛盾深化

自16世纪资本主义在欧洲确立以来,人类在科学技术方面的进步日新月异,在蒸汽机和机械、电力和运输、相对论和量子论、电子和信息技术等发明应用的推动下,世界经济发生了机械化、电气化、自

---

① 习近平:《习近平谈治国理政》(第三卷),北京:外文出版社,2020年版,第421页。

动化、信息化等多次产业革命，每一次重大科技创新和产业革命都迅速增强了西方国家的经济实力、科技实力、军事实力，发端于英国的第一次产业革命，使英国走上了世界霸主地位；美国抓住了第二次产业革命机遇，赶超英国成为世界第一。正是得益于这些科技和产业革命，西方国家生产力能保持持续增长，经济社会矛盾得以缓和，奉行福利国家的社会民主主义大行其道，进一步掩饰了资本逐利剥削的本性，使资本主义得以维持垂而不死、腐而不僵状态。然而，2008年肇始于美国华尔街的国际金融危机，深刻改变了世界发展面貌和格局。这次金融危机不仅使英美长期追捧的"新自由主义"成了过街老鼠，人人喊打，而且金融危机带来一场反传统精英政治的民粹主义革命，美欧资本主义国家面临前所未有的经济社会系列新变化。

## 一、在经济层面上资本主义私人占有和生产社会化的固有矛盾以新的方式在全球范围内积累和扩散

20世纪80年代至90年代，"新自由主义"发展进入了野蛮生长期。西方发达国家为了缓解国内有效需求不足与生产过剩矛盾，通过实行新自由主义政策，使资本家把投资重点从生产领域转移到金融领域，加速金融资本全球化。在以互联网技术为代表的高新技术推动下，西方发达国家以跨国公司为主导推行资本积累和剩余价值积累全球化发展战略，将贸易、投资自由化的"新自由主义"政策发挥到极致，资本进一步集中垄断，加速技术转移和资本输出，全球价值链分工得到深度发展，出现了国际贸易、国际金融的全球化和以跨国公司为主体的世界生产一体化，资本全球化和生产社会化发展到新的高度。美国30年来，银行数量从1986年的18,083家降至2020年9月的5033家，全美21.2万亿美元银行资产中的85%由前151家银行持有，4家最大银行持有全部银行总资产的50%。美国通讯、航运、制药、零售甚至啤酒等消费行业都出现高度集中。脸书、亚马逊、苹果、微软、谷歌五大高科技企业垄断全美电脑和手机搜索服务。90%的传统媒体

被《纽约时报》等六大媒体掌握。由于西方国家的垄断资本和跨国公司始终处于全球价值链高端，使它们能在全球范围内获取高额利润，进一步加剧地区、行业和人群之间的不平等状态。

技术革命导致的产业结构的变化使增长和分配、资本和劳动、效率和公平的矛盾更加突出，资本主义国家出现了严重的结构性失业和新贫困化现象，弱势群体生存状态进一步恶化。20世纪70年代后，西方发达资本主义国家为了缓解国内有效需求不足与生产过剩矛盾，通过实行新自由主义政策，使资本家把投资重点从生产领域转移到金融领域，加速金融资本全球化。由于金融市场上的过度投机和金融监管体制的不健全，股市、汇市为代表的虚拟经济大大超过了实体经济，以金融体系崩溃为特征的区域性或世界性经济危机频频爆发，20世纪90年代的墨西哥金融危机、亚洲金融危机、2001年阿根廷等拉美国家的金融危机、2008年由美国华尔街金融泡沫引发的全球金融危机等，一个接一个，连续不断，而且一次比一次严重。

2008年国际金融危机结束了西方国家黄金增长期，导致跨国公司内部的高度组织性和计划性与世界市场无政府状态之间的矛盾、世界生产能力无限扩大趋势与世界范围有效需求不足之间的矛盾、资本主义生产无限性与地球资源和生态环境调节的有限性之间的矛盾、跨国垄断资本家阶级的统治与世界范围内劳工之间的对立等矛盾激化。西方发达国家虽然采取各种手段试图拯救陷入困境的经济体系，但日益走向国际垄断的资本主义不仅没有消除资本主义私人占有和生产社会化的固有矛盾，反而使其以新的方式在全球范围内积累和扩散，引发资本主义陷入全面的制度性危机。习近平总书记对此指出："有人说，马克思主义政治经济学过时了，《资本论》过时了。这个论断是武断的，也是错误的。远的不说，就从国际金融危机来看，许多资本主义国家经济持续低迷、失业问题严重、两极分化加剧、社会矛盾加深。事实说明，资本主义固有的生产社会化和生产资料私人占有之间的矛盾依然存在，但表现形式、存在特点有所不同。"①

## 二、在社会层面上贫困化和社会不公激化社会矛盾

二战后，西方多数国家在社会主义影响下建立起社会福利制度，国内的贫富差别及阶级矛盾得到缓和，中产阶级规模渐渐扩大，美欧曾出现一个支持中间党派的强大的中产阶级，但当前中产阶级迅速萎缩。冷战结束后，经济全球化和科技革命深刻改变西方国家的生产关系和社会形态，也深刻改变西方福利国家和民主制度的社会基础。一方面，技术革命导致的产业结构的变化使增长和分配、资本和劳动、效率和公平的矛盾更加突出，资本主义国家出现了严重的结构性失业和新贫困化现象，弱势群体生存状态进一步恶化。另一方面，新自由主义盛行，国家间激烈的经济竞争加剧了各国劳动者之间的生存竞争，失业率长期居高不下，一度扩大的中产阶级数量下降，经济财富日益向少数人集中，贫富和地区差距拉大，贫困人口不断增多。

20世纪是"美国世纪"，70年代前贫富差距总体缩小，之后明显逆转。从1974年到2014年40年间，扣除通胀因素后，美国最底层10%的家庭实际年收入不仅没有增长，反而下降320美元。2018年美国智库数据显示，2015年美国顶尖1%人群的收入，是剩下99%人群的26倍，而在贫富差距最大的纽约、佛罗里达和康涅狄格，前1%富人的收入分别为剩下99%大众的44.4倍、39.5倍和37.2倍。② 美收入最高的1%群体，每年占有四分之一的国民收入，其中塔尖的10%群体的收入相当于90%低收入群体的总和。美国是一个被媒体称为"百分之一"的国家，经济成果基本上流向极少数高收入群体，中低收入阶层近40年工资基本没有增长，美国政治、经济主要是为这1%的富人服务。据2020年9月2日NBC新闻报道，新冠肺炎疫情在美国暴发

---

① 习近平：《不断开拓当代中国马克思主义政治经济学新境界》，载《求是》，2020年第16期，第4页。
② 《美国议员提议对富豪征税70%》，https：//www.sohu.com/a/291225691_334198。

后，美国股市特别是科技股应声上涨，亚马逊和特斯拉两大科技巨头创始人的财富刷新纪录。美国亿万级富豪的财富总量不仅没有随着疫情暴发而缩水，反而在短短几个月内暴增近40%，底层民众则遭受大规模失业冲击，失业率急剧上升，一度超过10.2%，数百万美国人失业，靠救济金度日，贫困家庭急剧增加。1100多万人付不起房租，300多万人面临被逐出居所，只能依赖政府补贴。美联储统计，2020年第一季度美国家庭净资产下降5.6%，是自20世纪50年代以来最大的单季度跌幅，全年有4000万人重返赤贫阶层。

亿万富豪们财富的激增与数千万普通美国人所面临的经济困境形成了鲜明对比，贫富差距加大，北部的铁锈地带白人蓝领工人和南部白人农民收入不见增长，而华尔街的金融大鳄和东西两岸的精英人士则一个个成为亿万富翁。贫富悬殊和社会不公引起美国社会一直存在的种族矛盾和社会冲突更加尖锐。贫困化和贫富悬殊激化社会矛盾，要求改变不平等、不公正现象的呼声日高。2020年的"黑人的命也是命"运动席卷全美，成为自马丁·路德·金遇刺以来地域最广、强度最大的黑人政治运动。这次黑人运动的斗争目标由过去争取政治权利转向具体的经济社会权利，尤其是转向司法公正权利。美国一直是由白人占主导的社会，"白人至上"观念根深蒂固。2013年，美国新出生的有色人种婴儿数量首次超过白人婴儿，预测到2035年，美国有色人种总数将超过白人。拉美裔、亚裔、非洲裔人口的迅猛增长，不仅抢占了白人的饭碗，而且带来文化和价值观念的冲突，美国传统社会结构将产生重大改变。另外，美国宗教环境也发生了变化。过去是大多数信仰基督教，但当今信教并固定参加宗教活动有人口比例已下降至30%—35%，年轻人很多都不信教了，信教的也不像以往那么虔诚，过去那种基督教传教士的狂热不再，基督教立国的根基出现动摇。由于美国人口和宗教信仰发生变化，引发美国白人及保守的福音派势力的恐慌，危机感空前上升。为了避免边缘化，他们打出"白人至上""美国第一"的旗帜，以保全白人在美国的主导地位。种族主义再次泛滥，是特朗普上台的一个重要社会背景因素。70%的白人将选票投给了特朗普，希望他能在美墨边境修隔离墙以阻挡汹涌而至的移民潮，特朗普上台后之所以顽强地坚持修隔离墙，与这一背景是分不开的。

贫富分化、社会不公历来是社会主义产生的温床，国际金融危机后，美国内社会主义思潮快速兴起，出现社会主义千禧一代现象。在2019年美国大选期间，美国刮起一股社会主义旋风，美国各主要电视、报刊和其他媒体乘机组织各种对社会主义的大讨论。美国佛蒙特州联邦参议员伯尼·桑德斯是美"民主社会主义"旗手，明确反对代表富人利益的共和党，竞选中拒绝接受大财团和超级政治委员会的助选资金。桑动员草根阶层能力强，提倡改革和绿色新政，主张改革民主党使其重新成为工人、老人和穷人的基层党，清除金钱腐败政治。2018年赢得美国纽约州民主党国会议员提名的拉丁裔年轻妇女奥卡西奥-科尔特斯同样自称为"民主社会主义者"。美国虽然不像西欧那样有社会主义传统，但一些民主党左翼人士往往以"民主社会主义者"自称，以此表达自己的政治主张。这一现象从反面表明，美国社会主义思潮不只是在底层民众中流行，而且也加剧了共和、民主两党理念和政策分歧，是美国政治初显的一道亮光，对美国政治生态将产生重要影响。

**三、在国家治理上西方资本主义制度面临越来越大的危机和变革压力**

21世纪初资本主义危机的一个最为集中、最为突出的表现，是资本主义制度的无效和衰败。①皮尤研究中心最新数据显示，在近期接受调查的27个国家中，平均51%的受访者对本国现行民主制度表示不满。国际金融危机发生后，不少西方学者也在重新研究马克思主义政治经济学、研究《资本论》，借以反思资本主义的弊端。美国日裔学者

---

① 杨光斌：《福山政治观点的转变说明了什么》，载《北京日报》，2014年10月27日，第21版。

福山在他的《政治秩序和政治衰败》一书中论证了资本主义政治制度和机制的衰败失灵,他认为,否决型政体而导致美国的"政治衰败"。

法国学者托马斯·皮凯蒂撰写的《21世纪资本论》就在国际学术界引发了广泛讨论。该书用翔实的数据证明,美国等西方国家的不平等程度已经达到或超过了历史最高水平,认为不加制约的资本主义加剧了财富不平等现象,而且将继续恶化下去。皮凯蒂通过对当今西方广泛存在的收入和贫富差距扩大现象的透析,论述了资本主义经济制度已走进死胡同。尽管他的分析主要是从分配领域进行的,没有过多涉及更根本的所有制问题,但使用的方法、得出的结论值得深思。还有许多西方理论家从不同角度论述了资本主义民主、自由、平等这些长期以来被视为"永恒法则"的价值信条的破灭和衰败。当今美国单边主义、保护主义、民粹主义盛行,以及"后西方""后真相""千禧社会主义"等思潮升温,彰显美国方向迷失、道路迷茫、信心迷乱。西方思想界对西方民主制度感到无奈、茫然,如日裔美国学者福山在东欧剧变、苏联解体时坚信"历史终结论",现在则提出资本主义"制度衰败论",在他的著作中历数资本主义政治制度和机制失灵的事实。西方还有许多理论家发表评论,认为资本主义民主、自由、平等这些长期以来被视为"永恒法则"的价值信条开始崩塌。

在西方民主国家,由于政府表现不佳、政治两极分化、经济不平等加剧,民众对民主制度运转失望和不满情绪上升,美国民众对美政府及民主进程的信任度处历史最低点。如美国抗疫中,联邦政府和州政府各行其是,在初期甚至相互抢夺口罩防护服,民主党执政的州公开同总统特朗普叫板,不听从特朗普要求复工复产指令。特朗普曾在一份行政令中指控纽约、波特兰和西雅图三个城市的政府,故意纵容反种族主义示威者的"暴乱"行为,不让警察执法,也不让联邦政府派执法人员去当地维持秩序。他将这三个城市称作"无政府主义辖区",并威胁要砍掉联邦政府给三市及所属州的拨款。

民粹主义奉行极端主张,导致西方政府治理力不从心。当今社交媒体的即时性、互动性理论上可以使民主政治更加便捷,增加政治透明度,使民众参政议政成为现实,但社交媒体容易成为政治阴谋和民粹主义操纵的温床。民粹主义和极端政党利用平民大众的朴素民主诉求,以民粹化的道德意识和非理性主张,掣肘政府兼顾各方、长远决策和整体治理,增大政府施政难度。希腊左翼联盟迫使政府缓行紧缩政策和欧盟救助计划。西班牙"我们能"成为传统大党人民党和工社党新的竞争对手。反欧先锋法国国民阵线牵头组建"国家和自由"欧洲议会党团,既是对欧洲一体决策机构的一大嘲讽,也将增大欧盟内部决策难度。特朗普利用总统特权一意孤行,美"三权分立"政治体制和内政外交决策将茫然失措。

西方民主往往诉诸感性而非理性,因而代议制民主运作所需的审议和妥协机制被视为"精英政治""密室政治"而遭抛弃,政府治理能力削弱。由于互联网等高科技巨头迅速崛起,"知识资本"从传统资本集团中加快分离,独立成为新的强大利益集团。他们一方面通过院外游说机构、另一方面越来越多地动用自己掌控的新技术平台直接介入政治运行,社交媒体平台封杀特朗普一事表明,这股力量已相当膨胀和强大,正同民众及传统领域巨头形成更广泛更激烈的利益撞击,对西方国家政局产生举足轻重的影响。民粹主义往往站在民意和社会公正的道德高地,推崇大众民主,视平民运动天然合理,放纵其中的非理性抗争行为。事实上,这种非理性抗争是民粹主义的典型表现,缺乏真正的法治和民主意识,名为民主抗争,实际上热衷于挟持民意搞街头政治,以激进手段表达不满和诉求,冲击现行政治秩序,如西班牙"我们能"利用当时欧洲出现的反紧缩社会思潮和民众愤怒情绪,以极其煽动性言论攻击执政党,发动百万民众街头抗议,导致西方传统两党治理结构崩塌,政局持续动荡。

民粹思想说到底是民众不满情绪的聚合反应,极端政党正是以民粹主义为旗帜,以获得社会认同及合法性。受民粹主义驱使,政客提出越来越有煽动性、欺骗性和不切实际的口号来迎合民众求新求变心理，操弄民意于股掌。西方政治精英为赢得选票，不得不以空头支票迎合民意，上台后承诺往往落空。草根型政治领袖批判现行政治腐败和议会民主低效无能，借助民众对现行政府治理体制机制不满，不按常规出牌，反传统、反权威，容易为民众接受，赢得较高支持率。民众对提高福利的期待与民选政府无力满足的现实反差强烈，选民关心的民主民生问题久拖不决，激化政治、经济、社会矛盾，选举民粹化与政府治理能力低下恶性循环。

### 四、从国际格局上看美国"新霸权主义"垄断地位开始动摇

当今世界的物质技术水平已经发展到古人难以想象的地步，但发展不平衡不充分问题仍然普遍存在。21世纪新一轮经济全球化的主要推手是美国等西方国家，发达国家利用不公正、不合理的国际经济旧秩序和在经济全球化趋势中的主导地位损害发展中国家利益的现象还很普遍，并非所有国家都能从经济全球化中受惠，一些国家和民族利益受损，南北发展差距依然巨大，全球财富不断向最发达的少数国家集中，发展中国家与发达国家之间的不平等经济地位和南北差距仍在不断扩大，很多国家贫困和饥饿依然严重，特别是很多老人、妇女、儿童饱受饥饿和贫穷的折磨。贫困化和社会不公激化社会矛盾，造成一个贫富悬殊和更加不平等、不公正的世界。

然而，经济全球化也推动了国际力量对比发生前所未有的积极变化，新兴市场国家和发展中国家群体性崛起正在改变全球政治经济版图。特别是中国在世界经济和全球治理中的分量迅速上升，成为世界第二经济大国、最大货物出口国、第二大货物进口国、第二大对外直接投资国、最大外汇储备国、最大旅游市场，是影响世界政治经济版图变化的一个主要因素。过去20年，美国占世界经济比重从2001年31.6%下滑到2020年的24.7%，头号制造业大国和货物贸易大国地位被中国取代，2020年美元第一大支付货币地位被欧元超过。2008年金融危机后，美国发展进入经济大调整、社会大分化、政治大动荡的新

阶段。其中基本逻辑是"新自由主义"模式极度膨胀导致资本主义固有矛盾全面激化，世界多极化和国际关系民主化大势难逆，以西方国家为主导的全球治理体系出现变革迹象，但争夺全球治理和国际规则制定主导权的较量十分激烈，国际范围内保护主义严重，国际经贸规则制定出现政治化、碎片化苗头，不少新兴市场国家和发展中国家经济持续低迷，西方发达国家在经济、科技、政治、军事上的优势地位尚未改变，更加公正合理的国际政治经济秩序的形成依然任重道远。

## 第二节 西方国家在大变局中陷入制度性困境

国际金融危机以来，世界的发展很不平衡，和平赤字、发展赤字、治理赤字、信任赤字等不稳定因素交织，美国及西方国家"逆全球化"的民粹思潮猖獗，政治极化，社会分裂，制度困境日益显现。

### 一、党派政治极化加速社会分裂

长期以来，西方有保守派和自由派政党相互"纠偏"传统，政治钟摆效应特征明显。中左翼和右翼政党各有自己的政治主张与利益偏好，为了抬高自己，打击对手，往往在发展道路和模式选择上做文章。大选时相互攻讦，上台执政的党也会对前执政党做法进行"矫正"，如此左右互换基本保持了西方国家政治平衡和社会稳定。但近年来西方多党民主以党派划线，互不妥协，政党博弈制衡开始演变为缺乏理性包容的"否决政治"，政治极化、民意分裂明显。一些国家将政治难题诉诸"全民公投"，不仅难以弥合民意裂痕，反而带来更大的政治纷争和社会分裂。欧洲融欧和反欧、全球化和反全球化的党派争斗激烈，互不相让。2019年5月欧洲议会选举，是"挺欧派"与"疑欧派"、全球化和反全球化的党派对决。意大利和波兰执政党积极打造"意波轴心"，率领欧洲各国民粹政党，复兴"本国第一"的民族主义价值观，抗衡"德法轴心"。欧洲一些国家的极端政党与民粹主义融合聚变,扮演总统的"政治素人"能当选总统的"黑天鹅"怪象频现,网络舆论和"民意"领袖为吸眼球走极端,激化各方矛盾。以特朗普为代表的极右翼民粹保守势力在2016年美国选战中走极端、博出位,成功登台执政。美国总统特朗普上台签署的第一个总统令就是立即废止前总统奥巴马的医保法案,特朗普政府推行的限制移民、修建边境隔离墙、提高关税搞贸易保护主义等极端做法引起民主党的强烈不满,进一步加剧了共和、民主两党理念和政策分歧。美国两党政治越来越极化,社会民意越来越分裂。共和、民主两党斗法势同水火,极化政治撕裂美国社会。

**二、民粹主义逆袭西方政治**

当前,恐怖主义、难民危机等全球性挑战突出,以反建制、反精英、反全球化为主要特征的民粹思潮肆虐,长期难入政治主流的西方左右翼极端政党上升势头强劲,国际力量对比加快消长,不稳定、不确定、不安全成为常态。极端政党与民粹主义融合聚变,加速西方政治碎片化,给全球化和国际格局演变带来了新的变数。

**(一)民粹主义极端政党群体崛起引发政局动荡**

极端政党群体崛起是西方国家政坛民粹化趋向的重要标志。美国次贷危机爆发后,民粹主义"茶党"勃兴,以特朗普为代表的极右翼民粹保守势力在2016年美国选战中走极端、博出位,成功登台执政。希腊民众通过选票将激进的左翼联盟领袖齐普拉斯送上总理宝座,以反主流政治而获得中下层民众支持的西班牙"我们能"一跃成为议会第三大政党,以"人民反抗上层统治"为标志的意大利"五星运动"从网上"朋友圈"演化为有不少议席的主流政党,以排外著称的法国老牌极右政党国民阵线主席勒庞在2017年法国大选中进入第二轮。2017年1月,欧洲九大右翼民粹政党聚首德国科布伦茨,勒庞、德国选择党联合主席佩特里、荷兰自由党主席威尔德斯等右翼代表人物悉数出场，高调喊出反全球化、反欧盟、反移民、反建制口号。民粹主义极端政党群体崛起不仅引发传统主流政党恐慌，而且也打乱了西方政治钟摆频率。

### （二）反精英政治的民粹情绪导致西方政治对立常态化

民粹主义和西方精英政治天然对立。当今，一些极端政党虽归宗入流，实现角色转换，但其基本主张没有改变，反而会挟持民意，对抗传统精英政治，进一步加剧各国政治极化。欧洲极左翼政党迎合当前流行的民粹主义思潮，声称以服务"社会不满群体"为重点，以"社会底层"挑战"社会上层"激励民众参与热情，号召民众推翻精英政治和金融大佬管控国家的旧体制。意大利"五星运动"以"让所有政治人物回家"为口号，发动民众抗议，加剧政治对立和政局动荡。近年来，美国国内反精英政治的民粹情绪导致政治对立常态化，政客为反对而反对的政治生态。特朗普上台后的废除医保法案、"禁穆令"、美墨边境筑墙等"三把火"让奥巴马总统八年执政成果化作一腔热泪，面对日益分裂的美国政治，奥巴马不得发出"我们需要改变这个体制"的哀叹。

### （三）极端民族主义排外心理引发种族仇恨

西方民族主义复活助推民粹主义和极端保守主义、民粹主义激化保守主义。民族主义、民粹主义与保守主义的前世今生，历史上一直就有，只是不同时期不同表现，有时强有时弱，相同点是排外内向，不同点是前者关照中下层民众和边缘群体，反对上层精英；后者是国家民族利益至上，维护国家主权，"本国第一"，为保住自身优势，打压后来者，自利封闭，不惜玉石俱焚。两者都是逆潮流而动。盲目排外是当前西方民粹主义一大表现，新一波反移民潮激化了不同种族和宗教对立情绪。法国极右主张在入籍门槛、宗教信仰和福利待遇上限制移民，通过严格的移民政策和积极的生育政策维护法兰西民族特性。

科隆跨年夜性侵抢劫案发生后，德民众排外情绪上升，迫使默克尔政府反省移民政策，提高难民入境门槛。希腊"金色黎明"等欧洲极端政党强调白种人优越，不仅排斥移民，要求遣返穆斯林难民，而且要严格限制非白种人进入欧洲大门。西方排外心理和歧视行为，恶化种族矛盾，加大社会分裂。

### 三、文明多元理念受冲击，文化认同取代国家认同

西方政党政治日益沦为迎合大众的工具。西方政客操控民意，将执政困境归咎于外部因素，民族主义已成为他们赢得选票的一张王牌。德国、奥地利等欧洲国家一度高举人道主义旗帜，向难民敞开大门，时隔数月却因难民大量涌入而急刹车，过去那种展开双臂接纳难民的道德情操和政治标榜都被民族主义撞飞。近几届美国大选，民主和共和两党中的极端派都声称"爱美国""爱白人""珍视传统"，候选人的民粹主张大行其道，特朗普充满攻击性的"爱国主义"最终获得远超半数的选举人票成功当选美国第四十五任总统。在恐怖袭击和难民危机阴影下，以法国国民阵线为主导的极端民族主义更加活跃，以自由民主和民族融合著称的法国社会环境悄然嬗变。在匈牙利和波兰，持民族主义和民粹主义立场的政客执掌政权，融入欧洲一体化进程明显放缓。

民粹主义和极端主义政党均以反全球化、反移民为标识，都刻意强化民族国家认同感，把民族主义吹捧为本国民众寻求安全保障的庇护地。特别是在民众遇到就业困难甚至人身安全受到威胁的时候，西方蛰伏多年的种族主义和极端民族主义情绪迅速升温，文化认同取代了国家认同。西方民粹主义极端政党利用人们对恐怖主义的恐惧和对阿拉伯人及伊斯兰教信徒的偏见，从过去一般排外到高调集中反伊斯兰，认为伊斯兰教是与欧洲文明和西方价值观不相容的宗教，鼓吹文化差异论，极力排斥穆斯林移民和难民，主张建立一个没有伊斯兰教的"自由世界"。特朗普竞选时公然挑起多年禁忌的种族冲突话题，提

出要在美墨边境建隔离墙，他上台后，罔顾多数民众抗议和司法制止，强推"禁穆令"。西方如此敌视伊斯兰教，将会掀起新一轮文明冲突浪潮。

西方向来以多元化和民族融合自诩，一直拥抱全球化，但这始终是以本国居民的安全和社会秩序不受袭扰为前提的。事实上，西方单一价值体系和社会秩序高于全球化，一旦本国就业或安全不保，就会突出本国政治特权或民族优先权。欧洲民粹主义极端政党公开反对申根协定、欧元，主张退回民族主义和国家保护主义，如法国国民阵线党强调法国人优先，反多元文化，要求有一个强国家和强有力的领袖。民粹主义极端政党则指责欧洲主流政党的文化多元主义和民族融合政策损害了民族特质和国家利益，呼吁"国家认同"。

民粹主义虽不是一种意识形态，也没有明确的政治主张，但其草根性易被极端势力利用，成为某种政治主张的"群众性基础"。由于难民、债务、恐怖主义、保护主义等乱源乱点增多，全球范围内的不安全感和焦虑情绪普遍上升，民粹思潮强劲崛起。民粹主义往往以理想和激情代替理性，眼光局限于本民族和特定利益群体利益，无法提供系统解决资本主义不公正不平等现象的可行方案，其发动的街头政治只是自发分散的运动，只能加剧社会秩序混乱，不可能建立新的政治秩序。当今魔幻似的网络空间导致人们思想认识更为直观片面和情绪化，藏匿于自由网络之中的民粹思潮更易激活草根民主意识和群体反叛行为，网络民粹主义非理性行为的集体爆发，将会超越一地一域，影响更广。

特朗普胜选和英国公投脱欧，并非"黑天鹅"事件偶发，实际上是当今西方极端民粹思潮上升、社会矛盾和政治极化加速发展、多党民主陷入制度性困境、西方传统价值观和发展模式面临严峻挑战的必然表现。受此刺激，当今民粹思潮将更趋保守极端，西方政治民粹化使世界局势更加混乱无序。美国民主党变激进，共和党更保守，两党从过去的"大同小异"到现在的"小同大异"。西方极左翼和极右翼的政策主张不再泾渭分明,民粹理念趋同,保守特征明显。特朗普"让美国更加伟大"的竞选口号激发了许多美国人的爱国情怀,美国第一和安全稳定已成为特朗普执政首选。在追求文化同质的民粹喧嚣中,开放多元的美国社会将渐渐陷入封闭保守泥潭。

## 第三节　世界大变局与资本主义、社会主义两制关系格局变化①

世界大变局是影响两制关系未来发展走向的重要变量和关键因素,正在重构社会主义与资本主义并存关系及共处空间。发展中国家和发达国家、新兴大国和传统大国、社会主义国家和资本主义国家之间围绕发展道路和发展模式展开激烈较量,资本主义、社会主义两制关系和比较优势处于大变革大调整之中。西方资本主义政治模式和发展经验光环黯淡,中国特色社会主义在21世纪的中国焕发出强大生机活力,成为振兴世界社会主义的中流砥柱。社会主义代替资本主义是一个长期历史过程,需要各种主客观条件的成熟,最终要靠社会主义成功的实例来证明社会主义制度优于资本主义。

### 一、大变局加剧不同社会制度和发展模式博弈

世界大变局是不以人的意志为转移的客观存在,正在重构社会主义与资本主义并存关系及共处空间,是影响两制关系未来发展走向的重要变量和关键因素。社会主义国家和资本主义国家、发展中国家和发达国家、新兴大国和传统大国之间,围绕社会制度和发展模式展开博弈较量。资本主义、社会主义作为不同性质的两大社会制度,其前途命运与世界百年大变局紧密相连。

---

① 本节内容曾发表在《马克思主义研究》2019年第10期,现有修改。

## （一）西方主导的全球化和全球治理危机四伏

20世纪80年代后，西方发达资本主义国家为了缓解国内有效需求不足与生产过剩矛盾，通过实行新自由主义政策，使资本家把投资重点从生产领域转移到金融领域，加速金融资本全球化。由于金融市场上的过度投机和金融监管体制的不健全，以金融体系崩溃为特征的区域性或世界性经济危机频频爆发。20世纪90年代的墨西哥金融危机、亚洲金融危机，2001年阿根廷等拉美国家的金融危机，以及2008年由美国华尔街金融泡沫引发的全球金融危机，一个接一个，而且一次比一次严重。西方发达国家虽采取各种手段试图拯救陷入困境的经济体系，资本主义垄断和金融创新不仅没有消除资本主义私人占有和生产社会化的固有矛盾，反而使其以新的方式在全球范围内积累和扩散，各国各地区发展不平衡、不充分问题普遍存在。金融危机导致跨国公司内部的高度组织性和计划性与世界市场无政府状态之间的矛盾、世界生产能力无限扩大趋势与世界范围有效需求不足之间的矛盾日益激化，全球治理体系不能适应与日俱增的全球性新课题和新挑战。

2008年爆发的国际金融危机影响深远，使世界经济进入了新一轮衰退期、调整期，西方发达国家民粹主义、保护主义等"逆全球化"思潮泛滥，特别是英国公投脱欧、特朗普当选美国总统后，全球治理体系日陷瘫痪。特朗普大搞"美国第一"，实行单边主义，频频退群毁约，从退出联合国教科文组织、万国邮政联盟，到扬言退出世界贸易组织和猛烈抨击北约甚至联合国，再到终止跨太平洋伙伴关系协定、应对气候变化《巴黎协定》和伊朗核问题全面协议，严重破坏了由美国主导建立的战后国际秩序。美国及西方国家盛行的右翼保守主义和民粹主义，使全球化和国际秩序调整的有效性大打折扣，是全球治理中不确定、不稳定的变量。特朗普政府挥舞制裁大棒，大打贸易战，倒行逆施，挑起对抗，激化了国际矛盾，严重破坏了现有国际竞争与合作格局。

## （二）科技革命与产业变革加快新兴大国和发展中国家崛起

当今世界的物质技术水平已经发展到古人难以想象的地步，以人工智能为代表的"第四次工业革命"①如火如荼，数字化、网络化、智能化加速推进，以3D打印为代表的数字化制造、以大数据为代表的信息技术、以绿色能源为代表的新能源技术等新一轮技术革命将引发传统生产方式"颠覆"性变革，不断催生新技术、新产业、新模式，促进社会生产力整体跃升，引领全球经济跨越式发展，将深刻改变以往不同国家的比较优势和竞争优势，从而对全球格局产生深刻的影响，加速全球治理体系和国际秩序变革。新一轮科技和产业革命不仅对发达国家，而且对广大发展中国家，都是一次难得的发展机遇，抓住机遇、搭上这班顺风车的国家就可能成为新崛起的国家，否则将被新科技革命和新经济全球化时代大潮淘汰。进入21世纪以来，新兴市场国家和发展中国家的崛起速度之快前所未有，成为不可逆转的时代潮流。近些年来，新兴市场国家和发展中国家对世界经济增长的贡献率稳居高位，2016年达到80%，是当之无愧的主引擎。随着以金砖国家为代表的一大批新兴市场国家和发展中国家群体性崛起，国际力量对比发生重大变化，长期由西方发达国家主导的全球治理体系和国际秩序变革加快。

## （三）不同社会制度和发展模式博弈加剧

"当前，世界多极化、经济全球化、文化多样化、社会信息化深入发展，人类社会充满希望。同时，国际形势的不稳定性不确定性更加

---

① 学术界多数人认为，世界迄今共发生了四次工业革命：第一次是16—18世纪以蒸汽机出现为代表的机械革命；第二次是19世纪30—70年代以电力广泛应用为标志的工业化；第三次是20世纪初至50年代以量子力学和原子能技术应用为代表的新材料、新能源工业的兴起；第四次是21世纪以来发生的以数字、网络、绿色为代表的科技和产业革命。

突出，人类面临的全球性挑战更加严峻。"① 一方面，全球经济治理进入快速变革期，治理机制与平台日益丰富，治理主体呈现多元化、多极化趋势；另一方面，世界的发展很不平衡，不公正、不合理的国际政治经济旧秩序还没有根本改变，全球经贸规则制定权之争日益凸显，各种利益诉求交织冲突，世界多极化引发大国之间、不同社会制度和发展模式之间博弈加剧，世界又到了一个历史质变的"临界点"。

在西方发达国家内部，美国和欧洲貌合神离，在重建国际金融秩序、大气环境保护等全球治理问题上主张各异。特朗普上台，推行美国第一战略，要求北约国家向美国交保护费，提高向美出口关税，美欧矛盾上升。没有付出，就没有主导权。由于美国退群和领导缺位，美欧之间的保护主义抬头，欧美传统同盟关系裂痕扩大，西方主要核心国家也开始各扫门前雪。英国脱欧，欧盟各成员坚持本国利益优先，欧洲一体化进程严重受阻。

世界大变局中，西方发达国家与新兴大国之间的关系深入调整，关联互动、竞争博弈趋势明显。一方面，西方发达国家希望分享新兴经济体的发展机遇，期待中国等新兴大国在解决全球性议题、应对全球危机、促进世界经济复苏中分担更多国际责任；另一方面，西方发达国家为保持既得利益和领先地位，加剧与新兴大国的博弈，甚至采取限制、打压措施，遏制新兴大国快速崛起。以美国为代表的西方发达国家与新兴大国之间的关系深入调整和持续互动，相互之间的博弈将加剧。进入 21 世纪以来，中国同外部世界的交融性、关联性、互动性不断增强，已从过去世界体系的边缘者、旁观者，日益走近世界舞台中央，由过去国际秩序的被动接受者、服从者，转变为积极参与者、主动建设者、卓越贡献者，中国对世界的影响也从未像今天这样广泛、深刻、持久。中国与世界关系的深刻变化，给中国的发展带来了重大

---

① 习近平：《深化文明交流互鉴 共建亚洲命运共同体——在亚洲文明对话大会开幕式上的主旨演讲》，载《人民日报》，2019 年 5 月 15 日，第 1 版。

的历史机遇，使其有更强能力实现自身更好发展，也有更强能力去协同解决世界性难题，促进世界各国的共同发展进步。然而，一些国家和国际势力竭力渲染"中国威胁论""中国称霸论"等恐中情绪，把中国崛起视为是对西方主导的现存国际秩序的挑战，继而加大对中国的阻遏和施压。

随着西方国家主导的国际政治经济体系出现重重危机，人们开始质疑西方模式和发展经验的普适性，国内外许多学者称，新自由主义发展模式是国际金融危机爆发的主要原因，金融危机持续恶化是对西方资本主义发展模式的严峻挑战。与冷战结束初期一些发展中国家改行资本主义制度的状况相比，如今西方长期引以为豪并不遗余力向别国推销的制度光环逐渐黯淡，吸引力越来越小。许多发展中国家对西方制度从"心仪"到"心疑"，开始"向东看"。

### （四）不同文化交流互鉴、各种政治思潮碰撞争锋异常活跃

马克思主义认为："每一个时代的理论思维，都是一种历史的产物，它在不同时代具有完全不同的形式，同时具有完全不同的内容。"[1]随着世界多极化、经济全球化和国际关系民主化进程不断发展，世界文明的多样性与发展模式的多样化更加明显，人类社会的相互依存、联系、交流与合作日趋密切，社会主义和资本主义两种不同社会制度、不同意识形态的较量出现新内容、新特点，斗争形势更趋复杂。

二战后，尽管出现社会主义国家和资本主义国家两大阵营，建立两大平行的经济体系，但资本主义国家采取了社会主义一些做法，社会主义国家也吸收了西方国家一些先进技术和管理经验。在并存与竞争、借鉴与合作的两制关系下，西方发动的"冷战"并没有引发新的世界大战。进入新世纪，两种不同的社会制度和发展模式仍同处一个

---

[1] 中共中央马克思恩格斯列宁斯大林著作编译局编：《马克思恩格斯选集》（第四卷），北京：人民出版社，1995年版，第294页。

世界，相互竞争不可避免，但竞争是和平竞争，不是零和博弈。文明的繁盛、人类的进步，离不开求同存异、开放包容，离不开文明交流、互学互鉴。当今在发展道路和社会制度选择问题上，一方面，越来越多的国家自主探索发展道路和社会制度，在交流互鉴中取长补短，从而极大地促进和丰富了人类政治文明；另一方面，以美国为代表的西方国家把自己的社会政治制度作为人类政治文明的唯一代表，进而对外输出和强加于人的现象仍然存在，国际政治思潮呈现较明显的交锋对立特征。尽管当今世界政治社会思潮纷呈林立，令人眼花缭乱，但流行的并不都符合时代潮流和人类社会进步，如单边主义、排外主义、保护主义就与当今互联互通、开放包容、合作共赢的时代要求相悖，越来越遭到世人唾弃。在和平发展合作共赢的时代潮流下，任何国家都不可能孤立地发展，单边主义、排外主义、保护主义是行不通的，必须走和平发展与合作共赢的新路，必须消除人与自然对立、贫富悬殊、社会不公现象，走经济社会可持续发展之路。

**二、大变局引发不同社会制度优势位移**

世界大变局风云激荡，历经几百年的西方资本主义制度优势风光不再，社会主义要求消灭剥削、实现社会公正平等、实现每个人自由全面发展的理念，仍具有当今时代价值并在中国特色社会主义实践中弘扬光大。德国卢森堡基金会理论家马歇尔·布里称"社会主义进入3.0"[①]，认为"社会主义3.0"是从中国特色社会主义开始的。社会主义同资本主义关系的格局重建，无疑是当今世界百年未有大变局中最为炫目的篇章。

**（一）西方资本主义政治模式和发展经验光环黯淡**

二战后，西方多数国家在社会主义影响下建立起社会福利制度，

---

① M. 布里：《社会主义的第三次浪潮》，载《科学社会主义》，2016年第1期，第123页。

国内的贫富差别及阶级矛盾得到缓和,中产阶级规模渐渐扩大。但西方发达国家科技进步和产业革命,不仅没解决资本和劳动、增长和分配、效率和公平之间矛盾,反而加剧了这些矛盾。国家间激烈的经济竞争加剧了各国劳动者之间的生存竞争,经济财富日益向少数人集中,贫富和地区差距拉大,一度扩大的中产阶级数量下降,贫困人口不断增多,弱势群体生存状态进一步恶化。当代资本主义确实发生了一系列耐人寻味的重大变化。但是,这些变化在总体上并没有改变资本主义的本质规定性,并没有解决资本主义固有的内在矛盾,并没有消除资产阶级对广大劳动人民的剥削和压迫。因而,这些变化没有也不可能从根本上解决资本主义的内在矛盾,也就不能最终改变资本主义必然灭亡的历史命运。

贫富分化、社会不公历来是刺激社会主义因素增长的温床。国际金融危机后,西方国家"民主赤字""治理赤字""发展陷阱"此起彼伏,贫富分化、恐怖主义、气候变化等问题层出不穷,单边主义、保护主义、民粹主义盛行,西方国家各种左翼力量和新兴社会运动开展的反资本主义、维护中下层民众利益的斗争方兴未艾,欧美发达国家"后西方""后真相""千禧社会主义"等思潮升温,这些新情况、新变化无疑有利于世界社会主义发展空间的延伸和扩大。

### (二) 中国成为振兴世界社会主义的中流砥柱

东欧剧变、苏联解体一度使"社会主义失败论""历史终结论"甚嚣尘上,"中国崩溃论"不绝于耳,但中国没有在这场"多米诺骨牌"式的剧变中倒下,坚守和捍卫了社会主义,并以中国式道路挽救了世界社会主义。

当今世界社会主义出现了许多变化,这个变化可概括为从东欧剧变、苏联解体后世界社会主义运动长期陷入力量严重下降、思想彷徨迷惘、探索变动不居、目标多变不明的低潮困境中开始进入力量重兴的新阶段,一个不同于以往的世界社会主义运动新格局正在形成,其中鲜明标志是"中国特色社会主义正成为21世纪科学社会主义发展的旗帜,成为振兴世界社会主义的中流砥柱。我们党有责任、有信心、有能力为科学社会主义新发展作出更大的历史贡献。"① 习近平新时代中国特色社会主义在引领中国不断走向世界的征程中,必将推进世界社会主义进入新阶段。

中国特色社会主义不只是中国的,也属于世界社会主义的。100多年前,当帝国主义列强用枪炮打开中国国门之后,中国人开始真正地睁开眼睛看世界,开始意识到中国不能独立于世界之外,中国属于世界,世界也离不开中国。毛泽东早在1921年就开始思考如何"改造中国与世界"问题,认识到"中国问题本来是世界的问题,然从事中国改造不着眼及于世界改造,则所改造必为狭义,必妨碍世界"②。邓小平也是具有世界眼光的伟人,特别提倡从世界的角度看待中国的问题,指出"现在的世界是开放的世界","中国的发展离不开世界"。③ 邓小平对世界形势的正确认识和对时代特征的准确把握,初步形成了通过改革开放来促进中国与世界共同发展、互利共赢的战略大思路。改革开放40多年来,中国走完了发达国家几百年走过的发展历程,经济总量从世界第十位跃升到第二位,历史性地解决了中国绝对贫困问题。习近平总书记强调指出,中国改革开放"不仅致力于中国自身发展,也强调对世界的责任和贡献;不仅造福中国人民,而且造福世界人民"④。"中国一心一意办好自己的事情,既是对自己负责,也是为世界作贡献。"⑤ 对人类发展进步事业来说,中国对世界的贡献不只是经济上的,物质上的,还包括制度上的、思想上的贡献。中国特色社会

---

① 《习近平在新进中央委员会的委员、候补委员学习贯彻党的十八大精神研讨班上发表讲话》,载《人民日报》,2013年1月6日,第1版。
② 毛泽东:《毛泽东文集》(第一卷),北京:人民出版社,1993年版,第2页。
③ 邓小平:《邓小平文选》(第二卷),北京:人民出版社,1994年版,第132—134页。
④ 习近平:《习近平谈治国理政》,北京:外文出版社,2014年版,第57页。
⑤ 习近平:《在中法建交50周年纪念大会上的讲话》,载《人民日报》,2014年3月27日,第1版。

主义道路和制度不仅给近 14 亿人口的中国带来了巨大成功，而且也对其他发展中国家探索自己的道路提供了有益的经验借鉴，丰富了人类对未来世界的美好向往。新时代中国特色社会主义不仅为我们决胜全面建成小康社会、夺取新时代中国特色社会主义伟大胜利、实现中华民族伟大复兴的中国梦提供了新的战略指引，也为全世界所有希望走向现代化的国家竖起了一面令人向往的旗帜，在世界社会主义发展史上、人类社会发展史上都具有重大意义。

### （三）世界社会主义在探索中发展

"一切民族都将走向社会主义，这是不可避免的，但是一切民族的走法却不会完全一样。"① 社会主义从空想到科学、从理论到实践、从苏联社会主义到不同国家各具特色的社会主义的历史证明，社会主义是不断发展的有机体，不是一成不变的教条，需要各国社会主义力量结合自身实际，不断探索社会主义发展道路。除中国外，越南、朝鲜、老挝、古巴各有不同的国情，执政党对本国目前所处的阶段及当前的任务看法各异，对什么是社会主义，如何建设本国社会主义的理解也有差别，对经济政策的调整也各有侧重，但都强调要探索本国特色的社会主义。社会主义国家执政党都认识到，社会主义制度的巩固和发展是极为复杂、艰巨的长期任务，社会主义改革和发展也会面临新问题和新挑战，需要总结共产党执政的经验教训，把握社会主义发展多样性特点，不断推进世界社会主义运动向前发展。

当前，世界各国共产党在坚持社会主义方向不变的前提下，实践中并不受传统教条束缚，积极调整政策，斗争方式比较灵活，原则的坚定性和策略的灵活性结合得比较好。事实证明，只有把原则的坚定性与策略的灵活性结合起来，共产党才能在复杂情况下和艰苦环境中站稳脚跟，获得发展。共产党无论是加快改革步伐，还是"回归"，都

---

① 中共中央马克思恩格斯列宁斯大林著作编译局编：《列宁选集》（第二卷），北京：人民出版社，1995年版，第777页。

需要在广大党员和支持者所能接受的范围内,不顾原则地改变策略,是机会主义的表现,最终会失去支持。同样,固守一些过时的原则,斗争策略不与时俱进,也会给党的事业带来巨大损失。

# 第四章　百年大变局与西方政党政治新变化

多党制和代议制是西方国家普遍采用的民主模式,其核心原则是政党作为不同利益集团代表相互制约平衡,通过选举委托行使国家权力。在当今传统产业工人大幅减少、社会中间阶层迅速崛起、社会结构日益多元化的环境下,西方多数国家的社会党、右翼保守党等传统主流政党党组织日趋松散,力量下行,均进入漫长深度调整期。

## 第一节　西方政党政治变化的主要特点

近年来西方资本主义国家政党政治发展变化最引人注目的现象是,主流政党为迎合中间选民纷纷全民化,政党身份认同日益模糊,民主政治呈现选举议题化、政党行政化、政客职业化,传统中左、中右"钟摆的政治"效应失灵,长期难入政治主流的左、右翼极端政党上升势头强劲,纷纷步入政坛。西方传统政党力量下行,政治民粹化、极端化倾向明显,草根与精英鸿沟扩大。极端政党与民粹主义融合聚变,西方多党民主体制运行失序,加速西方政治碎片化,给国家治理和国际格局演变带来新的变数。

### 一、"阶级党"变为"全民党"

西方国家是政党政治的发源地,各个政党都是所属阶级阶层利益的集中代表,政党属性以其代表的阶级属性来区分。传统阶级、阶层划分相对简单,占有生产资料者是资产阶级,靠出卖劳动力维持生活的是无产阶级,政党的阶级基础相对稳定。因而,政党主要分为代表无产阶级和劳动人民利益的左翼政党和代表资产阶级利益的右翼政党两大类。随着生产力和科学技术不断发展,人类生产方式和活动方式也发生了飞跃式变化。传统阶级、阶层和利益群体不断分化组合,出现了"白领""金领"等新兴社会阶层,政党赖以存在的社会基础和依靠力量也随之发生变化,政党的阶级属性不再像过去那样能明显区分,政党的社会和政治基础受到严重冲击。

20世纪70年代以来,西方传统政党开始步入下行通道,逐渐由党魁党、阶级政党、团体性政党向"全民化"发展,左、右翼政党表现出明显的"趋同"倾向,左、右两极向中间靠拢。西方政党"全民化"具有普遍性,各政党主要是依据形势发展需要而非意识形态来决定政策的取向,按实用主义态度来解决目前面临的社会经济问题。由于阶级党变成全民党,各党政策主张趋同,使得选民对传统政党认同感下降,忠诚度降低,传统政党凝聚力下降。欧洲多数国家的社会党、右翼保守党等传统主流政党党组织日趋松散,政党领袖和少数精英借助媒体作用突出自己的个人魅力和个人形象,领导力进一步丧失,治国无方,无力带领国家走出困境。传统政党基层组织、党员个人作用不断弱化,渐渐变成选举机器。这些使得民众与政党联系日益松散,"忠诚"选民日益萎缩,一党独大或两党独大的局面不易出现。二战后,英国工党和保守党、德国社民党和基督教民主联盟党都长期轮流执政,分属左、右翼的两大党得票数之和均超过90%,而现在下跌至50%左右,标志着这些国家大党时代已终结。法国传统两大党社会党和共和党在2017年法国总统选举中接连惨败。选前,法国社会党总统奥朗德不仅是法兰西第五共和国史上民调最低的总统(民意支持率仅为4%),也是法国选举史上第一位不寻求连任的现任总统。法国社会党内部派别林立,长期分裂,党员人数由鼎盛时的近百万下降到现在

13万人。法国传统右翼政党共和党作为戴高乐亲自创建的"法兰西人民联盟"的后继者,内讧不断,群龙无首,民意支持率创历史新低。共和党多年来丑闻缠身,近几次大选推举不出有竞争力的总统候选人,无缘总统宝座。反建制派的勒庞领导的极右翼政党国民阵线和非建制派力量的前进党领导人马克龙最后进入第二轮对决,最终是马克龙在第二轮投票中获得超过65%的选票胜出,打破了法国左右翼两大党长期轮流坐庄的格局。马克龙之所以成功,在于他惮于民众对传统左右翼政党不信任,提前脱离社会党,辞去奥朗德政府经济部长的职务,同社会党划清了界限,无党派的独立身份为其增色不少。德国社会民主党有百年历史,二战后一直是德国主流政党之一,多次上台执政。2021年9月26日,德国举行联邦议院选举。联邦选举委员会最终计票结果显示,社民党获得25.7%的选票,以微弱优势领先联盟党(得票率24.1%),成为联邦议院第一大党,社民党主席朔尔茨当选为新总理。绿党得票率14.8%,自由民主党(自民党)得票率11.5%,德国选择党得票率10.3%,左翼党得票率4.9%。从以上得票率看出,德国社民党和联盟党两大传统政党得票率都是历史新低,虽仍名列前一二,但支持率年年走低。德社民党党员人数锐减,目前只有44.6万人,比20世纪70年代高峰时少了近半,老龄化严重,缺乏优秀强力领导人,其基本选民纷纷被绿党、左翼党和另择党挖走。久负盛名的社会党国际,近年风光不再。发达国家社会党另立门户,成立"进步联盟",两个社会党国际组织唱对台戏,社会党大家庭分裂、社会党国际政治影响下降已是不争事实。

传统左翼主流政党由于思想混乱,力量下滑,渐渐被新兴政党和极端政党蚕食,日益边缘化。发达国家社会党在民粹政党强力冲击下,颓势明显。社会党虽仍在西方一些国家执政,但支持率持续走低,有的一蹶不振,沦为边缘小党。至于传统的欧洲共产党,如法国共产党等力量下降更为严重,日益边缘化,纷纷进行革新调整,其社会主义探索任重道远。希腊共产党、意大利重建共产党,以及德、英、美、加、澳等国共产党游走在政治边缘，影响力低位徘徊、议席萎缩。摩尔多瓦共产党人党不断分裂，元气大伤，影响式微；乌克兰共产党生存环境恶化，从第一大党沦为没有越过议会门槛的小党，直至被列为非法政党。

## 二、政党日益碎片化

由于人们的自我意识和民主意识增强，各种利益群体要求权力分散化和民主参与的呼声越来越高，"非政治党派"和非政府组织大量涌现。这些非政府组织和社会运动虽然松散，但活动能力强、影响面广，其作用逐渐渗透到政党活动领域，部分替代了传统政党角色。形形色色的自助型团体没有提出执政、参政的政治主张，也不关心旧的政治，而主要关注诸如女权、环境保护、地方和公民权利、反全球化、反结盟等政治方面和具体事务。跨国公司、跨国集团、跨国机构对国际和地区性重大事务的影响作用上升。相比之下，以民族国家为基础的传统政党的政治权力、决策影响力受到严重削弱，作用日益弱化。一些主流政党组织日趋松散，党的基层组织、党员个人作用不断弱化，而政党领袖和少数精英借助媒体作用突出自己的个人魅力和个人形象，党组织日益变成选举机器。许多人对政党产生厌恶情绪，对传统政党认同感下降、忠诚度降低，认人不认党。德国2021年9月选举结果显示，没有一个政党得票率达到单独组阁要求，不得不组成多党联合政府（社民党、绿党、自民党联合执政），这种联合政府现在西方国家越来越多。政党工具化、碎片化使一些政党的感召力和凝聚力大不如前，民众认同度较低，有的政党甚至名存实亡。

## 三、政党日益民粹化

受国际金融危机影响，民众身份认同的"碎片化"，加剧了民粹思潮泛滥。民粹主义凭借鲜明的反精英、反体制旗帜异军突起，赢得了众多支持。传统政党往往以意识形态划线，囿于传统观点和立场，在以左和右为标识的政治光谱中打转，而民粹主义政党反建制，将国家和民族身份作为主要议题，取代传统政治中居于核心地位和分配议题，将政治斗争从贫富阶层之间的斗争转向本国人与外国人之间的民族宗教与文化斗争，因而能获得超越传统左右分野的广泛民意支持。

近年欧美大选，极端政党群体崛起，"黑天鹅"频现，西方政坛日趋民粹化。欧洲具有民粹主义倾向的极端政党一度有50多个，其中有民粹主义政党登堂入室，进入国家权力中心，匈牙利、意大利、波兰、斯洛伐克、瑞士等国议会中极端政党席位一度跃居第一。2015年1月，希腊议会选举，民众通过选票将反欧元、反紧缩、反外来移民、反议会政治的民粹主义政党——激进左翼联盟送上政坛，年仅40岁的切·格瓦拉的崇拜者齐普拉斯成为希腊政府总理。2014年年初成立的西班牙"我们能"反对财政紧缩、消除不平等的主张赢得了底层民众支持。在当年5月欧洲议会选举中获得120万张选票，赢得5个席位。2015年年初，"我们能"在地方选举中一举拿下马德里、巴塞罗那等11个重要城市的市长职位，成为人民党、工社党两大党的有力竞争对手，一跃成为议会第三大党。意大利民粹主义政党"五星运动"高举民粹、疑欧两面大旗，以"人民反抗上层统治""让所有政治人物滚回家"为口号，一度引发草根阶层的狂热追捧，在短短几年内实现了从社交群聊到正式政党，从政坛新手到众议院第一大党的飞跃，改写了自由人民党和民主党两大主流政党近20年来轮流坐庄的历史。

由于抗击新冠肺炎疫情不力，西方国家政治更加激化，逆世界潮流而动的民粹主义、排外主义、保守主义横行猖獗，一些政党为争取选民关注支持，不惜加剧民粹化、极端化。如美国共和党和民主党都出现极端化、民粹化派别。西方民主和选举的制度缺陷导致政党必然要借助民粹主义来获得选票。一些政治势力为赢得选举，刻意迎合和放大社会非理性情绪、煽动民众反对现行政治体制，民众通过选举将一些极端势力和民粹主义政党送上政坛。表面上看，民粹主义最讲民主，它以满足人民需求为号召，以尊重平民意愿为旗帜，以煽动和动员大众为途径，反对精英政治，倡导大众民主，这些都迎合了平民大众的朴素民主诉求。极端政党和民粹政党以较大的号召力和社会影响迅速崛起，不仅引发传统主流政党恐慌，而且也打乱了西方政治钟摆频率。选民政治"流动性"不断加大，在现实压力和极端主义蛊惑下，选民容易从一个阵营转投另一个阵营。民粹主义不仅不能带来民主，而且会挟持民意，冲击理性民主政治秩序，引发极端主义泛滥，导致西方民主制度和政党制度陷入困境。

### 四、政党政治日益媒体化

过去，政党的纲领具有鲜明的意识形态特色，成为吸引民众的旗帜。在现代媒体社会，电视、互联网、手机社交平台已从信息传播工具逐渐演变成具有一定政治功能的行为主体。媒体设置并炒作公众关心的政治、经济、社会等议题，不断聚焦公众的政治倾向和社会热点，引导社会舆论导向，从而迫使政党迎合媒体的需求调整自己的纲领政策。党内选举和决策等活动往往屈从媒体意志和舆论压力，紧随媒体舆论偏好而行。

在网络和新媒体时代，西方政党都希望同媒体建立良好关系，注重通过媒体来了解社会舆论和民众情绪，引导媒体发挥正面影响。特别是意大利五星运动、德国选择党等新兴政党，更是善于利用新媒体，其受众多是年轻人。现代媒体不仅成为政党争夺政治话语权的主要竞争者，而且已广泛介入政党政治，部分地改变了传统政党的政治功能，如政党的利益表达和利益整合功能受媒体影响而弱化；政党推举本党领袖参选、宣传党的纲领和政策、教育和培训党员等作用都受媒体冲击而渐渐丧失；政党党内选举和决策等活动往往屈从媒体意志和舆论压力，紧随媒体舆论偏好而行；政党根据媒体的喜好选择党的领袖，根据媒体的基调制定相关政策，并通过媒体包装的领袖形象来宣传党的政策主张。一些政党领袖和政治精英都注重提高自己与媒体打交道的能力和水平，善于利用互联网和新闻媒体，甚至借助媒体"做秀"，突出自己的个人魅力和个人形象。在当今选举中,"网红"更容易为民众所接受。西方国家各种选举与其说是候选人才能比拼,不如说是一场多媒体真人秀。不少候选人为吸引女性选民和年轻选民,往往借媒体把自己打造成俊男靓女化的明星,以年轻漂亮的外部形象吸引选民的情感认同。另外,候选人借媒体炒作造势,媒体也对参选人的道德操守、行为举止、政党对涉及公众利益问题的态度和处置方法等津津乐道。一旦被媒体披露有贪污受贿、渎职违法等行为,政党及其领袖形象将大打折扣,甚至会断送政治前途。2009年5月8日,英国《每日电讯报》在头版位置刊登了《内阁花费的真相》一文,披露了以布朗首相为首的部分工党内阁成员的公款报销状况,200多名国会议员卷入"报销门",反对党借此逼工党领袖布朗下台。美国媒体报道中的党派偏见愈加明显,特朗普既是媒体受益者,也是受害者,甚至自己的微博账号都被封了。

目前,世界大多数政党都充分利用现代媒体,扩大自己的宣传阵地,争取民众对自己纲领主张的理解与支持。许多党通过建立网站和手机发布信息等方式,及时更新和发布党内文件,宣传党的方针政策并在线解答网民提问。德国社会民主党十分重视媒体作用,利用手机短信、网络博客、在线交流等形式拉近与选民距离,利用信息和网络技术革新党的活动方式,"网络党"和"媒体党"色彩明显。德国海盗党、意大利五星运动等提出"网络问政""公民参与"的主张,吸引了不少人的眼球。意大利五星运动是从网上"朋友圈"逐渐壮大为今天的主流政党。西班牙"我们能"是典型的网络政党,入党门槛很低,无须缴纳党费,只需网上登记即可。截至2017年2月,"我们能"登记党员已达456,725人。近年来,日本网络右翼这一特殊群体异军突起,他们以匿名方式在互联网上发表支持参拜靖国神社、修改宪法第九条(放弃发动战争条款)和攻击中国等极端言论,积极参与政治和社会热点问题讨论,在网上聚成有数百万之众的右翼团体。

### 五、各种新兴社会运动快速崛起

随着西方国家传统政党力量下行,形形色色的自助型团体组织、非政府组织及"非政治党派"不断涌现,它们的斗争目标不是为了执政或参政,主要关注诸如女权、环境保护、地方和公民权利、反全球化、反结盟等事务,频频开展抗议、游说、宣传等活动。非政府组织、"非政治党派"虽然松散,但活动能力强、影响面广,对国际和地区性重大事务的影响作用上升,相对而言,以民族国家为基础的传统政党的政治权力、决策影响力受到严重削弱。作为一种新兴社会运动,绿党积极参政议政,坚持非暴力、基层民主、反核等政治主张,反对经济对生态的破坏,积极开展环境保护活动,这些努力对全球环境保护和人类和平运动都产生积极而深远的影响。在欧洲一些国家,以绿色运动为代表的众多新兴社会运动影响扩大,新兴政党已主流化,如意大利五星运动等西方反建制新兴政治力量发展势头不减,活动范围扩大,不断抢占传统政党政治空间。于2009年欧债危机诞生的意大利五星运动发展成为当今意大利的主要执政党(2018年3月上台),深刻改变了意大利和欧洲政治版图。绿党已经成为一些国家的大党,参与执政,如德国绿党一度超过联盟党一跃成为德国第一大党。除欧洲之外,世界许多国家都有绿党。各国绿党的具体政策虽有差别,但没有传统政党意识形态分野,都坚持保护生态环境和维护世界和平的根本主张。国际金融危机爆发以来,"占领华尔街"、法国"黑夜站立"等民众抗议运动不断,政党特别是左翼政党的支持者因受新兴运动吸引而大量流失。但近期在反资本主义斗争中,许多新兴社会运动是左翼思潮的拥趸者,欧洲极端左翼和传统左翼共产党还结成左翼联合阵线,两者相得益彰。

### 六、政党精英民主力不从心

在西方代议制民主下,公民投完票后便退居一旁,国家事务由

"政治精英"决定。西方选举制度下的"一人一票"看似平等，其实不过是将政治权力由资产阶级的左手转移到右手，又从右手转移到左手，掌握议会和政府权力的始终是"政治精英"。西方政党精英一味追逐私利，与底层民众脱节，为赢得选票，往往以空头许诺迎合民意。政党领袖和政治精英治国无方，无力带领国家走出困境。

随着信息网络技术带来的人们交往方式和工作方式的深刻变化，民众参与政治的热情持续高涨，民众对传统政党、政治精英及其治理模式心生厌倦、社会参与民主和草根民主呼声日高，政治诉求更为极端化。越来越多的人特别是年轻人对工业社会产生的精英决策、社会追捧的代议制民主运作模式不感兴趣，要求建立一种网络式、扁平化、无中心的平等参与模式。草根型政治领袖对现有政治体制和传统政党怀有极大的不信任和失望情绪，批判现行政治腐败和议会民主低效无能，希望借助民众对现行政府治理体制机制不满，打破现有体制，为政坛注入新鲜血液。当今魔幻似网络空间导致人们思想认识更为直观片面和情绪化，藏匿于自由网络之中的民粹思潮更易激活草根民主意识和群体反叛行为，网络民粹主义非理性行为的集体爆发，将会超越一地一域，影响更广。在政治日益沦为迎合大众工具的今天，西方政客更倾向将困难归咎于外部因素，民族主义容易成为他们赢得选票的一张王牌。西方民粹主义极端政党利用人们对恐怖主义的恐惧和对阿拉伯人及伊斯兰教信徒的偏见，从过去一般排外到高调集中反伊斯兰，极力排斥穆斯林移民和难民。西方敌视伊斯兰教，再次掀起文明冲突。

欧债危机发生时，西班牙、希腊等国民众频频发起各种抗议运动，旗帜鲜明地提出要破除精英民主，实行广泛的参与民主。一些极端政党利用网络和即时通信工具，宣扬民粹主义，反对精英政治。它们不按常规出牌、反传统、反权威的言行，容易为民众接受，从而赢得较高支持率。如特朗普作为政治素人当选为美国总统，也是民粹反精英思潮泛滥的结果。

### 七、政党活动"国际化"

当今不同类型政党差不多都建立了自己的国际组织。政党作为新的国际关系主体活跃于国际政治舞台，积极参与国际事务的管理，日益成为国际政治多元主体之一。各国政党努力寻求地区与国际上的联合，以结成不同范围和程度的政党联盟，政党活动日益呈现出地区化、国际化趋势，政党作为新的国际关系主体活跃于国际政治舞台，对当今国际政治产生重要影响。

近年来，政党在经济全球化背景下日益成为国际政治多元主体之一，积极参与国际事务的管理，发挥着越来越重要的作用。各种类型的政党在冷战后加强了国际及地区联合，有些政党还形成了不同范围和程度的政党联盟，政党联盟的国际和地区影响不断增强。这是一个值得关注的新现象。如欧洲各种类型的政党加强合作，先后成立了"欧洲社会党""欧洲人民党""欧洲左翼党"等跨国党际合作组织，促进了各国政党间的联合与合作。在欧洲各国政党议会党团基础上产生的欧洲议会，在国际事务中异常活跃，影响逐渐扩大。目前较有影响的政党国际组织主要是社会党国际、国际民主联盟（保守党国际）、基督教民主党和中间民主党国际、自由党国际、全球绿党联盟等。国际金融危机爆发后，西方国家的共产党把反新自由主义及其全球化作为党的主要任务，强调要团结那些从资本主义发展进程中排挤出来的社会群体和人们，建立一个广泛的替代阵线和国际联合阵线。

## 第二节　西方政党政治扭曲效应及启示

西方政党制度是为了满足资产阶级广泛参与国家经济、政治和社会事务的需要而产生的，其生存和发展有着特定的空间环境。然而，在西方国家宗教、人口、文化多元，社会层次多元，收入差距拉大，社会矛盾突出，政治日益极化的今天，西方多党民主已无力凝聚各方力量，代议制民主也支撑不住日益极化的国家机器。随着西方民主"失灵"和民粹思潮崛起，引发人们对"先进民主"制度的批评和反思。

## 一、西方政党政治恶果频显

### （一）政党恶斗加剧朝野分裂和政治极化

西方多党制衡与博弈，多以裹胁民意、绑架国家利益、加速国家政治极化和社会分裂为代价的。随着政党博弈愈演愈烈，政客为取悦舆论或特定选民，往往特立独行走极端，如此缺乏理性和包容的否决政治，加剧朝野矛盾和政治极化。三权分立、相互制衡的目的达到了，但出了问题谁也解决不了，执政党和反对党都无法弥合社会裂痕。美国会讨论有关议案时，以党派划线，为反对而反对成为普遍现象。由奥巴马总统倡导、民主党议员全力推动的医改法案在国会表决时，参众两院中没有一名共和党议员支持该法案。特朗普上台是美社会矛盾和政治极化的集中爆发，两党争斗将更趋白热化。欧洲左右翼政党政策主张虽大同小异，但执政党和反对党派往往相互掣肘，议会成为角斗场，政治对立常态化。近年来，美国共和、民主两党的理念和政策分歧拉大，政治"极化"更加明显。在许多发展中国家，执政党和在野党尖锐对立，政坛乱象不断。委内瑞拉反对党正义第一党领袖卡普里莱斯、反对党议员团主席博尔赫斯等结成反对党联盟"民主团结圆桌会议"，试图通过发起罢黜公投、政治审判等将总统马杜罗拉下马，府院朝野对立如同水火。蒙古国改行多党民主制度以来，人民党和民主党风水轮流转，党争不休，政客缠斗绑架国家利益，经济社会发展长期滞后。种种迹象表明，"后西方"时代正在到来。

### （二）政党民粹化加剧"街头革命"

民粹思想说到底是民众不满情绪的聚合反应，极端政党正是以民粹主义为旗帜，以获得社会认同及合法性。在民众对现有政治体制和主流政党怀有极大的不信任和失望情绪，希望为现政坛吹入新鲜空气的背景下，民粹主义极端政党利用平民大众的朴素民主诉求，以国家和民族作为旗帜，刻意强化民族国家认同感，以民粹化的道德意识和非理性主张取代传统左右政治居于核心地位的权利与分配议题，以煽动性、欺骗性和不切实际的口号来取悦操弄民意。民粹主义极端政党往往站在民意和社会公正的道德高地，推崇大众民主，视平民运动天然合理，放纵其中的非理性抗争行为，鼓动以反体制和保护个人权益为主要诉求的"街头政治"，引发多国社会风潮，今街头政治往往"线上爆发，线下发展"，以占领地标性的广场街道、切断交道甚至打砸抢烧等激烈抗议形式，吸引各方注意。还有一些民粹政党利用网络发泄对现实社会失落和不满情绪，主张按网络自由和网络民主规则，重构现实政治体制，网络自由和虚无空间进一步引发网络民粹主义和无政府主义等偏激思潮。《纽约时报》专栏作家弗里德曼指出，声势浩大的网络民粹主义对政府形成强大监督，但同时更容易导致民众"过度政治参与"，从而制约甚至绑架国家正常运行，影响社会稳定。民粹主义政党推崇大众直接民主，热衷于挟持民意搞街头政治，以激进手段表达不满和诉求，冲击现行政治秩序。

　　西方政治民主实际上已简单化为一套选举程序，把"一人一票"、多党竞争当作衡量民主的唯一尺度，选举民主体现的只是程序民主。事实上，多党竞争很难保证产生人民希望的为人民执政的政府，金钱政治下的选票很难选出众望所归的领导人。过分强调"选民是上帝"，导致一些政治势力刻意迎合和放大社会非理性情绪，借助民粹主义来获得选票。当今西方极端政党和民粹主义政党崛起，并不是因为它们的理论多么先进、自身能力有多高，而是极端政党与民族、宗教、部族、行业等密切相连，政党理念主张和活动方式民粹化，其民粹主义主张能吸引一部分民众。一些极端政党及草根型政治领袖借助民众对现行政府治理体制机制不满，挟持民意，批判现行政治腐败和议会民主低效无能，反传统、反权威，不按常规出牌，对抗传统精英政治，容易为中下层民众接受，赢得较高支持率。民众通过选举将一些反一体化、反欧元、反紧缩、反外来移民的极端势力和民粹主义政党送上政坛，有违民主初衷，再次表明以政党为核心的代议制民主已走到尽头。西班牙"我们能"抓住一度出现的反紧缩社会思潮，利用民众愤怒情绪，以极其煽动性言论攻击执政党，发动百万民众街头抗议，导致西传统两党治理结构崩塌，政局持续动荡。该党总书记巴勃罗·伊格莱西亚斯认为，只有街头革命，才使党施展拳脚，该党2021年年初举行的第二次党代会明确提出首要任务是为社会正义、人权、决策权进行斗争，将街头革命放在"政治行动的中心位置"。法国极右翼政党国民阵线迎合中下层民众和弱势群体的不满情绪，反体制、反移民、"反全球化"，鼓吹直接民主、还政于民，极具煽动性。该党在欧盟牵头组建"国家和自由"欧洲议会党团，既是对欧洲一体化决策机构的一大嘲讽，也将增大欧盟内部决策难度。

当今，一些极端政党虽归宗入流，实现角色转换，但其基本主张没有改变，反而会挟持民意，对抗传统精英政治，"街头革命"成常态。值得注意的是，阿拉伯国家的伊斯兰政党或有其背景的政治力量在"阿拉伯之春"十周年后，纷纷倒台失势。2013年，埃及"穆斯林兄弟会"被军方取缔；2019年苏丹亲穆兄会的巴希尔政府被军方和反对派联手推翻；近期，摩洛哥伊斯兰政党"公正与发展党"在立法选举中议席萎缩九成；突尼斯伊斯兰政党、议会第一大党"复兴运动"遭总统打压，暂停立法职权，内部也陷入分裂。北非阿拉伯国家的政治伊斯兰势力基本重回在野状态，伊斯兰运动基本退潮。

### （三）否决政治使得代议制民主难以为继

西方代议制民主是建立在普选制和现代政党制基础之上的，有着特定的成长环境和生存空间，本质上是为了满足资产阶级广泛参与国家经济、政治和社会事务的需要而产生的。西方代议制将复杂的政治民主简单化为一套选举程序,把"一人一票"、多党竞争当作衡量民主的唯一尺度。事实上,多党竞争很难保证产生人民希望的为人民执政的政府,金钱政治下的选票很难选出众望所归的领导人。过分强调"选民是上帝",导致一些政治势力刻意迎合和放大社会非理性情绪,借助民粹主义来获得选票。当今,西方民粹主义极端政党得势,并不是因为它的理论多么先进、自身能力有多高,而是极端政党与民族、宗教、部族、行业等密切相连,政党理念主张和活动方式民粹化,其民粹主义主张能吸引一部分民众。一些极端政党及草根型政治领袖借助民众对现行政府治理体制机制不满,挟持民意,批判现行政治腐败和议会民主低效无能,反传统、反权威,不按常规出牌,对抗传统精英政治,容易为中下层民众接受,赢得较高支持率。民众通过选举将一些反一体化、反欧元、反紧缩、反外来移民的极端势力和民粹主义政党送上政坛,有违民主初衷,再次表明以政党为核心的代议制民主已走到尽头。英美是西方代议制的先行者和典范,历史上一直实行三权分立的间接民主,不用全民公投的大众直接民主。由于难民、债务、恐怖主义威胁,全球范围内的不安全感和焦虑情绪普遍上升,西方主要国家内顾,"开放的欧洲"和"封闭的欧洲"、"全球化"和"逆全球化"间激烈冲突,诸多冲突矛盾呼唤强大国家和政府实行强力治理。英国独立党迎合本国民族、民粹思潮,突破代议制民主禁区,极力推动英国"脱欧"公投,英国执政的保守党将"脱欧"公投付诸实施,最后出现微弱多数赞成票压制近半数国民不赞成的意愿,英独立党裹胁民意,以公投决定国家前途命运,这无疑是对英国代议制民主的巨大冲击。美国一向以拥有民主、自由、人权自居,以民治、民有、民享为傲,宣称这是美国的立国之本和主流价值。事实上,美国政治当前在加速"极化",共和、民主两党的理念和政策分歧拉大,为了维护自身政治利益,两党常常互不妥协,在国会讨论有关议案时,为反对而反对成为普遍现象。特朗普登上总统宝座后,坚持美国第一,突出本国利益,将一批与其性格、主张相近的保守分子聚集决策核心圈周围,如提名担任司法部长的塞申斯是第一位公开表态支持特朗普的参议员,选择两个富商来管理与底层社会联系密切的教育部与劳工部。特朗普所作所为与代议制民主和美国价值观相去甚远,加剧美国政治极化和社会分裂。在美国宗教、人口、文化多元,社会层次多元,收入差距拉大,社会矛盾突出,政治日益极化的今天,仅靠"美国梦"或西方价值观已无力凝聚各方,代议制民主也支撑不了日益复杂庞大政治机器,他们不得不质疑这个自称体现全民意志的"先进民主"制度到底怎么了?在当今信息网络社会,政治民主化的内在要求与网络技术融合,加强了公民政治沟通的能力,提高了政治表达的自由,触发了公众对民主形式的再思考,各种利益群体要求权力分散化和民主参与的呼声越来越高,越来越多的人特别是年轻人对工业社会产生的精英决策、社会追捧的代议制民主运作模式不感兴趣,要求建立一种网络式、扁平化、无中心的平等参与模式。平等参与意味着政治权力由单一主体向多主体过渡,以政党政治为基础代议制民主广受质疑。有学者认为,网络民主形式是多元社会中的直接民主,将代替传统的代议制间接民主。一些美国学者批评说,美国民众正在丧失民主权利,这不仅表现在选举被人操纵,还在于富人主导政治,民众的参与度逐渐下降。诺贝尔奖得主约瑟夫·斯蒂格利茨甚至说,当下美国"属于1%,由1%控制,为了1%"。近年西方民主"失灵"和民粹思潮崛起,引起对民主制度的再反思和再调整。特朗普当选出乎意外又在意料之中,给世人带来许多深沉思考。"解铃还须系铃人",特朗普奇迹出现的答案只能从西方多党民主怪圈中求解。许多有识之士认为,西方代议制民主制弊端到了该清除的时候了。

## 二、疫情打破西方"制度优越"神话

西方强调个人自由对集体安全绝对正确,经济价值绝对优先于健康价值,有钱人的生命远重于穷人的生命。政治精英关心选票、股票远胜于关心民众生命,资本主义自利本性暴露无遗。比起控制疫情,政治精英们更关心自己的选票、股票得失，在每日新增确诊病例和死亡人数居高不下的严峻时刻，特朗普关注的不是疫情而是选情，多次举行大型竞选集会，为自己竞选造势。为满足资本利益，特朗普政府不惜以人命相搏，重启经济，致使各地新冠肺炎疫情恶化升级，民怨沸腾。美国新冠肺炎确诊人数和死亡人数居世界第一，是垄断资本逐利本性使然，是医疗商业化、市场化带来的恶果，充分暴露了西方国家治理体系的缺陷。

特朗普为了给自己连选连任创造政绩，无视疫情蔓延，以总统令强制各地复工复产复学，妄图让国民接受"群体免疫"，以掩饰防护物资短缺、政府领导抗疫不力窘境。突发疫情是对西方民主制度和治理能力的重大挑战，政府权威不足、效率和动员力低下，社会纠偏机制失灵，民众对西方制度运转和治理能力的失望和不满快速上升。

社会不公拉大贫富差别，民粹偏执压制民主与正义，西方民主制度虚伪性尽显。因疫情大流行，西方政治极化和政治动荡叠加并发，加之新媒体推波助澜，工会、社团等民意代言者作用弱化，社会纠偏机制失灵，政治进一步极化，西方制度性矛盾集中爆发。受疫情冲击，美欧国家经济迅速下滑，失业率剧增，穷人更穷，只能靠救济金度日，分配不公和贫富差距进一步扩大。由于特朗普政府实行种族歧视和错误医保政策，有钱人可以得到更好的医疗，而人数更多的黑人、老年人、穷人等患者则得不到相应的救治，非洲裔病死率远高于白人，穷人病死率远高于富人。特朗普散布以喝消毒水杀死病毒等反智观点和不戴口罩的反常识行为，令人瞠目结舌。一些医务人员因曝光抗疫物资短缺而被解雇，"罗斯福"号航母舰长布雷特·克罗泽因公开一封为拯救数千条士兵生命的呼吁信被撤职，白宫为隐瞒新冠肺炎疫情数据让美国疾病控制和预防中心"闭嘴""失明"。诸多事实无情撕掉了美西方"种族平等""多元文化""自由灯塔"的遮羞布，越来越多的有识之士纷纷揭露西方民主人权的虚伪性，深刻认识到人的生存和发展是实现民主的基础，民主如果不能保障人的生命健康权利，不能促进稳定和发展，那就是骗人的幌子。

疫情放大和加剧了国际体系中的固有矛盾，西方"政治正确"黯然失色。近年来，欧洲全球化和反全球化、融欧和反欧的党派斗争激烈，互不相让，激化各方矛盾。百年大变局又遇世纪疫情，一切过往皆为序章。西方极端政党与民粹主义融合聚变，加速西方政党碎片化和国家政治极化。民粹主义、种族主义、保守主义思潮合流，社会动荡频率加快。在席卷全美的"黑人的命也是命"的反"白人至上"抗议中，象征殖民历史的"英雄"雕塑纷纷被人推倒，这股挑战西方殖民主义历史根基的"文化革命"浪潮，反"西方中心"的色彩明显，西方文明自信受到空前打击。美国不仅挥舞自由、民主、人权大棒，丑化污名中国，渲染中国制度威胁，而且发动贸易战、科技战、网络战、思想战，对中国进行全方位遏制打压，挑起中美战略对抗。

然而，面对世纪疫情挑战，美国及西方国家长期奉为"政治正确"的价值观和"制度优越"神话开始动摇。中美抗疫成鲜明对比，中国特色社会主义制度优势在抗疫实践中再度彰显。

## 三、西方政党政治变化的启示

### （一）加强政党自身建设

冷战结束后，和平与发展成为时代潮流，西方国家选民更多关心的是经济和社会发展，而不是哪个政党执政，谁能发展经济就支持谁上台。尽管政党作为阶级、阶层和社会集团的政治组织的这一本质特征不会改变，但为了执政，政党必须考虑到多数选民的要求。一个党如果不着眼于经济发展，还像过去那样拘泥于狭窄的政治领域和权力斗争，不努力解决人民要求解决的民生问题，就会失去支持而被抛弃。随着政党政治的兴奋点从单一的政治斗争目标逐渐转移到治国理政方面后，民众不仅要求政党特别是执政党实行具有包容性的政纲和政策，满足民众对发展经济、改善民生和维护安全环境等现实需求，而且期待政党革新政治理念和运作方式,加强自身建设,不断提高治国理政的能力和水平。

政党的力量主要体现为组织的力量,组织严密、行动有力则政党强大。政党的组织能力是衡量政党强弱兴衰的重要标志。对马克思主义政党而言,依靠和发挥组织力量更为重要。无产阶级政党作为最早一批出现在世界舞台的现代政党,既有广泛的群众基础,又有严密的组织机构。而当今西方多数国家的社会党、右翼保守党等传统主流政党党组织日趋松散,"大党不大",党的基层组织、党员个人作用不断弱化,政党精英领袖领导力进一步丧失,治国无方,无力带领国家走出困境。另外,主流政党空心化,党员老化、党员流失现象严重。组织松散,党员很少受纪律约束,是当今西方政党普遍现象。为吸引更多选民,更好地引领民众参与国家政治生活,对传统主流政党组织结构和活动方式进行调整改革,势在必行。列宁认为,"无产阶级在争取政权的斗争中,除了组织之外,没有别的武器"。[①] 现代政党实践证明,严密组织和严明纪律是政党坚强有力的保障,是政党兴衰存亡的重要原因。只有通过加强党的思想和组织建设,解放思想,推动党的思想理论和政策主张与时俱进、不断创新,才能凝聚民心,扩大政治影响,从而为实现世界社会主义新发展提供可靠保障。

### (二)政党必须代表人民利益

政党的一个重要功能是利益整合和表达。政党既然是阶级利益的集合者和代言人,必须将自己所代表的民众利益诉求进行整合并形成自己的纲领主张,在各种政治活动中代表一定利益阶层的利益,积极宣传这一利益阶层的政策主张。政党为了在选举中获胜,必须要合乎民意,代表民意。一个政党如果在复杂的利益体中起到了综合与表达的作用,就容易得到生存和发展,反之就会被历史淘汰。当今西方多

---

① 中共中央马克思恩格斯列宁斯大林著作编译局编:《列宁专题文集——论无产阶级政党》,北京:人民出版社,2009年版,第158页。

党民主弱化了政党利益整合与调节功能，政党沉迷于竞选，往往以自我利益和短期利益去整合社会利益。西方政党遭遇政党社会功能弱化、政党与社会关系割裂的危机，不是偶然的。一方面由于撕下"阶级党"外衣，淡化意识形态，西方政党变成"全民党"，失去特色，民众认同度较低，感召力和凝聚力大不如前；另一方面，政党逐渐变成党魁把持操控的政治工具，在他们眼中政党不是凝聚民意的平台和实现民主的工具，而是满足个人野心的战车。党组织日益变成选举机器，政党政治游戏化，党的基层组织、党员个人作用不断弱化，对党忠诚度降低。

当今政党政治仍以民族国家为本位，在体制内求得生存和发展，根据本国的历史文化传统和现实国情探索政党政治的发展道路，成为各国政党的必然选择。政党政治只有服务于经济建设和协调各种矛盾，才能有所作为；各国政党只有适应新形势，不断改革，才能有所发展。在各国经济实力和综合国力竞争日趋激烈的情况下，选民更多关心的是经济和社会发展，而不是哪个政党执政，谁能发展经济就支持谁上台。如果不着眼于经济发展，不努力解决人民要求解决的社会问题，政党就会失去支持。政党的政策应最大限度地代表选民的利益，要把政策是否吸引选民、能否赢得更多的选票、能否上台执政，看作是政党生存、发展的必由之路。

### （三）政党要发挥政治引领和利益协调的作用

当今世界绝大多数国家都有政党存在，都由政党主导政治进程。政党一方面动员民众参与投票，并上台执政、组建政府；另一方面领导政府，将自身的执政理念和纲领转变为具体的政策和行动，通过政治、经济、社会等层面的治理，回应民众的利益诉求。因此，政党在广大民众和政府之间架起了一座桥梁，既是民众的代言人，也是政府的组织者。

政党和政治家治国理政不只是为了推动经济持续稳定地增长，还要着力解决贫困、失业、收入差距拉大等问题，照顾好弱势人群的关切，促进社会公平正义，实现人与自然、人与社会和谐，保持政治和社会稳定，为民众提供自由、安全、舒适的生存环境。因此，当今政党治国理政，必须标本兼治，综合施策，通过创新发展理念和模式，不断提升发展公平性、有效性、协同性。但对西方政党特别是执政党而言，做到这些几乎是不可能的。

中国共产党领导中国人民走中国特色社会主义道路，在世界社会主义发展史上书写出华彩篇章。中国把共产党领导、人民当家作主、依法治国结合起来，有效调节了各种复杂的政治关系，从根本上保证了国家政治和社会稳定，这也是中国制度不同于西方极化政治的一大优势。西方国家执政党和主流政党基于"全民党"定位，通常按实用主义态度来解决现实问题，往往陷入理想与现实之间的矛盾中，既不能实现"社会公正""全民福利"的竞选要求，又在政策调整中牺牲了部分民众利益，不断引发矛盾冲突。面对新冠肺炎疫情危机，西方国家仍固守经济价值对健康价值绝对优先、个人自由对集体安全绝对正确的信条不放，"宁要自由，不要口罩"，把民主自由作为应对疫情良方，结果是政府应对疫情危机行动迟缓，效率低下，坐失良机，给人民生命健康和国民经济带来巨大损失。

## 第三节　西方政党政治发展演变趋势

西方国家的政治运作长期以来基本上是以政党为载体的，政党与政党、政党与议会、政党与政府、政党与社会、政党与各利益群体之间的关系构成西方国家政治构架的基础。随着西方传统政党作用的衰退及新兴社会运动和新型政治力量的兴起，使得西方政党政治格局更加碎片化，强人政治开始侵蚀政党政治，民众参与政治的方式更趋极端，西方代议制民主困境越陷越深。

## 一、政党政治格局更加碎片化

当下，西方主流政党思想混乱、力量下滑、风光不再，传统左右翼政党界限进一步模糊，由非政府组织演变而成的新型政党和边缘政党迅速崛起，不同纲领主张的多党联合执政、新兴政党与老牌政党共存共治现象增多，政党形式更加扁平化、松散化，政党格局日益多元化、碎片化。现在，许多发展中国家的民族主义政党分化组合，党内派别林立，有的另起炉灶，建立新党。民族主义和教派主义政党在所属民族、宗教利益被忽视的情况下，往往以极端方式确立自己在国内政治中的地位，以维护自己的特色和利益。由于带有民族和宗教色彩的政党比较活跃，政党纷争引发的问题较多，进一步加剧政党格局碎片化趋势。在拉美的巴西、墨西哥、秘鲁、厄瓜多尔、巴拉圭等国，政治权力不是向少数大党集中，而是向更多的党派分散，传统政党声望下降，一批新的政治势力应运而生并在竞选中战胜传统政党获胜。

## 二、强人政治继续发展

两党轮替、三权分立是资产阶级宪政民主的基石，政党制衡是国家权力制衡的重要保障，执政党和反对党定期实现角色互换，"你方唱罢我登场"的钟摆效应成为常态。政党角色互换和制衡虽可防止政府揽权，但也导致政府"短命"。意大利、澳大利亚、日本等国家历史上曾走马灯似的换总理或首相，议会内各派相互掣肘，政府运行效率低下，民众对政府的执政能力以及对主要政党的信任程度出现下降是必然的。为改变国家治理"无力"局面，许多国家试图修改宪法，加强总统和政府权力，一股威权国家和强人政治的潜流涌动。意大利是议会制国家，因党派斗争加上经济发展疲软，经常会出现某些立法法案被两院"踢皮球"，长期无法通过，直接后果是意大利政府更迭频繁。2019年，意民主党总理伦齐决定进行政治体系改革，其核心是限制参议院的权力，保证政府的稳定性。由于未达到议会赞成票三分之二多数,伦齐提出的修宪法案由全民公投来决定。这次公投虽以微弱少数失败告终,但意大利政治改革并未终止。特朗普为什么能在短时间内成为黑马竞选总统成功?一个重要原因是他更明白美国政治极化弊端重重,需要强人领导美国走向复兴,他那句"让美国再次强大"的竞选口号搔到人数最多的底层民众的痒处。

目前,俄罗斯、中东欧、中亚国家强人政治比较突出,总统权力不断扩大。南亚、东南亚、非洲一些国家的政党体制形式多样且发育不平衡,多党并存、一党主导制占主导地位,"强人政治"现象仍很突出,执政党成了总统御用工具。有的国家虽然也实行多党制,但实际上是由一个政党长期主宰着政坛。有的党上台执政后,觉得多党体制碍事,设法通过修宪方式,改变国家政治体制。委内瑞拉前总统查韦斯和玻利维亚总统莫拉莱斯都曾发起全民公投,修改了宪法有关对总统任期的限制。泰国移植西方代议制民主不成功,政党发育不成熟,国王和军队时常干政。泰国巴育军政府修改《政党法》《选举法》等十多个《宪法》附属法律,对前为泰党领袖他信势力上台设置各种障碍。柬埔寨执政党人民党通过修改《政党法》,废除国会少数派领袖职位。有西方学者预言,民粹主义和威权政治将是未来世界面临的主要威胁。

### 三、公民参与政治的形式趋于极端

国际金融危机后,西方国家贫富差距不断拉大,社会利益多元的特征日益凸显,财富分配的"零和游戏"愈演愈烈,造成社会内部的相互对立和情感隔阂,直接导致公民与政府之间的关系趋向紧张,民众参与政治的行为更加极端,大规模的罢工和示威抗议活动不断,政府难以顺利施政。在一些引入西方代议制民主的非西方国家,人们在试图更换领导人时,开始热衷于诉诸街头示威而不是正常的选举。民粹主义往往以理想和激情代替理性,眼光局限于本民族和特定利益群体利益,无法提供系统解决资本主义不公正不平等现象的可行方案,其发动的街头政治只是自发分散的运动，只能加剧社会秩序混乱，不可能建立新的政治秩序。长期以来，西方重在"程序民主"，使得政治游戏化，选民投票往往是发泄对前任的不满，惩罚性投票，理性成分有多少？即使如此，美欧仍将一人一票的选举标榜为制度优势的象征，甚至借此对广大发展中国家横加指责。对政治局外人——特朗普上台这样戏剧化的局面，西方政要虽有不满，但仍坚守其共同价值观，如德国总统高克等呼吁欧洲要为捍卫普世价值承担更多责任，并视制衡制度为防止特朗普走向独裁的希望所在。美国前国务卿布热津斯基曾叹，在"9·11"事件发生20周年之际，美国接连发生象征其民主体制陷入危机的"冲击国会山"和标志美国霸权政策严重挫折的"喀布尔大溃退"两大历史性事件。美国正面临国内政治失灵、政党政治民粹化趋势短期难以抑制、国际秩序带来的不确定性等问题，美国应另寻出路。

### 四、部分传统政党趋于边缘化

面对英国公投脱欧、难民移民、恐怖主义威胁、经济复苏疲软等问题，左翼基本上失去了话语权，相反，民粹极端政党往往对现实不满，以草根面目出现，声称是草根民众的代言人，以满足人民需求为号召，以尊重平民意愿为旗帜，以煽动和动员大众为途径，反对精英政治，倡导大众民主，这些都迎合了平民大众的朴素民主诉求。极端政党以资源公共化、发展可持续、绿色环保、直接民主等口号，抢占领道德高地和话语权，吸引越来越多的选民。一些赞同民粹主张的极端力量脱离传统政党阵营，追随民粹政党而去，已演化成激进或极端政党。民粹主义是当今西方传统政党面临的最大挑战。西方国家传统政党，无论是右翼保守政党，还是中左翼政党，现在都受到民粹主义政党和极端政党的挤压，部分主流政党渐渐边缘化。法国传统的左翼政党社会党和传统右翼政党人民联盟党，在前进党和国民阵线党等新兴政党与极端政党的强力冲击下，颓势明显，支持率持续走低。英、澳、日、丹麦、希腊等国曾一度或长期执政的社会党纷纷丢权，有的一蹶不振，沦为边缘小党。过去一段时间欧美各国共产党对如何坚持和发展马克思主义，如何革新社会主义的认识并不相同，有的视马克思主义为不变的教条，以抽象的原则来评判当今社会主义现实，纠缠于教条式的理论争论，批判资本主义仅停留在抽象的道德评判层面上，其替代资本主义的主张往往只是空洞口号，无法付诸实践。法国共产党下属的佩里基金会会长马佐指出，限制欧洲左翼发展的最大瓶颈在于左翼未能与时俱进，未能提出切实可行的替代性方案，说不出21世纪社会主义是什么样子，民众虽看到了资本主义衰落，却从未寄希望于左翼能够重新建立一个新体系来拯救世界。意大利前参议员、葛兰西学会主席团成员路易吉指出，资本主义工业化的迅猛发展以及资本主义自身的调整转型，对无产阶级政党和工会组织形成重大冲击，摧毁了传统劳动者之间的联系。左翼为争取选票，在理论政策调整中淡化左翼色彩，导致传统左翼失去特色，提不出能吸引民众的左翼替代方案，不得不选择与中间力量甚至右翼结盟，很大程度上丧失了部分传统支持力量。

| 第二编 |

# 百年大变局与各国共产党的新探索

当今世界上的共产党主要有三大部分：一是中国、越南、朝鲜、老挝和古巴五国执政的共产党，二是欧美等发达国家的共产党，三是亚非拉众多发展中国家的共产党。囿于不同国情和发展阶段，它们在政策主张、斗争方式和依靠力量等方面都表现出复杂情况，对社会主义理论也有新探索。本编立足当今世界大变局，对不同类别的共产党在社会主义理论上的新变化新探索进行概述分析，其中部分内容在《中国社会科学报》《浦东干部学院学报》《学术前沿》《党政论坛》等报刊发表。

# 第五章 越南、朝鲜、老挝、古巴特色社会主义探索

越南、朝鲜、老挝、古巴曾经是帝国主义的殖民地，经济水平相对落后，政治民主不发达。20世纪中期和后半期，通过武装斗争，先后走上了社会主义道路。在建设社会主义之初，由于受当时世界两极对立格局和苏联斯大林模式的影响，四国的政治、经济体制都不可避免地带有高度集中的色彩。东欧剧变、苏联解体后，四国始终坚持在特殊的历史背景和斗争实践基础上形成的社会主义政治经济制度，并根据自身特点，不断对其调整改革和完善发展，不同程度地取得了一些进展。作为为数不多的现存社会主义国家，越、朝、老、古政治经济制度在基本原则方面有相似之处，但在具体制度的调整改革上有较多不同，各有特点。

## 第一节 越南、朝鲜、老挝、古巴对走本国特色社会主义道路的理论探索

越南北方在1945年9月成立民主共和国，1976年7月南北方统一后，宣布改名为社会主义共和国；朝鲜在1945年获得解放，朝鲜北方于1948年9月建立工人阶级领导的、工农联盟为基础的人民民主政

权；老挝于1975年12月建立人民民主共和国；古巴于1959年1月建立了人民共和国并实行民主改革，菲德尔·卡斯特罗于1961年4月宣布实行社会主义。越、朝、老、古四国建立社会主义制度的条件和时间虽然不同，但社会主义探索都经历过一段曲折道路。东欧剧变、苏联解体后，四国纷纷总结历史经验教训，从理论上对社会主义进行了一定的探索，均认为，社会主义只有共同原则和目标，没有一个统一的模式，各国要根据不同的条件和环境采取不同的形式走自己的道路。但四国对本国国情、目前所处的阶段及当前的任务判断不一，因而对什么是社会主义，如何建设本国社会主义的看法有一定差别。

## 一、越南对社会主义的理论探索

东欧剧变、苏联解体曾对越共干部和党员的思想产生很大混乱，越共中央内部当时就有人大肆鼓吹资产阶级自由化，主张实行政治多元化和多党制，反对共产党的领导；甚至有人认为越共坚持社会主义道路是错误的，主张走民主社会主义道路；有些党员对社会主义信心动摇，申请退党或者不过组织生活等。针对这种状况，越共中央强调要坚持社会主义和共产党的领导不动摇，反对资产阶级自由化思想，并在党报党刊上发表许多文章，反思东欧剧变和苏联解体原因，号召人们对社会主义的一些理论问题进行探讨。为此，越共中央及时地作出决定：加大对马列主义和越南社会主义道路的研究力度，弄清越南的社会主义和走向社会主义的道路；根据德文原版和俄文译版重新翻译出版马克思恩格斯全集和列宁全集；编撰出版包括马列哲学、政治经济学、科学社会主义、胡志明思想和越共党史在内的五本国家级标准教材；在全国中学以上各类院校推广马列主义和胡志明思想的教育，每年均对全国大中院校的政治教员进行培训和轮训。这些做法取得了良好效果，普遍增强了党员干部和人民群众对社会主义的认同感，在实践中创造性运用马列主义和胡志明思想的自觉性也大大提高。

2001年4月，越共九大对胡志明思想给予了明确定位，认为胡志明思想是马列主义在越南具体实践中运用并发展创造的产物，它继承和发展了民族传统，吸取了人类文化的精华，是解决越南革命基本问题的完整思想体系，其主要内容包括：民族解放、阶级解放和人类解放的思想，民族独立与社会主义相结合的思想，爱国爱民的思想，以民为本的思想，党内团结、民族团结、国际团结，民族力量和时代力量相结合的思想，等等。胡志明思想的价值在于已经并正在指明越南人民前进的道路，引导人民取得胜利，是全党、全民族巨大而宝贵的精神财富。越共九大在总结东欧剧变、苏联解体教训的基础上，明确提出要反对民主社会主义，反对党内的资产阶级自由化倾向。越共九大还提出必须坚持"五项基本原则"，即坚持社会主义目标和理想、坚持马克思列宁主义、坚持无产阶级专政和党的领导、实行有集中的社会主义民主、将爱国主义与无产阶级国际主义相结合，以及民族力量与时代力量相结合。在党的思想理论方面，越共九大特别强调要坚持把马列主义、胡志明思想作为党和国家的思想基础和行动指南，再次强调坚持以经济建设为重心、以党的建设为关键的全面革新路线，把越南建设成为民富国强、社会公平、民主文明的现代化工业国。越共九大提出越将长期处于"向社会主义过渡的时期"，"社会主义定向的市场经济"是这一时期的基本经济模式，并确定以能否促进生产力发展、能否改善人民生活和能否实现社会公平作为检验社会主义生产关系的三条基本标准。

越南在革新开放中对社会主义的新认识，主要表现在以下几个方面：

第一，不断深化对社会主义本质和社会主义根本任务的认识。越共认为，"社会主义就是民富国强、社会公平、民主文明"，并将此看作是社会主义的本质特征。越共通过多年的探索和思考，在党的有关文件中，将越南社会主义的基本特征概括为六点：一是劳动人民当家作主；二是以现代化生产力和主要生产资料公有制为基础的高度发达的经济；三是有先进的民族色彩的文化；四是把人从压迫和不公正中解放出来，各尽所能，按劳分配，有温饱、自由、幸福的生活，有个人全面发展的自由；五是国内各民族平等、团结、相互帮助、共同进步；六是同世界上所有国家的人民保持友好关系和合作关系。

第二，强调从本国实际出发，探索适合本国国情的社会主义道路。越共认为，社会主义并没有固定和统一的模式，应坚持独立自主地探索本国发展模式和道路。越南对本国所处历史阶段的认识更加明确，认为越南目前还是一个生产力水平低下、经济落后的农业国，现实不允许越南直接进入社会主义。越南现在尚处在"向社会主义过渡时期"，是"以社会主义为定向"的时期，而且这个时期还相当长。越共认为，建设社会主义不能超越生产力发展的阶段。落后的生产关系会阻碍生产力的发展，而过分地超前于生产力的水平，同样阻碍生产力的发展。2001年4月，越共九大明确提出越南现在处于向社会主义过渡时期，并强调这一时期将是一个长期的过程。在这样的历史阶段，必须以革新为重点，发展社会主义定向的市场经济，实行以公有制为主导、包括个体经济、私人资本主义经济和外资经济在内的多种经济成分，从而推动生产力发展，实现民富国强。越南革新经济体制的目标，是建立以社会主义为定向的、由国家管理的、多种成分的商品经济。

第三，主张现阶段实行多种形式的分配方式并存。按劳动成果和经济效益分配为主，同时按生产经营结果，以及通过社会福利进行分配。承认各种雇佣形式劳动的长期存在，但是不能占据统治地位，不能导致两极分化。保护劳动者权益，鼓励合法致富，同时积极进行扶贫工作，避免各地区发展水平和各阶层人民生活水平差距过大，逐步实现公平。越共认为多种经济成分的政策不是权宜之计，而具有长远的战略意义。国有经济在国民经济中占主导作用，并且与合作经济一起，逐步成为国民经济的基础。各种所有制形式可以混合在一起，交织在一起，形成多种形式的经营组织。各行各业，不分所有制形式，法律面前一律平等，首要目标是发展生产力。

在社会主义的探索过程中，越共强调革新对坚持和完善社会主义制度的重要意义。继越共1986年六大提出革新路线后，1991年七大又对革新路线进一步完善，1996年八大又提出"革新思维"。越共革新的主要思路和理论，实际上是就是关于越南式社会主义建设的理论，革新就是要探索符合客观规律和本国国情的社会主义发展道路。2001年4月召开的越共九大在六大、七大和八大的基础上，总结了革新事业的主要经验，再次强调要在革新过程中，坚持民族独立和社会主义定向目标，以马列主义和胡志明思想为指导，依靠人民，勇于实践，同时还要有经常性的创造并有新的突破，重新认识社会主义。越共前总书记农德孟曾强调，要克服理论上的教条主义及理论落后和脱离实践的状况，必须从越南革新实践出发，通过不断总结实践上升为理论，不能从现成的书本里照抄，也不能只依靠书本里现成的普遍真理抽象地解释实践。越南理论工作者的任务是，要进一步搞清社会主义道路问题和关于"民富国强、社会公平、民主文明"的具体目标，有说服力地解答当前越革新实践所提出的问题。2006年4月召开的越共十大，总结了过去20年越共革新发展的五条经验：一是在革新的过程中，要在马克思列宁主义与胡志明思想的基础上，坚定民族独立与社会主义的目标；二是革新要全面、协调，有继承、有摈弃，形式与方法要相符；三是革新要为了人民的利益、依靠人民、发挥人民的主动性和创造性，要从实践出发，对新生事物要有敏感性；四是高度发挥内力，同时大力开拓外力，在新的条件下，把民族力量与时代力量相结合；五是提高党的领导能力与战斗力，不断改善政治系统，建设并逐步完善社会主义，保障属于人民的权利。2011年1月召开的越共十一大强调，越南党和政府将继续以发展经济为中心任务，不断完善社会主义市场经济体制，大力推进工业化、现代化建设，促进社会的公平、民主和文明。2016年是越南革新30周年，但之前制定了发展目标并没有实现，越共十二大将越共十一大提出的到2020年将越南基本建设成为迈向现代化工业国的目标进行了修正，改为"早日将越南基本建设成为现代工业国"。2021年1月越共召开十三大，正式提出"两个百年"发展目标，到2030年建党100周年时建成具有现代工业、中等偏上收入的发展中国家，到2045年建国100周年时建成以社会主义定向的高收入发达国家。越共十三大重申越共在越南政治体系中的领导地位和作用，提出要在党和国家一切工作中始终坚持"民本"思想，发挥人民当家作主权，信任和尊重人民群众，坚持共产党领导和社会主义道路不改向。

### 二、朝鲜按"主体思想"建设朝鲜式社会主义

从20世纪50年代开始，朝鲜就形成金日成的"主体思想"，并逐渐将其确立为朝鲜党和国家的指导思想。金日成将"主体思想"概括为"思想上树立主体，政治上实现自主，经济上实现自立，国防上实现自卫"，表示要独立地根据本国的实际情况并且主要依靠自己的力量，解决革命和建设中的一切问题。朝鲜式社会主义是与"主体思想"密不可分的，朝鲜劳动党强调，要以金日成的"主体思想"为全党全国的指导方针，要建设朝鲜式社会主义也就是"以主体思想为基础并体现了主体思想的立体的社会主义"①。

东欧剧变、苏联解体后，朝鲜劳动党根据"主体思想"理论，分析和总结了东欧剧变、苏联解体的教训，更加坚定其主体社会主义的信念，并提出要建设朝鲜式的社会主义。朝鲜劳动党认为，东欧剧变、苏联解体的原因，主要是这些国家没有坚持社会主义原则，接受了资本主义所有制关系和经济管理方法，在社会主义建设中犯了错误。相反，朝鲜劳动党按照"主体思想"建设社会主义，其路线、方针和政策是正确的。朝鲜劳动党还认为，东欧剧变、苏联解体不是制度的"缺陷"或物质的"贫乏"，而是"思想贫困"和政治力量削弱所致。"这些国家没有拥戴杰出的伟人作为领袖"。1994年金正日上台后，进

---

① 肖枫主编：《社会主义向何处去》，北京：当代世界出版社，1999年版，第383页。

一步发展了"主体思想",并以此明确提出建设朝鲜式社会主义的口号。他认为搞社会主义就是为了"实现人的自主性",朝鲜式的社会主义是"基于主体思想的以人民群众为中心的社会主义",是"切实体现了人的本质要求的最优越的社会主义"。之后,金正日在"主体思想"基础上又提出"先军政治"路线,宣称要"按照军事先行的原则开展一切工作","要优先发展国防工业,为先军政治提供可靠的物质保证"。他认为,重视枪杆子,坚持"先军政治",才能保证思想、政治制度和国家稳定。1998年9月6日,朝鲜最高人民会议第十届第一次会议通过了修改的朝鲜新宪法。这次宪法修改,充分体现了"先军政治"思想,宪法中专门增加"国防"一章,并把原来隶属于中央人民委员会的国防委员会升格为独立机构,分设了国家主席和国防委员会委员长职位。金正日作为后继领袖,以党的总书记和国防委员会委员长的身份控制全局,主要抓政治、思想和军事,以维护现有的政治体制和领导体制。

朝鲜劳动党自1980年召开六大后,36年没有举行过党的代表大会。金正日在位时,将国防委员会作为国家唯一领导中枢。金正恩上台后,重塑党的领导权威。2012年4月,朝鲜劳动党举行第四次代表会议,推举金正恩为朝鲜劳动党第一书记、中央政治局常委、中央军事委员会委员长。这次代表会议修改了党章,将劳动党的指导思想由"金日成革命思想、主体思想"改为"金日成金正日主义";规定第一书记是朝鲜劳动党的领袖,"代表中央领导全党";规定劳动党为"金日成金正日主义党"。2013年3月,朝鲜劳动党中央全会确立了"经济建设和核武力建设并进"的战略路线。2016年5月6日,朝鲜劳动党召开第七次全国代表大会,共有各级党代会选出的3467名表决权代表和200名有发言权代表出席。金正恩在七大报告中,强调主体思想、先军政治的重要性,认为主体思想是旗帜、先军政治是胜利之剑,强调高举金日成-金正日思想旗帜,为社会主义伟业、为祖国的自主统一、为世界和自主化而奋斗。报告中还提到,要强化发展世界社会主义运动，报告强调要把党建设成领袖的党、主体的革命党、全党革命思想一色化，把全社会的金日成-金正日主义化作为党的最高纲领。2018年4月朝鲜劳动党七届三中全会提出"集中力量进行经济建设"的新战略路线。在金正恩被正式确立为朝鲜劳动党最高领导人后，朝鲜党中央的一些职能开始恢复，最高决策逐渐从国防委员会过渡到党中央。2021年1月召开的朝鲜劳动党第八次全国代表大会，将"人民大众第一主义"作为党的政治理念，认为这是朝鲜劳动党始终坚持的使命和任务。当前，朝鲜各级党组织和各地方政府正在全面落实党的八大精神和国家发展战略，誓言建设一个社会主义经济强盛国家。

### 三、老挝对本国社会主义的重新定位

老挝人民革命党在1975年夺取全国政权后，宣布老挝完成了民族民主革命，开始进入建设社会主义的新阶段。由于老挝执政党对发展阶段认识不清，生产发展受到阻碍，经济一度陷入困境。老挝人民革命党1986年11月召开四大，总结了过去社会主义建设中的教训，认为对老挝国情的估计不符合实际，犯了急躁冒进、超越阶段、在条件不具备的情况下取消非社会主义经济成分等错误。全盘国有化、集体化和分配上的平均主义，阻碍了生产的发展。1991年8月，老挝修改宪法，将国徽图案中象征社会主义的五角星、镰刀、斧头改为老挝民族的象征——塔銮佛塔。此后，老挝人革党一般不公开提老挝是社会主义国家，只提要将老挝建成"繁荣昌盛"的国家。

在对东欧剧变、苏联解体深刻反思的基础上，老挝对本国的发展阶段问题进行了重新定位，认为老挝仍是世界上最不发达的国家之一，生产力水平和国民经济的起点很低，尚不具备建设社会主义的物质基础。老挝仍处在巩固和完善人民民主制度，逐步向社会主义过渡的初级阶段。老挝现阶段社会的基本矛盾是落后的生产力与发展生产以满足日益增长的社会各方面需要之间的矛盾，当前最迫切的任务是提高生产力水平，逐步把自然、半自然的经济转变为商品经济。老挝要根

据尚处于社会主义过渡时期的初级阶段这一认识,来制定自己的路线、方针和政策。老挝人革党七大仍沿用六大对老挝所处社会发展阶段的说法,即巩固和发展人民民主制度,坚持社会主义方向,为进入社会主义创造基本条件。老挝人革党强调要科学分析本国国情,进一步调整政策,不断探索适合本国国情的发展道路。

2016年1月,老挝人革党十大总结了老挝革新开放以来取得的成功经验,即七个坚持:一是坚持党的有原则的全面革新路线并有创造性地运用和发展马克思列宁主义、凯山·丰威汉思想;(这是第一次将凯山·丰威汉思想与马列主义相提并论。)二是坚持以经济发展为中心,强调创新社会发展和治理,发展社会主义方向的市场经济,确保市场在资源配置中发挥主要作用,这些观点体现了人革党对老挝自身特色社会主义道路探索的理论成果,表明老挝人革党对国家所处的发展阶段、引入市场机制、实行多种所有制形式等问题有新的认识;三是坚持基层政权建设和农村全面发展;四是坚持在党的领导下团结全国各族人民;五是坚持提高各级党组织贯彻落实党的路线方针政策的能力;六是坚持提升党的领导作用和发挥党员先锋模范作用;七是坚持和平独立友好合作的外交政策。老挝人革党十大对未来五年、十年发展作出了全面部署,提出到2020年,争取实现人均国内生产总值3190美元,较2015年增长1.6倍,解决贫困问题,摆脱欠发达状态。到2025年,老挝要成为中等收入的发展中国家,国内生产总值较2015年增加2倍以上,产业结构向工业现代化转变,国家财政基本自主,大多数人的温饱问题基本解决。到2030年,老挝争取成为中高收入的发展国家。

2021年1月,老挝人革党召开十一大,进一步强调要继续坚持革新路线,坚持人革党领导,转变经济增长方式,不断提高人民生活水平。然而,老挝人革党的领导人多次指出,老挝对如何将马克思主义运用于老挝的实践,以及在社会主义市场经济等一系列问题上还认识不清楚,有待进一步思索和探讨。

**四、古巴不断深化对社会主义的认识**

古巴革命成功后,于 1961 年宣布进入社会主义革命和建设时期。古巴领导人菲德尔·卡斯特罗长期追求自由、平等、公正的社会理想,崇尚正义,渴望人人过上美好幸福的日子。这一思想使他非常注重本国社会主义的公平、公正原则,广泛推行全民免费教育和医疗等许多社会主义福利政策,给古巴社会主义实践打下了独特的印记。在 20 世纪 60 年代,古巴在教育、医疗、卫生等方面的某些指标已达到或超过了发达国家的水平。古巴社会主义的一个鲜明特点是:在发展生产的同时特别重视建立广大民众享有的社会保障体系,不断提高人民的生活水平和素质。

古巴共产党从 20 世纪 70 年代开始就认识到"理想社会主义"不符合古巴实际,认为各国所建设的社会主义不能都一样,不能抄袭人家已经使用过的方式。1975 年 12 月,古共一大决定实行"经济领导和计划体制",加强宏观计划,同时放宽政策,发挥市场机制作用,其目标是实现社会主义工业化,实现国内外经济合作和一体化。1986 年古共三大提出要进一步完善这一体制。由于这一体制并未摆脱高度集中的计划经济的弊病,放开经济政策又出现腐化堕落、贫富分化的"不良倾向"。因此,在 20 世纪 80 年代后期,古共掀起一场"纠正错误和不良倾向进程"。古巴的纠偏运动虽没有起到促进经济发展的作用,但有利于在东欧剧变、苏联解体的冲击下保持社会和政治的基本稳定。

1991 年古共召开四大,提出"拯救祖国、拯救革命、拯救社会主义",卡斯特罗表示"古巴不能放弃一党制,一切多党制的说教都是反对古巴的武器",提出了"不放弃革命原则、不放弃人民政权、不放弃为人民造福"的"三项原则"。同时,要采取灵活政策,使古巴的"制度适应当今世界的现实"。古巴在坚持马列主义的同时,更加重视研究和宣传体现爱国主义、争取人民解放和民族独立为主要内容的何塞·马蒂思想,并把它与马列主义有机地结合起来。古共四大将马蒂思想和马列主义并列作为党的指导思想正式写进党章。古共认为,在"特殊时期",为激发全民族爱国热情,调动和团结全国人民共同捍卫国家主权、独立、尊严和社会主义,把马蒂思想与马列主义结合起来有重大意义。古共为研究和宣传马蒂思想,成立专门机构并出版"马蒂手册"作为学校开展思想教育的读本。

1993年7月26日,卡斯特罗提出古巴需要实行政策调整与革新。他说:"为了拯救祖国、革命和社会主义的成果,我们准备做一切必须做的事情。"随着形势的发展,古巴领导人对改革的认识也在不断深化,开始从思想理论上形成了关于改革的观念意识,开始把坚持马列主义和实行改革开放纳入社会主义范畴。古共认为,苏东改革,偏离了社会主义方向,摧毁了社会主义制度;苏东社会主义在"某些方向背离了列宁主义",实践中执行了一些错误的政策,"实行极端的集中和机械的计划"。这些缺点导致苏东社会主义失败。古共明确表示苏联和东欧的改革不符合古巴的国情,古巴不能选择他们的模式,不能学苏联那种毁灭国家、毁灭社会主义制度的"改革"。改革的目的是"改进这个国家的社会主义制度,而不是摧毁这个制度"。古巴提出借鉴"中国人的榜样",坚持四项基本原则,做到"三不放弃":不放弃革命原则,不放弃人民政权,不放弃为民造福的目标。强调改革一定要从古巴具体国情和地缘政治条件出发,不照抄照搬别国经验和做法。在改革中不断完善社会主义,努力建设有古巴特色的社会主义。① 2011年古共六大宣布全面开启古巴经济社会模式更新进程,为此古巴加快国有企业改革,出台各种吸引外国投资和外国游客的优惠政策。2016年古共七大重申要坚持社会主义道路,将古巴建成一个主权、独立、民主、繁荣、可持续的社会主义国家。劳尔·卡斯特罗在七大开幕词中强调发展经济、捍卫和平和巩固意识形态是古共现在的三大任务,

---

① 肖枫主编:《社会主义向何处去》,北京:当代世界出版社,1999年版,第514页。

要求古共加强自身建设，在社会主义旗帜引领下进一步推进经济模式更新和发展对外关系，建设繁荣、可持续的社会主义。古共七大还对古巴过去经济模式更新和社会主义经济建设进行了理论总结，引入"中小私营企业"概念，强调"能者多劳，多劳多得"分配原则，首次提出了古巴社会经济发展模式理论。七大通过的《理论总结》指出："古巴自身历史、马克思列宁主义、马蒂思想和菲德尔伟大思想实践是古巴社会主义革命和模式更新不可动摇的思想基础。"提出古巴模式更新遵循八项原则：学习和坚持菲德尔·卡斯特罗坚定的理想信念和优秀品质；坚持古巴共产党领导地位和作用；社会主义民主；保障社会主义国家独立；保障人民平等、自由各项权利，反对种族歧视；社会主义全民所有制；社会主义计划经济；加强国防和国家安全。《理论总结》在强调坚持全民所有制的前提下，首次公开承认私营经济和市场地位、承认非公经济特别是私营经济对古巴经济发展的促进作用。劳尔指出，《理论总结》是对古巴革命胜利以来经济社会发展模式的高度概括，具有很强的理论性和现实指导意义。

2018年4月，古巴第九届全国人民政权代表大会召开。大会接受了古共六大以来对个体经济、外资企业及经济社会模式更新等新理念新认识，将限制私有财产改为限制生产资料的私有产权，提出要对宪法进行相应修改。

2021年4月16—19日古共召开八大，迪亚斯-卡内尔当选为古共中央第一书记，大会强调古巴正处在社会主义建设历史阶段，主要任务是建设主权完整、独立民主、繁荣可持续的社会主义，继续坚持卡斯特罗时代的路线方针政策。大会认为，古巴社会主义建设处于新的历史阶段，要对社会主义建设和经济社会发展模式不断进行理论总结，完善古巴社会主义建设实践，丰富古巴社会主义理论内涵。在经济社会模式更新理论指导下，古巴稳步推进经济结构调整和对外开放。然而，古共仍强调坚持社会主义计划经济和公有制，虽提个体经济、非国有经营方式等概念，也重视私营经济作用，但不接受"私营经济"

概念。

## 第二节 越南、朝鲜、老挝、古巴的政策调整与革新

越南、朝鲜、老挝、古巴四国始终坚持在特殊的历史背景和斗争实践基础上形成的社会主义政治经济制度,但初期的社会主义体制均受苏联模式的影响,表现出高度集中的特点。东欧剧变、苏联解体后,四国在继续坚持共产党的领导和社会主义制度的基础上,对苏东剧变原因和苏联模式从不同角度地进行了反思,并根据时代变化和本国国情,提出要建设本国特色的社会主义,探索自己的社会主义政治制度发展模式。

### 一、越南实行全面革新开放

1986年12月15—18日,越共召开了第六次全国代表大会。六大承认越南的经济和社会形势面临巨大困难,认为党和国家的"领导和管理工作在战略指导思想和政策方针方面,特别是在经济政策方面犯了严重的错误"。指出越南仍处在社会主义过渡时期的初级阶段,应特别注意掌握并正确运用关于生产关系必须与生产力性质和水平相适应的规律,要在更新思维的基础上深入进行生产结构的调整和经济管理体制的革新,坚决废除官僚集中统包制,把经济活动转向社会主义核算经营;主张现阶段要充分发挥包括私人资本主义在内的各种经济成分的积极作用,发展"以国营经济为主体的有计划的商品经济"[①]。在越共六大确定的全面革新路线指引下,越南逐步调整内外政策,不断探索,勇于实践,积极推进经济体制革新和对外开放,开创了越南社会主义事业建设的新局面。

越南经济体制革新主要按照以下几大步骤进行:

---

[①] 韦英思:《越南共产党在改革开放中》,载《当代世界社会主义问题》,1994年第2期,第27—31页。

第一，改革农村经济体制。同中国改革一样，越南革新事业是以农村、农业作为突破口的。越南是一个以农业为主的国家，80%的人口从事农业或与农业相关的行业。革新前，由于实行僵化的农业经济体制，农民生产积极性被严重束缚，农业长期发展缓慢，多年没有解决吃饭问题，到20世纪80年代初，有的农村还闹起饥荒。革新以来，实行包产到户、包耕地到户的家庭承包经营责任制。鼓励农、林、渔业中的个体经济发展，鼓励合法致富。取消按工分和按实物的分配方式，社员除了向国家纳税和履行合同义务外，剩余产品可自由流通和自主出售。全面放开国内粮食市场，取消对城乡和地区之间粮食流通各种限制。1993年颁布的《土地法》允许农民对土地拥有使用权、出租权、继承权、转让权和作为向银行贷款的抵押权，鼓励农民加大投入，兴办家庭庄园经济，发展专业化商品生产。主张按自愿、平等、互利、民主管理的原则发展多种多样的合作经济，实现从传统的单一的农业生产合作社经济（集体经济）形式向以农户经济为主导作用的多种合作经济形式的转变。

第二，调整物价和财政金融政策。发展商品经济，必须自觉运用价值规律和价格杠杆作用。经济改革能否成功，很大程度上取决于价格体制的改革。越南为向市场经济发展，进行了价格革新，越共六大决定向实行单一的"商业经营价格"过渡。除粮食、战略物资、紧俏商品由国家经营外，其余由市场定价。越南从1987年开始，对传统的国家控制所有物价的价格体制进行改革，取消大部分商品的国家统一定价，扩大企业经营者的定价自主权，由市场供需决定价格，取消价格双轨制。到1989年年初，除钢材、化肥、汽油等少数重要进口物质的价格由国家控制外，其余所有商品的价格一律放开，1989年3月全面实行市场价格。同时对财政、金融、货币政策进行调整。按照"简化、稳定、公平"的思路，调整税收政策，鼓励合法经营，保证按合理比例上交国家财政收入。致力于稳定越盾购买力，控制通货膨胀、稳定币值。1986—1990年重点抓粮食、日用消费品、出口商品生产，增加有效供给为放开价格奠定了物质基础。通过有力措施,越南有效地遏制了革新开放初期出现的严重通货膨胀,并实现经济保持高速增长。

第三,大力推进企业改革。越南国营企业由于体制原因,长期经营不善,工厂开工不足,产品成本高,质量差,滞销积压,亏损严重。1989年越南有4584家国营企业亏损,占全国企业总数的38%。[①] 从20世纪90年代初开始,越南对国营企业进行清理、整顿和改组,实行企业面向市场、独立核算、自主经营、自负盈亏的经营机制,大力扶持国营骨干企业,保证其掌握关键领域和部门并在国民经济中占主导地位,对长期亏损、无法维持下去的企业,或出租,或转变所有制形式,或予以破产解体;在全面整顿的基础上对部分企业逐步实行股份化试点,成立股份企业、股份公司;在煤炭、钢铁、石油、电子、机械等十多个主要行业中,把分散的企业联合起来,成立大型公司;大力发展由国营企业与外国企业实行多种合作形式的国家资本主义经济。越南在所有制方面的革新是从国家和集体所有形式转变为国家经济为主导的多种所有制形式。1996年6月,越共召开第八次全国代表大会,决定进一步深化国企改革,把提高国企经济效益和竞争力作为企业改革的重点。1999年6月,越国会通过了《企业法》,以取代1990年的《公司法》和《私人企业法》,进一步鼓励发展多种经济成分的企业、公司,鼓励发展私人资本主义经济成分,并加强国家对企业经营活动的管理。通过多年的改革,越国营企业初步实现了经营机制的转换,国营企业走上了面向市场、独立核算、自主经营、自负盈亏的轨道,实行了企业市场化、公司化和股份化的初步目标。

第四,全面建立以社会主义为定向的市场经济体系。革新前,越南的经济成分基本上是单一的公有制经济。1986年越共六大提出发展多种成分经济的政策,越共七大、八大又进一步重申要发展以社会主

---

① 古小松:《越南的社会主义》,北京:人民出版社,1995年版,第77页。

义定向的、多种成分并存的商品经济,其中国营经济起主导作用,并与合作经济一起,逐步成为国民经济的基础;各行各业不分所有制形式,在法律面前人人平等,一律自主经营、相互合作和竞争。在经济管理机制方面,实现了从主要靠行政命令管理经济的机制向国家通过法律、计划、政策和其他手段进行管理的市场机制的基本转变。越南党和政府主张,要按市场经济方向,大力发展商品、资金、技术和劳务市场,加强国家管理经济的能力和效益,建设和完善经济法规体系,正确履行国家在经济方面的管理职能。在分配上,实行多种分配方式,以按劳动结果和经济效益分配为主,要合理地分配和再分配各种收入,保护劳动者的正当利益,鼓励合法致富,同时积极开展扶贫工作,避免各地区发展水平和各阶层人民生活水平差距过大,建立就业、医疗、住房、养老等社会保障体系,逐步实现社会公平。1991年召开的越共七大肯定了市场机制的作用,把"初步形成了在国家管理下按照市场机制运行的多种成分的商品经济"作为经济革新的一个成就。1994年1月,越共党代会首次使用市场经济概念,提出国营经济是"国家管理的、社会主义定向的市场经济的一个有力的物质工具"。1996年越共八大提出,越南实行社会主义定向的、国家管理的、按市场机制运行的多种成分的商品经济发展政策。市场既是计划的根据,也是计划的对象,计划带有定向性,市场具有直接引导经济单位选择活动领域和组织生产经营的功能。市场有积极的一面,也有消极的一面。国家通过法律、计划、政策限制市场弊端的产生和发展。目前,越实现了从以国营经济和集体经济为主的单纯的公有制向以国营经济起主导作用的多种经济成分所有制的根本转变,国营经济、合作经济、国家资本主义经济、个体和小业主经济、私人资本主义经济等不同经济成分在市场竞争中共同发展的局面初步形成。

越南在革新经济体制的同时,大力推进对外开放。1986年以来,越将独立自主的多样化的政治外交与全面开放的经济外交紧密结合起来,并强调新时期越南经济外交的实质是为了扩大市场,引进更多的资金、技术、设备,切实为实现国家工业化、现代化服务。在对外经济关系上,坚持以出口为导向的发展战略,以更优惠的条件、更加灵活多样的方式和宽广的投资领域吸引外资,与欧盟、美国、日本、新加坡等国实现经贸关系正常化,尽可能吸引更多外国资金与先进技术。

经过30多年的革新开放,越南的经济体制和运行机制已发生了很大变化,初步实现了从高度集中的计划经济体制向社会主义定向的市场经济转变,较成功地找到了一条比较适合越南国情的社会主义建设道路。

## 二、朝鲜局部调整经济政策

东欧剧变和苏联解体后,朝鲜传统的经济合作与贸易往来基本停止,资金、能源、原材料、粮食全面紧张,经济困难加剧。在严峻的国内外形势面前,朝鲜的路线方针政策总体上没有大的变化,但为缓和困难,不得不对经济管理制度进行一些调整。

第一,按"最大实利"原则进行社会主义经济管理。朝鲜党报《劳动新闻》曾刊登多篇署名文章,论述社会主义经济理论和管理模式。再次强调,坚持社会主义计划经济,坚决反对和排斥资本主义的经济管理方法。各经济部门要自觉接受统一领导,基层企业应在国家的集中统一领导下发挥创造性,正确行使企业权利。同时,要根据国内外形势变化,以革新和发展的眼光、按照朝鲜方式,改进和完善社会主义经济管理的核心是坚持社会主义原则,建立能获取"最大实利"的社会主义经济管理方式。追求"最大实利"就是要有效利用社会人力物力资源,为国家富强和人民福利创造更多的实际利益。经济部门要改善和完善经济管理,要在坚持社会主义原则的同时,谋求最大的经济实利。要考虑到社会主义过渡期的特殊性,允许企业享有相对独立性,以物质刺激、商品货币关系和价值规律作为经济管理的手段。以"实利"为中心,调整经济管理体制。在经济管理中导入成本、产值、利润等概念,强调利润是评判企业优劣的重要标准。金正恩上台后，朝鲜继续建设金正日主张的主体社会主义，认为现有的经济体制不需改革，要坚持计划经济，强调"在国家的统一领导下有计划地经营管理国民经济，是社会主义经济发展的合乎规律的要求"，认为"以'改革''改组'社会主义为借口，引进'多元主义'，会进一步加速社会主义变质的过程"。

第二，在计划经济框架内调整经济政策。1998年，朝鲜最高人民会议十届一次会议修订宪法，接受了成本、价格、利润和独立核算制的概念。允许工厂按照国家生产计划自主解决部分产品原料来源及市场销售。在农业领域，合作农场的作业小组在完成了国家的计划任务后，超额部分可以自行进行实物分配。朝鲜先后制订了14个经济方面的法律，私人拥有农具、住宅、家畜直到汽车、渔船等私有财产合法化。改革对外经济合作机构，修订现有经济法规，吸引外资，允许一般社会团体开展外贸活动。2002年7月1日，朝鲜在计划经济框架内，对某些具体的经济政策进行较大调整：一是在农村调整生产机制，实行土地固定制，改进"分组管理制"，扩大个人自留地面积。为发展农业生产，解决缺粮问题，朝鲜将生产包给生产小组，土地使用固定，长期不变，包产定量，允许将超产部分50%自行处置。对合作农场的作业组实行新的管理办法，降低国家计划任务指标，完成国家任务后，允许超产部分由分组进行实物分配。多产多得，并可自由上市销售。二是放宽工厂、企业的自主经营权，国家对企业厉行独立核算、自负盈亏的管理措施。企业内部实行独立核算，企业自行制定生产计划，盈利扣除上缴部分后，强调按劳分配，多劳多得，奖金与效益挂钩。三是设立自由经济贸易区和工业园区，欲借外力发展经济。朝鲜多次举行或参与自由贸易区的招商洽谈会，允诺自由贸易区内的生产、价格、贸易等均由外商自主决定。四是部分放松对农贸市场的限制。允许农民个人在市场摆摊设位，粮食、鱼肉和服装、鞋帽、日用小商品等可在市场中自由买卖。五是改进供给福利制度，提高工资、调整物价。大幅度提高物价和工资，逐步废止城镇居民粮食、食品、日用品配给制，居民以调整后的价格到粮店、国营商店自行购买，取消外汇兑换券，朝币与外币直接兑换。

第三，一定程度上调整国家权力结构。1998年9月，朝鲜对《社会主义宪法》进行了第二次修订。这次修订的宪法，对国家机构及其职能有较大的调整。主要是，废除了国家主席制，将政务院改为内阁，实行国防委员会、最高人民会议常任委员会、内阁领导体制，相应扩大和加强内阁的权力，除原政务院的权限外，将原中央人民委员会"为执行国家政策而制定对策"的权力赋予内阁，增加了"依照宪法和法律，制定、修订、补充有关管理国家的规定"的权力、为改善国家管理机构制定对策的权力、增设或撤销重要行政机关企业的权力和为确立国家管理秩序而进行监督控制的权力，等等。新修订的宪法规定，地方人民委员会既负责权力机关的各项工作，也全面主管地方的行政工作和经济工作。内阁这种结构，反映了朝鲜党和领袖让内阁突出抓经济工作、摆脱经济困境，振兴朝鲜经济的迫切愿望。

以朝鲜劳动党七大为标志，朝鲜正式进入金正恩时代。朝鲜各级党组织和各地方政府正在全面落实七大精神和国家发展战略，誓言建设一个社会主义经济强盛大国。金正恩在2017年新年致辞中，要求以"国家经济发展五年战略"为中心，大力推进社会主义经济强国建设，将农业作为建设经济强国的主攻方向，通过科学耕作提高粮食产量。他提出，2017年"要划时代地发展轻工业、农业和水产业，在改善民生方面取得更大进步"。然而，在国际社会不断收紧制裁的背景下，朝鲜经济受到冲击，人民生活受到影响，主要是煤炭工业和相关产业遭到严重冲击，煤炭和劳务出口创汇大幅下降，失业人数增长，国内出现燃油短缺、油价上涨等现象。朝鲜继续推进经济调整，推行房地产市场化模式，允许住宅使用权进入市场进行交易，试行个人挂靠全民单位政策，建立覆盖全国的电商平台，提供网络销售服务。这些措施推动了服务业快速发展，激发了民众消费热情。金正恩在朝鲜劳动党七大上首次提出"2016—2020年国家经济发展五年战略"，核心任务是解决能源问题，实现国民经济先行部门和基础工业的正常生产，发展农业和轻工业，从根本上改善人民生活。

近年来，朝鲜实行经济建设与核武发展并进路线，集中力量改善民生。农业领域继续推行"责任田制"，农民可单独或以生产小组方式进行承包经营。工业方面全面推行"厂长经理负责制"，明确管理者权利、责任、利润分配比例，进一步扩大出口企业经营管理权。同时，尝试设立自由经济贸易区和工业园区，积极寻求对外合作机会，借外力发展经济，取得了一定成效。

### 三、老挝实行"国家调节的市场经济"

1986年，老挝人民革命党第四次全国代表大会确定了经济革新开放路线，要求由高度集中的指令性计划经济体制向国家调节的市场经济体制过渡。老挝经济革新首先从农村开始，1987年，开始解散农业社，推行家庭承包，还鼓励农民承包鱼塘、荒山、树林等。制定《土地法》规定"国家保护农民长期享有土地使用权、继承权和转让权"。对农业增加投入，发展农业技术，扶持生产专业户。工业企业首先实行经济核算制和扩大经营自主权。1990年3月，作出《关于把国营企业转换为其他所有制形式的决定》，除电力、邮电、军品生产等骨干企业外，其他企业均陆续由公有制转为其他所有制，国有企业原有900家，占国民经济的90%。在短短几年内多数转为非国有企业，国有企业只剩90家，在国民经济中比重下降为27%。目前形成生产资料公有制为基础，"三多一平等"（多种经济成分、多种所有制形式和多种经济组织形式长期并存，各种经济成分依照市场经济机制在国家管理下开展活动，平等竞争、共同发展）的经济格局。老挝吸取过去取消非社会主义经济成分的教训，鼓励私有经济发展，明确指出"各种经济成分在法律面临一律平等"。老挝提出要实行"国家调节的市场经济"，由指令性计划转变为国家指导性计划和实行宏观调控，让企业根据市场机制和市场供需规律自主经营。实行按市场机制运行的单一价格、单一汇率。从1988年开始，分设中央银行和商业银行，财政与银行分离。批准多家外国银行在老挝开设分行。改革财政制度，企业实行利改税。加强经济立法，依法管理经济。扩大对外经济合作，1988年，颁布《外国投资法》，吸引外资取得成果。2001年，七大提出了2001—2005年老挝经济社会发展目标及2001—2020年国家长远发展目标，还提出要建设公平平等、民主繁荣社会。建立健全"党领导和政府管理的市场经济体制"，同时通过向富人征税和实行社会保障防止两极分化。到2020年摆脱贫困状态，人均国民生产总值达到2000美元，进入社会主义初级阶段。

2017年是老挝落实人革党十大决议和八五规划（2016—2020）的第二年，老挝政府继续推进经济结构调整，加大吸引外资力度，加快基础设施建设，努力实现从传统农业向贸易和投资拉动的经济增长方式转变，经济保持7%左右的增长，国内生产总值约158亿美元，人均国内生产总值达2400多美元（而在1986年老挝人均国内生产总值只有114美元）。

### 四、古巴逐渐加大了经济政策调整力度

古巴在1993年宣布调整经济政策，主要是从摆脱经济困境和巩固社会主义政权出发，实行"和平时期特殊阶段"的"应急措施"。主要措施有：宣布私人持有美元合法化；允许在135个行业中建立个体和合资企业；将原有国营农场或农业企业转为合作社性质的"合作生产基层组织"；修订1982年的外资法，颁布新的外资法，除防务、卫生保健和教育外，包括糖业在内的所有经济部门都向外资开放；开放农牧业产品自由市场和手工艺品市场；颁布《税收制度法》，对所有企业征收公司所得税，实行个人外汇收入所有税制度；建立中央银行，与商业银行职能分开，允许外国银行在古巴开设代表处。

1997年，古共五大强调"芸豆比大炮更重要"，"没有效益就没有社会主义"，"提高效益是古巴经济政策的中心目标"，同时要坚持社

会公平和保持社会保险制度。在"应急措施"产生积极效果和中国、越南改革取得成就的影响下，古巴加大了调整政策的力度，提出要"冒风险改革"，认为作为真正的马列主义者，应该这样做，要以现实主义态度勇敢地这样做。菲德尔·卡斯特罗和劳尔·卡斯特罗都对古巴更新提出了明确要求，强调经济工作要有新观念，不能理想主义，而要现实主义地对待社会主义建设；社会主义需要不断完善，经济体制要更新；经济具有头等重要的意义，必须加大市场因素在古巴经济中的地位和作用；经济更新不放弃计划，但是要利用"市场"，提出要在保持国有制主体地位的同时，可以发展多种所有制形式；要学习中国和越南改革经验，但不照抄照搬。鉴于古巴内部外部环境，必须毫不犹豫地把稳定放在首位。

第一，在坚持公有制为主的前提下，增加其他经济成分的比重。1993年，古巴颁布了鼓励发展个体劳动的法令，个体经济随之迅速发展起来。1997年，卡斯特罗再次强调，我们必须向私人学习管理，允许个体经济存在和发展，但是坚持公有制不搞私有化。现在肯定个体经济在国民经济中"补充作用"，今后还有较大的发展。发展个体经济，使之成为国民经济的补充和解决就业的重要渠道。目前，古巴的家庭餐馆、私人出租车、私人修理和服务点等个体经营普遍兴起，国营农场划小成许多自负盈亏的"基层合作生产单位"，在农村大部分地区实行家庭承包责任制。外国独资、古外合资企业也在迅速发展。古巴多种经济成分、多种所有制的经济格局开始形成。

第二，整顿国营企业，转变国营企业经营机制。古巴国营企业在长期计划经济的模式下，被管得很死，资金由国家拨给，原料靠国家供应，产品由国家销售，而且没有自主权。在分配制度上实行大锅饭制度，劳动者没有积极性，生产效率很低。除了旅游和镍矿生产等部门企业因实行一定开放政策而搞得较活外，绝大部分国营企业都处于亏损之中。1993年，古巴宣布改革大型国营农场管理体制，成立新型农业生产合作社。1995年后，又着手改造和整顿城市国有企业，重新确定生产和经营规模。国营企业有了一些自主权,可以自由支配少量利润和外汇。1998年,古巴国务委员会通过了国营企业改革的基本原则。古巴政府随之作出决定,为了贯彻古共五大关于经济问题决议的精神,建设现代化的国营企业,政府将逐步对国营企业实行改革。并把95家国营企业作为首批改革的试点。古巴政府此次企业改革的总原则是:政府将在宏观控制下,使企业享有一定的自主权;企业应在所通过的社会目标之内,自筹资金,自负盈亏;企业对资金、原料和劳动力有管理权。政府可以在预算范围内拨给一定的外汇;企业的税后利润将由有关政府机构进行分配,一部分将用作企业的储备金;企业应具有反映经济实际情况的会计制度;企业工人的工资和经济效益密切挂钩;适当拉开工资差距,鼓励人们去担当重任及从事知识和技术水平高的工作。这次企业改革涉及的部门有基础工业、糖业、农业、建筑业、冶金业、交通、食品和轻工业等。古巴政府希望通过这次改革扭转国营企业的亏损状况,提高效益,使之真正成为促进经济回升和发展的动力。古巴政府强调这次企业改革要稳步进行,不要操之过急,要有计划、有秩序地一步步来,不能因改革引起混乱,从而影响社会安定。

第三,开放自由市场,在商品流通领域引入市场经济因素。1994年起逐步开放农贸市场,提高部分农产品收购价格,允许农民出售部分产品,国营、集体、个体劳动者在完成上缴定额后,多余的产品均可上市,价格自定。自由市场的出现,打破了国营市场长期一统天下、流通领域一家经营的单一局面。

第四,实行财税和货币改革,加强国家财政预算的调控作用。从1993年年初开始,古巴整顿财经秩序,调整各项财政税收政策,主要有调整部分产品和服务费价格、减少对亏损企业补贴、建立统一税收制度、扩大增税范围和提高部分税率、稳定国家财政税收、发挥国家财税政策对国民经济的调控作用等。1995年,进行货币改革,发行"可兑换比索",以代替已使用的各种美元等值券。

第五，改革过高的社会福利分配制度。古巴长期以来基本上是一个福利社会，文教、卫生、体育、居民用电、用水实行免费，工人、学生免费供应午餐，国家财政负担很重。从1996年开始，逐步减少平均分配财富的比例，由国家和企业共同分担社会保险费用。保留国民教育、医疗等的基本社会福利不变，但取消了文化娱乐、体育等部分免费项目。

第六，扩大对外开放，大力吸引外资。1993年，古巴解除持有和使用外汇的禁令，美元流通合法化；1995年，颁布《外国投资法》，允许外资建立独资企业，外资可投入所有的生产部门，且没有定额和股份比例限制。现在外资已经进入古巴30多个经济部门和行业，外资主要来自欧洲、亚洲、拉美的50多个国家和地区。外商在古巴已建起370多家合资企业，利用外资总额累计40多亿美元，解决了10多万人的就业问题。吸引外资较多的部门是采矿、石油勘探和开采、旅游、建筑和制造业。为吸引更多外资，古巴还建立了免税区和工业园区。古巴还改革外贸体制，下放外贸经营权，取消了国家对外贸的垄断，不断增强了涉外企业进出口贸易的活力。古巴对外贸易中，拉美占二分之一，欧洲占五分之二，亚洲只占十分之一。古巴利用自身条件，发挥比较优势，大力开发旅游业、生物技术和医疗等行业领域，努力拓宽对外经贸领域，旅游业已成为古巴第一大创汇部门。

2011年召开的古共六大，推出了《经济社会发展纲要》，正式启动了经济模式更新进程。该纲要提出经济模式更新的主要内容是：发展多种所有制经济，鼓励合作社、个体经营、承包租赁等非全民所有制进入小型国有商业、服务业等非战略性行业；在保留全民免费医疗、免费教育等革命成果的同时，削减不合理不必要的福利；搞活流通体制，简化生产与销售环节，进一步放宽个人消费限制，允许个人购买机动车、住房、建材等；允许个人租赁国有闲置土地；调整税收政策，以销售税、生产税、服务税取代流通税；完善信贷政策，为个体经营者提供信贷和制定特定的社会保障政策，加强对其进行知识和技能培训；放宽引资政策，逐步取消货币双轨制，促进外贸发展，等等。十年来，古巴"不急也不停"地进行经济模式更新，对过去的一些具体政策和做法进行调整，经济活力有所增强。但古计划经济体制依然，对社会主义的传统观念没有大的变化，只提经济模式调整，否认经济体制改革。在开放方面，近些年来，古巴积极改善同欧洲关系，拉紧同委内瑞拉等国关系，重视引进外国投资。古巴通过了《外国投资法》《马里埃尔经济特区法》等许多法律法规，兴办经济开发区，出台各种优惠政策和鼓励措施，吸引外国投资和外国游客。古巴目前最大的经济开发区——马里埃尔特区建设稳步推进。该区占地465平方千米，设港口、物流、生产加工、现代服务、商业、娱乐、办公、住宅八大功能区，现已完成水、电、通讯、道路交通和厂房等基础设施建设，已有10多个国家的400多家企业申请入驻。古巴现在特区实行的政策主要是针对外国企业，国内企业不可能享受到相同待遇。

2016年，古共七大讨论通过了"面向2016至2021年的《党和革命的经济社会政策纲要》"，这是六大制定的经济社会政策纲要的拓展深化，各项目标计划更清晰、细致、明确，为古巴经济模式更新提供了顶层设计。劳尔·卡斯特罗指出，七大是六大的延续和升级，强调改革没有回头路，发展经济、"不急不停地前进"是古共当前的主要任务。他提出要重视市场作用，推进货币与汇率并轨，消减不必要的补贴。他同时强调坚持并强化革命的公平和平等原则，古绝不会重回资本主义，也不会抛弃任何人。

## 第三节 越南、朝鲜、老挝、古巴加强执政党自身建设

越南、朝鲜、老挝、古巴迄今仍宣称坚持走社会主义道路。作为政治制度相同、发展道路相近的社会主义国家，面对复杂多变的国际环境，党和国家的前途命运紧密相连，维护共产党执政地位，确保国家政治安全，推动社会主义事业不断发展仍是现存社会主义国家当今

面临的共性问题和头等大事。

## 一、越南"建设纯洁、稳固的党"

越南强调"经济建设为重心,党的建设是关键",把党的思想建设同发展经济、革新政治体制紧密结合起来,从解决突出的问题入手,加强党的组织建设和反腐工作,建设一个纯洁、稳固的越南执政党。

越共认为,党内腐败问题严重妨碍越党的路线、方针、政策和决议的贯彻落实,削弱了党组织的凝聚力和战斗力,极大损害了党和政府同人民群众的关系,是影响越社会稳定的首要因素,引起了群众强烈不满,成为越南的"国难"。为此,越共重拳出击,从严格执行党纪和法律方面着手,解决党政干部中出现的官员走私、贪污受贿、挥霍浪费等以权谋私行为。近几年,越共中央纪检监察部门先后出台了许多规章制度,如实行干部及公务员财产申报制度;颁布关于党员十九条不准的规定,关于干部和干部工作检查制度的规定,各级干部用车、住房、电话等标准规定,各级党委的主要领导人对本单位、本地方出现贪污腐败承担责任的规定和关于对检举中央管理的党员干部的信件的处理规定等;实行单位建设工程招标和设备购置公开化制度和堵塞漏洞、健全各项财政、资产和经济管理机制等措施。越共按照党的各项规章制度,对一些有问题或不称职的各级干部进行通报批评和组织处理,对触犯法律的予以严惩。越公检法机关也着力对一些贪污、走私大案要案进行了积极的调查、起诉和审判。

越共中央总书记阮富仲上任后,高度重视党建和反腐工作,强调加强党的集中统一领导,对越南政治体系进行了系统全面的整顿和纠偏,清理党员干部队伍,净化政治生态,进一步巩固党的领导地位。越共十二届四中全会出台了更具行动力的党建工作决议,明确指出党内存在的政治思想、道德作风蜕化,以及"自我演变""自我转化"的各种表现,要求全体党员对照检查,改正自身存在的问题。近年来,越南共产党以前所未有的力度加强党的建设和反腐工作,努力建设纯洁、稳固的党,不断提升党的领导力与战斗力。主要做法:一是严明党规党纪和党的政治纪律,遏制党内政治思想、道德品质、生活作风蜕化和"自我演变""自我转化"现象,大力开展反腐败、反官僚主义、反浪费现象的斗争。2017年12月7日,越共中央政治局委员、中央书记处常务小组成员、中央检查委员会主任陈国旺签署并颁布关于"处分违纪党员"的102号规定,要求在党纪面前,所有党员一律平等,无论党员身居何职,一旦违犯党纪,都应受到及时严肃处理。党纪处分不能代替行政处分、组织处理和司法处理。该《规定》将违纪现象归纳为三类:违犯党内组织生活原则;违犯国家政策和法令;道德品质、生活作风蜕化。对以上违法违纪行为,一旦查实,严惩不贷。二是狠抓党的作风建设,严格高级领导干部管理规定,重拳惩治腐败,严厉处理了一批省部级现任和退休高官。越共十二届三中全会审议并通过"关于抵制官僚主义和贪污腐败措施"的决议,加强对经济领域的检查监管。越共十二大以来,反腐工作取得突破性进展,已对490个涉贪腐党组织、1300多名各级党员干部给予党纪处分,惩治腐败官员数量、级别、力度和效果空前,仅2017年就对20多名省部级以上官员进行了纪律处分。级别较高的有:2017年10月召开的越共十二届六中全会,讨论了中央委员、岘港市委书记阮春英的严重违纪行为,决定给予其纪律处分,撤销其岘港市委书记职务(2015—2020年任期),不再担任十二届中央委员。2017年12月,越共中央政治局通过决定,停止越共中央委员、中央经济部副部长丁罗升同志一切党内活动。十四届国会常委会通过关于"逮捕、羁押、搜查、起诉被告丁罗升并暂时取消其十四届国会代表资格"的456号决议,越南公安部调查机关随即签署了对丁罗升的逮捕令。2018年1月22日,丁罗升因涉及越南国家油气集团贪腐案,被判有期徒刑13年,成为第一位因贪腐被司法处理的越共前中央政治局委员。此外,法院判处与丁罗升案相关联的越南国家油气集团前高层郑春青无期徒刑。通过严肃处理一系列严重腐败案件,越共赢得了全党和全国人民的支持,提升了党和政府的公信力。三是严格执行国会质询制度，开通政府热线，回应群众关切。2017年，越南十四届国会三次会议期间，继续开展对国会代表进行质询的活动，农业与农村发展部、文化体育与旅游部、卫生部、计划投资部部长分别围绕农业结构化调整、社会道德建设、国家药价管理、加强公共投资和监督等回答了国会代表的质询提问，越南之声广播电台、越南国家电视台对此同步直播。四是审慎推进党内民主和社会民主，增强党对政府经济工作的指导，突出党对军队和公安系统的直接领导。

## 二、朝鲜开始强化"党的唯一领导体系"

2016年召开的朝鲜劳动党七大和朝鲜最高人民会议第十三届四次会议，金正恩先后就任朝鲜劳动党委员长和国务委员长，正式集党政军最高权力于一身，完成由接班人向最高领袖的转变。金正恩上台后强调要永远继承金日成、金正日的先军之路、自主之路、社会主义之路，坚持以"主体思想"统一全党，开始强化"党的唯一领导体系"建设。

在意识形态上重视"主体思想"教育。朝鲜劳动党为巩固自身执政地位，采取了一些特殊做法，其中重点是抓思想革命，加强意识形态和思想控制，用党的唯一思想——主体思想武装干部和群众，通过"主体思想"理念教育，以"主体思想"抵制一切外来思想影响。朝鲜党提出，要以"金日成-金正日主义"武装头脑，建设思想强国；要紧紧抓住军队政治工作，建设军事强国。面对美国持续高强度施压，朝鲜将外部压力转化为内部动力，集中力量拢民心、稳政权，维护社会稳定。2017年年底，朝鲜劳动党时隔五年召开党支部委员长大会，金正恩全程出席会议，致开、闭幕词并发表重要讲话，要求大敌当前，朝鲜劳动党必须重视意识形态斗争，要对非社会主义现象保持高度警惕，开展高强度的歼灭战，彻底根除反社会主义行为和非社会主义现象。他强调要强化发挥基层支部的堡垒作用，强化思想管控，扭转社会风气，维护社会稳定。

朝鲜体制是历史与现实、主观与客观、内因与外因共同作用的结果，与朝鲜民族文化、历史遭遇、地缘政治及国际共产主义运动起伏变化等因素直接关联。朝鲜在政治体制上强化"党的唯一领导体系"。实行党政军相互协调、制衡，权力高度集中于最高领导人。修改后的朝鲜宪法规定，国家在朝鲜劳动党领导下进行一切活动，国防委员会是国家权力的最高军事领导机关。所有国家机关均根据民主集中制原则组成并进行活动。金正恩在2017年新年致辞中，称通过朝党七大，朝鲜军民大力展示了永远跟党走"主体"大道的钢铁意志，牢固打下了朝鲜革命的万年基石。只要紧密团结在朝党周围的千万军民一心团结的威力，我们必将取得胜利。2021年1月，金正恩在朝鲜劳动党八大强调要"以党治国"，要求全党全国人民绝对拥护党中央权威，紧扣党中央唯一领导体系的工作主线。同时加强党的建设工作，提升党的支部委员长能力，改进党的工作体系和方法，建立新的党的纪监体系，严格党的纪律，根除党内官僚主义和贪污腐败现象。

### 三、老挝人革党通过宣传和教育来加强党的自身建设

东欧剧变、苏联解体后，老挝人革党从思想、组织、作风方面加大了党建力度，提出要坚持马列主义等"六项原则"，不断加强对党员干部进行思想政治教育。1998年2月，老挝人革党六届六中全会通过了《关于巩固和完善国家政权体系和加强干部队伍工作的决议》，强调真正把党建设成革新事业的领导核心，切实加强党的基层组织建设，提高全党对社会主义的再认识，防止和平演变，保持政局稳定。

在思想建设方面，主要是加强对党员干部的思想政治教育工作，通过举办学习班、加强新闻宣传等方法来统一全党思想，使广大党员能坚定走社会主义道路的决心和信心。针对西方"和平演变"的战略，老党近几年在政治教育方面下了很大的功夫，如恢复省级政治理论学校，建立宣传员队伍，编写政治教育大纲和教材，整顿和加强各级宣

传部门，树立思想工作样板，等等。人革党还举办高级干部政治生活会，由中央政治局直接领导，从中央开始自上而下分三期进行。由于党的干部和党员理论素质和文化水平较低，在全党进行思想理论建设的任务很艰巨，为解决这一问题，老挝人革党近年来从政治理论教育入手，采取了许多符合实际、行之有效的方法，不断提高党员干部的思想理论素质。除了在国内定期进行政治思想教育外，还将中高级领导干部派往外国考察、学习。近几年来，每年都派出几十名中高级领导干部来中国接受培训，取得了比较好的效果。还利用纪念建党、建军和国庆等活动，向全党和全国人民进行广泛的革命传统教育和社会主义、爱国主义教育。在组织建设方面，严格执行民主集中制原则，通过党内民主生活会等形式，开展批评和自我批评。健全党的各级组织，特别是加强党的基层组织建设，近年来在全国开展争当坚强基层党支部活动，努力使基层党支部成为领导基层各项工作的核心力量。老挝人革党根据本国实际，允许还俗的佛教徒入党，党的领导人每年都出席佛教的重要活动，还邀请佛教高僧列席党全国代表大会。

在民主建设方面，老挝人革党把密切联系群众、加强党群关系、一切从人民的利益出发、依靠人民、制定政策与人民协商并得到群众的理解和自觉执行作为重要原则，在社会生活各领域都强调要充分依靠群众，发扬民主，明确规定各群众组织和社会团体的职责、权利和义务。老挝改进选举制度，1991年，将最高人民议会改称国会，取消各级人民议会，国会议员由群众直接选举产生。1992年，老挝通过宪法修正案，规定全国和省级人民政权代表大会的代表以无记名投票方式直接选举产生。在一切选举和公民投票中，投票是自由、平等和秘密的，每个公民只能投一票。1997年3月，颁布《国会议员选举法》，候选人由组织、群众推荐和个人自荐相结合的办法产生，候选人到选民中竞选。国会议员通过差额选举由群众直接选举产生。

按照"民有、民享、民治"原则进行政府机构改革，使政府机关高效、精简、廉洁。老挝人革党四大后，老挝在精减党政机构方面下了不少功夫。明确要求党起领导作用，政府起管理作用。人革党五大取消了党中央总书记和书记处，六大规定中央各部委不单独设机关党委，机关本身就是党委，党的高级领导机构只设中央政治局，不设书记处和候补委员；实行党政兼职制，党中央主席兼任总理，省长兼任省委书记。六大中央政治局委员由五大的11人减为9人，中央委员由五大的59人减为49人，新补充了一批年富力强的中青年干部。老挝1991年和1997年两次精简了党和政府机构成员的40%。对中央各部委的宏观职能做了重新规定，中央和国家机关定编定制，精简机构，提高办事效率。此外，老挝进一步完善干部人事制度，细化各级干部责任制，并制定出职务监督、纪律和奖惩条例，加强对各级干部的教育、培训、管理和监督。高度重视干部革命化、知识化和年轻化，提高干部素质，在确保政局稳定的情况下，逐步实现领导层的新老交替。

通过加强党群关系来反腐败。老挝人革党指出，反腐败是关系到党的领导和政治生命的大问题，对党内腐败分子和违法乱纪行为要严加处理，绝不姑息迁就。强调通过加强党群关系来反腐败，在全党范围内开展"政治生活"和建设"善于全面领导坚强的党支部活动"。老挝党和政府针对党员干部队伍中日趋严重的贪污腐败现象，设立了党政监察委员会、反贪污专门委员会等，并设有常委专职负责监察党的各级组织及其党员执行党的方针、路线政策和纪律情况，监督政府部门工作人员的行政行为。党和政府先后颁布了《反贪污腐败条例》和《反贪污腐败令》等法律法规，为反腐败提供了组织和制度上的保障。中央还要求中组部与中纪委密切配合，加强调查研究，尽快出台有关公务员的行政管理法规与条例，规范公务员的行为准则。

加强党的组织和作风建设。老挝人革党十大后，继续推进"三建"（把省建成战略单位、把县建成全面坚强单位、把村建成发展单位）工作，改善基层党组织软弱涣散现象，加强党的组织和作风建设，从严治党。为此，老挝党不断完善纪检监察制度，修改纪检监察法规如

《政府监察法》和党员禁令等，完善机构设置，加强干部培训，将党内检查和行政监察、纵向监督和横向监督及群众监督和媒体监督有机结合。老挝纪检监察机关贯彻落实老挝人革党十大决议，制定具体明确全面的工作计划，健全体制机制，重视预防和解决党组织和党员干部、军人警察队伍中出现的个人主义、官僚主义和贪污腐败问题，将此列入各级党委和政府的责任清单中，严格考核。2017年1月，老挝人革党中央出台关于"抵制官僚主义和贪污腐败的决议"，认为长期以来老挝人革党对官僚主义和贪污腐败的危害性和危险性认识不足，实际工作中轻视这一问题或处理这一问题脱离实际，缺乏重点，不依靠群众等现象。很多部门和地方在处理问题时不按规章制度办事，违犯党的原则和国家法律，完善各级领导和管理的政策规定、机制体制等还不够清晰严密。当前令人担忧的官僚现象主要是脱离群众、脱离实际、好讲大话空话，领导敷衍、独断专行，缺乏对问题调查研究、研究解决问题不切实际，不注重跟踪推进，干部纸上谈兵、只说不做、工作虎头蛇尾。贪污腐败现象主要是滥用职权、向前来办事的群众索取小费，钻法律空子，以个人或集体名义出台决定，为个人或团伙谋取私利提供特殊政策，使侵吞集体财产的行为合理合法化，以及蓄意违法谋取私利等。当前日益严重的官僚主义作风与贪污腐败现象正引起全社会广泛关注，削弱了党的领导作用，影响了人民群众对新制度的信任，阻碍了社会发展，也为敌对势力和破坏分子攻击老挝党和政治制度及领导人提供了可乘之机。因此，抵制和打击官僚主义和腐败现象是党和政府的直接任务和责任，各级党委、各部门和领导干部都高度重视，重拳打击，长期开展下去。2017年3月，老挝人革党中央政治局、中央书记处常务书记、国家副主席潘凯主持召开2017年全党政治生活整风活动动员会，提出要用三个月时间，着重解决党内存在的官僚主义、脱离群众和贪污腐败等问题。不断加强各级党委、纪委、立法机关、审计机关、检察机关和建国阵线、群众组织的监督作用，提高监督力度和效率。特别要重视对腐败风险较高的领域如海关、税收、财政、基建管理和投资、土地管理和使用、招标、案件审判等领域的监督检查。对于存在官僚主义和贪污腐败行为的干部，不论职务高低，一律依法依规严肃处理。

### 四、古巴夯实执政党的群众基础和社会基础

古巴自革命胜利后，始终坚持公平、公正、民主的社会主义理念，主张国家就是最大限度地为人民谋福利，服务于人民。古巴坚持社会主义的民主原则，但坚决反对西方的多党制，不搞资本主义国家的民主与自由。发扬社会主义民主，使政权成为人民自己的政权，共产党才能永远立于不败之地，这是古共在特殊时期执政地位得到巩固的成功经验之一。

始终注重发挥人民群众当家作主的积极性。古巴党和政府每出台一项改革措施，特别是直接涉及人民切身利益的举措，都事先通过党、政、工青妇等系统，提交全党、全民讨论，认真听取各方面意见，以争取广大群众对改革的理解和支持，待多数群众认同后再做出决定付诸实施。古共在选拔和任用各级领导干部时，规定要征求群众意见，群众不公允的人不能任用。为了体现社会主义民主，古巴重视加强思想政治工作，密切党群关系、干群关系，充分发挥人民群众当家作主的积极性。在完善社会主义民主制度方面，古共进行了大胆探索，最重要的措施是密切党同人民群众之间的关系。古共认为，东欧剧变、苏联解体的重要原因是党脱离了与群众的联系，党和政府没有得到大多数人民群众的支持。为了保持社会主义国家政权稳固，必须在政治体制上采取措施，密切党和政府与人民群众的关系，使人民群众最大限度地参与政权建设，真正实现人民群众当家作主。在政权建设方面，古巴鼓励人民群众参政议政，提高人民在人民政权中的参与程度。现在的人民委员会由基层选出的代表和当地群众组织（工会、妇女联合会、保卫革命委员会等）的代表组成，拥有对所在地区的一切机关和企事业单位进行监督和领导的充分权力。这一措施的目的是把全国人

代会的全部职能赋予它的基层组织，以便加强各社会组织和基层群众的政治参与。全国人代会还决定，在全国企事业单位的职工中建立"工人议会"。在全国人民政权代表大会举行会议时，工人议会派出代表参加，并在会上代表工人发言。古巴实行人民代表选举制度。1992年《宪法》规定：以无记名投票方式直接选举全国和省级人民政权代表大会的代表。多年来，古巴全国人民政权代表大会的代表和省、市人民政权代表大会的代表都是由群众组织而不是党组织推荐提名，通过差额选举产生，每次选举的选民参选率均在90%以上。

稳步推进领导层新旧交替。古共七大通过的决议规定，中央委员首任年龄不超过60岁、政治局委员不超过70岁，任期不超过两届。这一规定使党的高层领导任职规范化、制度化。在古共七大选出的政治局委员中，年轻的迪亚斯-卡内尔位列第三，这一安排为古高层新老代际交替打下了基础。长期以来，古共第一书记、国务委员会主席和部长会议主席三者都是由同一位领导人担任。在2018年4月举行的古巴第九届全国人民政权代表大会上，迪亚斯-卡内尔正式接替劳尔·卡斯特罗，当选古巴国务委员会主席兼部长会议主席。这是古巴革命胜利以来首次产生没有老一代领导人担纲的政府，也是首个没有卡斯特罗担任主要领导人的政府。第九届古巴全国人民政权代表大会共有代表612名，其中299名为女代表，在代表总数占48.9%，为世界之最。随着模式更新进程深入和古"革命一代"领导人逐步退出政治舞台，古巴1976年《宪法》内容难以适应新形式，经过两年多全民讨论和修改，新宪法在2019年2月举行的全民公投中获得高票通过，并于同年4月10日正式生效，从而根本保证了党和国家领导层新旧更替能依法有序进行。2021年4月古共召开八大，迪亚斯-卡内尔接任劳尔·卡斯特罗正式当选为古共中央第一书记。当然，古共领导层的代际交替仍以"稳"为先，劳尔·卡斯特罗多次表示，自己不再担任国家最高领导职务，但革命者不言退休，他仍是古共中央总书记和古军队总司令，古老一辈革命家将对新人"扶上马、送一程"，在古共八大后的政治局委员和国务委员会中仍有少数老一代领导者在位。

注重发挥群众监督作用反对腐败。从严治党是古共保持党的纯洁性和先进性的根本保证,也是党能够密切联系群众的前提条件。古共尤其看重廉政建设,认为在群众生活比较困难的时候,党员领导干部行为不检点、徇私舞弊、腐化堕落,不仅会引起群众的反感,而且还会使党失去群众的信任,甚至危及党的生命和革命事业。20世纪90年代初,面对东欧剧变、苏联解体后出现的经济停滞和人民生活困难、古共面临一些党员产生悲观失望情绪甚至提出退党的严峻形势,古共狠抓党的廉政建设,以进一步加强党的领导地位和提高党的威信及凝聚力。一是制订有关法规,以加强廉政建设的可操作性。时任古共中央第一书记卡斯特罗强调指出,在腐败未侵蚀党的肌体之前,就必须把毒瘤切除。为此,古共制定了许多党纪党规,并要求党员干部坚决执行。古共制定的《国家干部道德法》,对国家机关工作人员规定了26条戒律,如规定高级干部除非公务,即使自己有外汇也不能去旅游饭店消费;领导干部装修房子即使用自己的钱也要经过批准;政治局委员、部长都不得更换新型汽车;部以上干部及其家属都不能在企业兼职或担任名誉职务;不允许高级干部子女经商;不允许企业领导人把家属和亲戚安排在本企业工作,等等。卡斯特罗带头在26条戒律上签字,表示坚决遵守。二是健全廉政建设的各种监督机制,加强对腐败、违纪行为的监督力度。古共设立中央、省、市三级申述委员会,分别在同级党的代表大会上选举产生。该委员会作出的决定同级党委无权否定或修改。其职责是受理对党员和党员干部违纪行为的举报,以及审理对违纪党员和党员干部有关处分的申述。设立全国群众举报委员会,直属古共主管党务工作的政治局委员领导,以加大对干部的监督力度。建立了全国审计办公室,从属财政部领导,但拥有审计自主权,强化了财政监督部门的职能。设立对公车私用行为的专门监督机构,经常在旅游区登记公车的车牌号码,进行跟踪处理。三是要求干部以身作则,与民同甘共苦,过简朴的生活,树简朴的形象。如在食品和生活用品严重匮乏情况下，古巴领导人同老百姓一样凭证按规定数量购买商品，没有特供。领导干部的家属同附近居民一样排队购买定量食品和日用品。许多领导干部骑自行车上班，不坐公家配给的小轿车。领导人用车均用普通"拉达"车，集体活动乘面包车。领导人出国访问，其家属不准陪同，更不能绕道旅行。四是对腐败和违纪行为严加处理，绝不迁就姑息。在反腐败方面，古共处罚措施严厉，对有违纪违法、腐化堕落的干部，不管职位多高，不留情面，严肃处理。如对贪污金额在 300 美元以上的领导干部坚决撤销其领导职务，该法办的法办。

通过以上举措，古巴共产党能在美国长期封锁打压的严酷环境下保持长期执政和古巴政治社会稳定，为社会主义国家执政党建设提供了有益启示。

# 第六章 非执政共产党社会主义理论探索

20世纪最大的历史事件是俄国十月革命打破了资本主义一统天下，掀开了人类历史的新篇章。社会主义从理论到实践，从一国实践到多国实践的运动过程贯穿整个20世纪。共产党通过对社会主义实践的反思，结合资本主义社会的新变化，在什么是社会主义、如何实现社会主义等问题上不断出现新的变化。

## 第一节 非执政共产党理论变化历程

非执政共产党数量众多，且分属不同类型国家，但都面临着一个共同任务，就是如何通过自己的努力获得执政地位，使共产党成为执政党。由于各自发展阶段、所处的环境和国情不一样，理论主张和方针政策的起点和落脚点就不一样，理论关注的重点就会有差别。发达国家非执政共产党主要集中在西欧、日本和美国，他们对社会主义的看法在不同时期有不同表述，内容上侧重社会主义的本质、实现方式、共产党的性质和地位等问题。发展中国家和转型国家则重视社会主义的发展阶段、社会主义革命的目标和道路、对苏联模式的反思等问题。发达国家和发展中国家非执政共产党在思想理论上的变化，在不同阶段表现出不同特点，大致经历了以苏共理论为母本、机械照搬苏联模式到各自发展、探寻不同道路,再到理论创新、革新社会主义理论等阶段。

## 一、十月革命胜利至第二次世界大战期间的理论变化

19世纪末20世纪初,随着自由资本主义向垄断资本主义转变,国际共产主义运动出现了共产党与社会党在社会主义道路方面的分歧与对立。

十月革命为各国无产阶级树立了光辉榜样,对世界各国的马克思主义者更是巨大的鼓舞。在十月革命的影响下,特别是由于共产国际的积极促动,芬兰、匈牙利、德国、希腊、波兰、奥地利、阿根廷、印度、中国、南非、日本等国的马克思主义者纷纷建立了共产党,芬兰、德国、匈牙利、保加利亚等国家先后爆发革命,建立起苏维埃政权,但在资产阶级镇压下,这些国家的革命运动很快失败了。经过一段时间的沉寂,各国共产党又开始活跃起来。这一时期多数共产党是作为共产国际支部而存在的,理论上以十月革命道路为样板,以苏共的经验和《共产国际行动纲领》来制定自己的纲领路线和政策主张;行动上则把暴力革命当作实现社会主义的主要形式,夺取政权,获得执政地位,成为当时各国共产党的首要任务。为此,共产国际要求各国无产阶级加强团结和联合斗争以反对和战胜他们的共同敌人——国际帝国主义。然而,许多国家共产党在思想理论和组织人事方面受到共产国际干预,对外关系基本上追随苏共,导致党内教条主义和宗派主义盛行。对这种机械教条地套用共产国际和苏联革命经验的做法,在国际共产主义运动内部存在着不同观点和争论,如德国共产党领导人卢森堡的民主思想、托洛茨基主义的观点、卢卡奇等人对马克思主义的解释等,但这些思想观点总体上并不为多数共产党了解和接受。

第二次世界大战爆发后,世界各国共产党人始终站在反法西斯斗争的第一线,领导本国人民进行反法西斯斗争,有的还组织游击队,

发展自己的武装，如法国沦亡后，法国共产党发起成立民族解放阵线，开展反法西斯游击战争，法共掌握了地下抵抗组织的领导权，领导着50多万人的武装力量。1941年4月，德国法西斯占领雅典，希腊共产党建立民族解放阵线，组织人民解放军，开展武装斗争。"在整个反法西斯战争期间，希腊人民解放军抗击近30万法西斯侵略军，为世界反法西斯斗争的胜利作出了突出贡献。"① 中国共产党率先举起了抗日战争的光辉旗帜，成为救亡图存的民族先锋。日本占领泰国、马来亚、菲律宾、印度尼西亚、越南和缅甸等国后，这些国家的共产党领导本国人民纷纷开展抗日斗争，赢得了民族解放和国家独立。

总之，在20世纪战争与革命时代，世界各国共产党大多数都坚持通过武装斗争来实现社会主义的革命理论，在反抗帝国主义侵略和资本主义剥削压迫的革命斗争中，扩大马克思列宁主义的影响，不断发展壮大共产党力量。

## 二、二战结束后至社会主义阵营分裂时期的理论变化

二战后，世界形势发生了重大变化，国际阶级力量对比有利于无产阶级和各国共产党，欧亚许多国家的共产党，领导本国人民同法西斯侵略者进行了长期的斗争，经过武装起义和解放战争，夺取了政权，成为执政党。而此时，美国纠集世界上的反共产党、反社会主义势力，组成帝国主义阵营，并利用手中的核武器，到处建立军事基地，组织军事集团，叫嚣发动新的世界战争，掀起反对苏联、反对各人民民主国家、反对工人运动和民族解放运动的冷战浪潮。面对两大阵营激烈斗争的复杂态势，在国际共产主义运动内部，有些党能坚持反对战争、维护和平的正义立场，如美国共产党支持反法西斯战争，反对美国政府发动朝鲜战争，但也有一些西欧共产党出现过高估计帝国主义力量、惧怕美帝国主义、惧怕爆发新的世界战争的右倾思潮，并把人民武装

---

① 马克思主义理论研究和建设工程重点教材编写组：《国际共产主义运动史》，北京：人民出版社、高等教育出版社，2012年版，第232页。

力量交给了资产阶级政府,结果葬送了胜利成果。

在战后世界人民争取和平、民主、进步的历史潮流中,社会主义成为人类新的希望,共产党成为国际共产主义运动的主要力量,获得了很大的发展空间,意大利共产党一度达到200万党员,法国共产党也有80多万党员,两党在二战后全国大选中都获得了可观的选票,一度是本国力量最大的政党。许多发展中国家成立了共产党或相似的政治组织,世界共产党数量迅速增加,一度达到200多个,党员达4400多万人(不含中共),处于历史高峰,但多数是非执政共产党。受苏联共产党领导人赫鲁晓夫有关"和平过渡"思想的影响,发达国家共产党在是否加入本国资产阶级政府、是运用自己的武装独立掌握政权还是通过议会道路实现无产阶级政权等问题上发生争论。西方发达国家多数共产党放弃了武装斗争、暴力革命道路,主张走议会民主的道路。如意共、法共等党的领导人主张和平道路,加入政府。

与此同时,苏共大国大党主义膨胀,建立共产党和工人党情报局,并以此作为推行苏共旨意、干涉别国党内部事务的工具。在社会主义国家关系问题上,苏共以"老子党"自居,强行要求兄弟党与其严格保持一致,各国共产党之间和社会主义各国之间的关系出现裂痕。尤其是1956年赫鲁晓夫在苏共二十大上作秘密报告,一方面揭露了斯大林个人迷信和个人专制的错误,另一方面强调要对斯大林社会主义模式进行改革。这个报告既揭了盖子,又捅了娄子,在社会主义国家和各国共产党当中造成了极大的思想混乱,社会主义形象受到影响,西方国家共产党出现党员退党风潮,波兰、匈牙利发生严重的社会动乱和政治暴乱。这一时期非执政共产党的思想理论和政策主张主要受苏联共产党和苏联社会主义模式影响。大多数共产党在理论上大多照抄苏联的革命经验,唯苏共理论是瞻,很多政策主张脱离本国实际,也有少数党在武装斗争和议会道路问题上开始发生争论,还有一些拉美国家的共产党信奉托洛茨基的理论;国际共产主义运动大论战导致各国共产党内部分裂和社会主义阵营瓦解,一些非执政共产党错误估计战后国际形势，同本国资产阶级政府妥协，带来了思想理论上的混乱，但同时也给一些党独立探索本国道路创造了条件。

### 三、20世纪60年代至东欧剧变、苏联解体前的理论变化

20世纪60年代初至80年代末是社会主义曲折发展时期，也是一些共产党开始自主探索时期。这一时期美苏争霸，世界两极明显对立。世界反战、维和力量日益增大。世界共产党数量续有增加，但由于受大论战的影响，部分非执政的共产党内部发生分裂，一些社会主义国家的相互关系日趋紧张甚至全面恶化。在资本主义相对稳定发展、社会主义阵营出现分裂、取得民族独立后的发展中国家尚不具备社会主义革命条件的情况下，有些执政的共产党热衷于"输出革命"，发生了苏联出兵捷克斯洛伐克和阿富汗等事件。这一切不仅破坏了国家间的正常关系，对世界及地区和平与稳定带来威胁，还严重损害了共产党和社会主义国家的形象，也消耗了自己。再加上苏联模式的弊端日益显露，社会主义国家经济发展放慢，社会主义在世界上的影响力、吸引力明显下降。同时，一些国家共产党面临中产阶级迅速扩大，党的阶级和社会基础发生变化等诸多挑战，对社会主义的认识和探索日益多样化。

1977年3月，西班牙共产党总书记卡里略、意大利共产党总书记贝林格和法国共产党总书记马歇在马德里会晤后发表了被媒体称之为"欧洲共产主义宣言"的联合声明，阐述了三党对发达资本主义国家共产党走向社会主义的道路及共产主义运动内党际关系等问题的立场。同年4月，西共总书记卡里略发表《"欧洲共产主义"与国家》一书，进一步阐明了"欧洲共产主义"的基本观点。"欧洲共产主义"思潮是一个比较系统的理论概念，包含社会主义道路及路线、思想文化、党际关系原则等广泛内容，其中关键是放弃列宁主义，追求一条不以暴力革命手段打碎资本主义国家机器的情况下和平长入社会主义的道路。"欧共"提倡指导思想多元化，政治上主张多党制，经济上推崇混

合市场经济，不承认"国际指导中心""领导党""老子党"。虽然"欧共"这些主张与欧洲传统社会民主党的思想理论较为接近，但"欧共"倡导者们拒绝传统的社会民主主义，强调自己仍是在西方新的社会条件下坚持科学社会主义，力图走出一条不同于苏联模式的社会主义革命道路。

"欧共"在20世纪70年代末80年代初一度在西方发达国家产生较大的影响，许多党提出要独立自主探索社会主义道路，如法共提出建立"法国色彩的社会主义"路线，意共提出既不同于社会民主主义、也不同于苏联模式的"第三条道路"，西共提出"通过民主道路走向社会主义"的基本路线。欧洲其他发达国家的共产党如英国共产党、希腊共产党（国内派）、比利时共产党、瑞士劳动党也都表示赞同"欧共"路线。1979年，美国共产党二十二大通过一个党纲，强调通过和平道路建设一个社会主义的美国。日本共产党、澳大利亚共产党实际上也认同"欧共"路线。

这一时期，发展中国家非执政共产党的发展极不平衡，武装斗争和议会道路都没有取得明显成效，许多党思想迷茫，组织分裂，困难增多。受国际共产主义运动大论战和其他各种复杂因素的影响，南亚、拉美等许多国家共产党发生分裂，有的一分再分。东南亚国家的共产党在20世纪60—70年代掀起武装斗争高潮，并建立了自己的武装力量和根据地，但在80年代，由于政府军不断镇压和失去长期依靠的国际援助，其武装斗争规模大大缩小，最后纷纷瓦解溃灭。西亚北非一些共产党由于脱离本国的民族主义运动，实行盲动政策，频频失误，力量受到重创。拉美一些国家共产党也曾进行过武装斗争，但都以失败而告终。

受"欧洲共产主义"思潮影响，发展中国家一些非执政共产党也开始强调不存在统一的社会主义模式，主张通过合法斗争上台执政，在议会民主制的范畴内完成从资本主义向社会主义的过渡，否认十月革命道路具有普遍意义，放弃暴力革命和无产阶级专政思想。有一些共产党尝试议会斗争，个别党也获得议会席位，但总体上影响很小。发展中国家多数共产党认为，目前不具备革命形势，通过暴力革命夺取政权不现实，纷纷放弃过去坚持的武装夺取政权的道路，主张通过议会选举、在现有政治制度下进行议会民主斗争，与国内左翼力量联合及开展无产阶级的国际合作等多种斗争形式来扩大党的影响，最终实现社会主义。拉美地区一些曾经从事武装斗争的左翼政党，也纷纷放下武器，正在通过与政府谈判的方式争取更大程度地参与合法斗争。但有极少数共产党及派别的理论与主张一成不变，斗争方式激进。斯里兰卡共认为，应当充分利用各种建立在普选基础上的民主体制，不仅利用它发动群众，而且通过它来实现自己的政治目标。对社会主义革命形势和道路也有比较清醒的认识，认为目前不具备革命形势，通过暴力革命夺取政权不现实，主张通过选举和议会斗争方式实现社会主义。印共也主张通过和平手段过渡到社会主义。巴西共主张，无论在执政还在社会活动中，都应采取说服的方法来推行它的主张。一些党放弃了过去坚持的"无产阶级专政"的提法，主张通过和平手段夺取政权，建立三权分立的政体，赞同多党竞争。还有极少数共产党派别坚持极"左"的思想理论，如坚持托洛茨基的"不断革命论"。发展中国家个别左翼激进组织如秘鲁共产党（红色祖国）坚持走武装斗争道路，始终认为秘鲁革命的根本问题就是政权问题，不通过暴力革命就无法取得政权。秘鲁还有一个名为秘鲁共产党（光辉道路）的极左派武装组织，自称信仰马克思列宁主义、毛泽东思想，主张通过暴力革命夺取政权。实际上，这个政治极端主义组织与真正的马克思列宁主义政党已没有多少共同之处，它是把中国共产党武装夺取政权的革命经验简单化、教条化，把中国共产党人的革命武装斗争与古巴革命领导人格瓦拉的"游击中心理论"混为一谈，因而长期致力于明显带有恐怖主义色彩的暴力活动。国际社会一般也不认为他们是真正的共产主义者，而是极端的恐怖主义势力。

### 四、东欧剧变、苏联解体后的理论变化

20世纪80年代末90年代初,随着东欧剧变、苏联解体,两极对峙结束,国际舞台上资本主义与社会主义力量对比发生重大变化,原共产党执政的社会主义国家中有10个丧失政权,并裂变成28个抛弃传统社会主义为取向的国家,世界上共产党总数由200多个降至120多个。苏联、东欧地区现有的共产党不是原来的共产党,多是后来重建的共产党。俄罗斯等国有多个共产党,并有激进、温和之分。一些党内派别众多,情况比较复杂,有的公开宣称自己是左翼民主党,要实行民主社会主义。现在该地区的共产党仍坚持社会主义目标,但大部分党员人数不多,年龄老化,影响很小。几乎所有的共产党都在党纲中放弃了以暴力手段夺取政权的主张,争取通过竞选进入议会并上台执政成为基本诉求。亚非拉发展中国家非执政共产党受东欧剧变、苏联解体影响虽然很大,但力量基本保存下来。大多数党认真总结东欧剧变、苏联解体的教训,重视研究中国治党治国经验,不断调整纲领路线和方针政策,在理论和实践的探索中恢复发展。但在新的国内国际形势下,各国共产党的社会阶级基础和生存环境都面临严峻的挑战,仍将在艰难曲折中谋求发展。

在欧洲新保守主义和东欧剧变、苏联解体的冲击下,一些发达国家的共产党纷纷更改名称,有的党甚至解散。没有更名或解散的共产党继续探索在资本主义社会中生存和发展的道路,主张"通过和平道路"在议会民主制中走向社会主义,"超越"资本主义。发达国家一些共产党主张革新和发展马克思主义。有的党放弃了党是工人阶级先锋队的提法,有的党提出社会主义、共产主义主要是一种价值观和一个过程,是争取"更加文明和人道社会"的过程,而不是制度目标,改变了对共产主义的认识和理解。[①] 法国共产党继"超越资本主义"

---

① 肖枫主编:《社会主义向何处去》,北京:当代世界出版社,1999年版,第526—531页。

理论之后，在20世纪90年代中期又提出了"新共产主义"理论，再一次引起世界的关注。1995年11月，法共新任全国书记罗贝尔·于在《共产主义的变革》一书中，首次提出并较为全面地论述了"新共产主义"的政治主张。1999年1月，他又出版了《共产主义新规划》，对新共产主义理论做了补充和进一步阐述。在法共二十八大（1994年）、二十九大（1996年）、三十大（2000年）的纲领性文件中，都深刻论述了"新共产主义"的主要观点。法共的"21世纪共产主义观"与传统的共产主义不一样，主张要与历史上共产主义的中央集权传统相决裂，争取实现国家的民主化和公民的监督。认为法共的共产主义目标不再只是替人民和个人创造幸福，而是要推动他们行动起来，自己去争取符合自身需要和追求的美好未来，建立一个摒弃资本主义价值观的世界，促进人类文明的进步。"新共产主义"的思想不是19世纪的思想，也不是工业革命时代的思想，而是信息时代的思想。"共产主义是信息时代的共产主义。"罗贝尔·于认为，共产主义应是"男女自由、联合和平等"的社会，在资本主义和马克思设想的共产主义之间不存在社会主义的过渡阶段，这是一条"同苏联主张的、现已死亡的共产主义毫无关系""比马克思思想更新"的新共产主义道路。

当今发达国家共产党基本上继承了"欧共"的思想传统，虽坚持以社会主义、共产主义为奋斗目标，但奉行指导思想多元化和党的性质全民化，认同民主、人权等西方普世价值观。主要理论主张有：

第一，许多党不再提自己是无产阶级政党，放弃了无产阶级政党学说，宣称是全民党。除希腊共产党等极少数党仍自称是"工人阶级有组织的部队"外，法共、葡共、西共、意重建共等多数党均认为，今天的共产党不仅仅是工人阶级的政党，还必须是其他社会阶层、特别是工薪者的群众组织。在党的作用方面，多数共产党认为，今天应该变革有关党的作用的传统观念，不宜称自己是"领导党"，党必须适应新形势的挑战，在增强人民的自主与能力和争取文明的进步中起推动作用。在党的指导思想方面，仅少数党强调以马列主义为理论基础，而其他共产党普遍强调必须重视本国的革命传统和进步思想，只提马克思主义或马克思的理论，不提列宁主义。

第二，主张"超越资本主义"，以和平方式实现社会主义。目前，只有希腊共产党等极少数坚持由共产党领导工人阶级和广大人民群众夺取政权和建立无产阶级专政的主张外，其他党均强调通过对现行资本主义进行变革、改造，进而实现社会主义、共产主义，实现社会主义的道路应是民主、和平的。认为社会党等社会民主主义政党只是在现有框架内对资本主义进行"改造"和"塑造"，不能提出对付资本主义统治和支配的结构性措施，而共产党是与新资本主义进行斗争，提出了具体的解决方案，来否定它的逻辑必然性，实际上击退它，用另外一种制度来代替它，是一支毫不含糊的批判资本主义的力量。法共认为，共产主义就是在资本主义社会框架内实行深刻的社会变革，依靠现有社会的成果、需求和潜力，来否定乃至取消资本主义的剥削、异化和政治，过渡到新的社会组织。共产主义是社会的进步运动，但不是破坏社会的运动，它完全建立在时代和人道主义基础之上。认为"超越资本主义"是一个渐进的过程，不是为了建设一个在理论上事先设计好的新社会而消灭现有社会秩序；这种超越工程以全体人民为动力，建立一个民主第一、人及其社会发展第一的社会。"超越资本主义"是一场新型的个人时代的革命，要把每个人的自由发展是一切人的自由发展的条件作为目标和动力，通过联合个人变革意愿来进行一种改造现实逐步渐进的全社会的革命，要在公民干预基础上建立左翼进步力量新联盟——"人民运动"。在现时代，共产党必须努力在公民之间、在公民同左翼政党之间建立"进步联合公约"，开展反对右翼的斗争，向右翼夺取一切可以夺取的东西，并发展人民运动，同各进步政党与力量进行对话和会晤。西班牙共产党提出以和平和民主的方式建立"新社会"。西共表示，它不主张先夺取政权后再进行变革，而应从现在起就团结社会的大多数对国家机构和社会进行变革，争取通过政治和社会运动实现对现有社会的取代，以和平的方式组织起新社会。

西共认为,实现社会主义的道路应是民主的、和平的,主张通过左翼联盟进行民主变革,在民主和自由中走向社会主义。

第三,认为社会主义是民主的最高形式。发达国家共产党在对民主与社会主义的关系问题上比"欧共"更开放,在"欧共"基本未曾涉及的人权、人道主义等问题上,认识同西方价值观几无差别,称民主、自由、人权、人道主义等应为社会主义和共产主义的根本因素。西班牙共产党认为社会主义是民主的,是民主化彻底发展的结果,社会主义的民主不应只是简单地承认意见的多元性,而是要加强不同意见之间的相互交锋,社会主义的民主还应扩展到经济生产和分配过程中。该党党章第二条表明,西共努力实现完全民主、消灭所有剥削和压迫、解放全人类、建立社会主义,完成对资本主义的辩证否定和超越。党替代资本主义的中心任务是实现政治、经济、社会和文化的完全民主。

法国共产党、西班牙共产党的"欧洲共产主义"及后来的"新共产主义"理论观点和主张,对其他发达国家共产党理论和政策产生了潜移默化的影响。

1976年,日本共产党十三大临时代表大会修改党章,删除"马克思列宁主义"的提法,代之以"科学社会主义",并把"科学社会主义"称之为党的指导思想和理论基础。日共认为,科学社会主义是发展的理论,应根据条件的变化不断探索和发展科学社会主义理论。1994年,日共二十大在继承和发展"人民议会主义"论的基础上,提出了"资本主义框架内的民主改革"论,主张在资本主义框架内进行民主改革,争取通过议会多数,在日本建设民主富裕的社会主义。2004年,日共二十三大完整地提出"在资本主义框架内进行民主改革"的日本式社会主义路线,主张建立"民主而富裕的社会主义日本",认为这是日共在新时期对日本革命道路的最新选择。强调通过市场经济进入社会主义,走一条贴近日本民众的更加灵活的现实主义道路。美国共产党提出了自己的"权利法案社会主义"理论,认为"权利法案社会主义"的核心是民主，美共无论是开展民主斗争还是阶级斗争都必须高举民主旗帜，为维护和扩大人民的民主权利而斗争。美共前全国书记韦伯认为，美国的社会主义道路要按照美国的情况制定符合自己的纲领、政策，追寻美国的历史和价值观，要建设具有美国特色的社会主义。

东欧剧变、苏联解体后，多数发展中国家非执政共产党认为，马列主义的科学原理在今天仍然适用，马列主义仍是它们行动的科学指南，但均强调马列主义不是一成不变的教条，必须根据不断发展的形势加以具体阐述和运用。大多数党放弃了"无产阶级专政"的提法，提倡建立多党竞争的民主制度，有少数党不再以科学社会主义作为党的指导思想。印度共产党认为资本主义必然被民主和人道的社会主义所代替，主张通过和平手段过渡到社会主义，建立一个民主、人道和公正的社会。印度共产党（马克思主义）主张根据印度多民族、多宗教、多语言和多种姓等特点，把马列主义原理运用于印度实际，寻找一条印度模式的社会主义发展道路。南非共产党认为"党应通过民主手段和同其他政党在意识形态上的竞争来使自己被接受为先锋队"。大多数发展中国家非执政共产党坚持社会主义奋斗目标，但在道路和途径的选择上，都"不准备以暴力手段改变现行制度"，而是主张在各国"宪法和法律范围内活动"，主张通过自己的努力，"循序渐进地、和平地达到自己的目的"，即"利用议会和非议会等一切手段使国家回到社会主义改造的道路上"。

在社会主义经济制度方面，通过资本主义和社会主义现实情况的比较分析，特别是在总结以前社会主义实践的经验教训的基础上，发展中国家非执政共产党普遍认识到，市场经济是不可逾越的基本经济形态，主张计划和市场有机结合，允许包括私营企业在内的多种经济成分同时存在。认为市场不是资本主义所独有的，社会主义也要服从市场规律。南非共产党主张建立一个以生产者共同拥有、分享和控制主要生产资料为基础的社会主义社会，但强调在这一社会里，一切非剥削所得的个人财产和其他一切能够有效促进经济发展与增长的必要的私有财产将受到尊重和保护。但一些党反对搞私有化和经济自由化，尤其反对公有部门及国家要害经济部门的私有化。一些党强调在发展经济的同时，必须注意环境保护。巴西共产党在纲领中强调，必须把社会福利和环境保护当作建设社会主义的首要因素。

在对东欧剧变、苏联解体原因的认识上，大多数发展中国家非执政的共产党认为，东欧剧变、苏联解体既有内因，又有外因，但内因是主要的。内因是苏东国家的领导人违背了马列主义的基本原则，忽视了党的作用，搞官僚主义，脱离了人民群众，没有发展经济等；外因是西方的"和平演变"和以美国为首的北约对苏东国家保持的长期军事压力等。这些党普遍认为，东欧剧变、苏联解体是国际共产主义运动的一大挫折，使国际共产主义运动陷入低潮。但东欧剧变、苏联解体只是社会主义一种模式的失败，并不意味着社会主义的失败，世界社会主义事业并没有完结。在对苏联社会主义模式重新认识的基础上，大多数党都强调，社会主义没有固定的和统一的模式，必须从本国实际出发，把马克思主义的科学原理与本国实际相结合，探索适合本国国情的社会主义发展道路。巴西共产党认为社会主义的单一模式是违背科学的，科学社会主义在每一个地方的具体实现要考虑地区与国家的特性。

### 五、国际金融危机以来的理论变化

进入 21 世纪以来，世界格局正处在加快演变的历史进程之中，产生了大量深刻复杂的现实问题，西方资本主义发生了阶段性变化，西方国家社会思潮、社会矛盾出现新的变化，贫富差别和社会不公引发民粹主义和极端思潮崛起。2008 年国际金融危机后，许多共产党和左翼人士对资本主义结构性矛盾，以及生产方式矛盾、阶级矛盾、社会矛盾等进行了批判性揭示，对资本主义危机、资本主义演进过程、资本主义新形态及本质进行了深入分析，进一步坚定了资本主义必然灭亡的信心。同时，也认识到在资本主义全球化背景下，各国共产党生存发展环境也发生了变化，除了继续受右翼的排斥打压外，现在还受到来自民粹主义的挑战。

发达国家的非执政共产党对当代资本主义的看法是比较深刻的。一方面深切感受到资本主义发生了新变化，资本的力量比过去更加强大，资本主义"已进入全球化的新阶段"。如西班牙共产党认为，同1919年前后的资本主义相比，当今资本主义发生了许多变化，主要是资本主义的生产方式更加具有人情味和人性化的面孔，资本主义控制社会和经济发展进程的能力明显提高，资本主义制度的合法性较前更为增强，群众基础也因此得到了明显扩大。葡萄牙共产党于2016年12月召开第二十次全国代表大会，党内空前团结，1200多名代表全票通过了葡共中央委员会制定的"战略提案"，提出要联合左翼力量，反对右翼政府实行紧缩政策、过度关注资本和财富增长、长期忽视民众的社会权利的行径，将促进社会公平、公正和改善民生作为当前葡共的主要斗争目标。日本共产党十七大从党纲中删除了资本主义制度处于"总危机"和"处于极端衰落和腐朽当中"等传统提法，认为资本主义"还有一定活力"。另一方面，这些非执政共产党也深刻认识到，资本主义的新变化并不意味着资本主义本质也随之变化，当今资本主义正变得更加野蛮，其寄生性、不公正和不人道的特性更加明显，发达资本主义国家的表面繁荣并不能掩盖其内在的矛盾和危机。国际金融危机进一步暴露了资本主义弊端，唤起人们对资本主义制度的反思和对社会主义价值理念的重视。美国共产党认为资本主义的基本矛盾仍在起作用，为利润而生产、追逐利润的最大化是资本主义经济的动力。生产的社会化和生产资料资本主义私人占有制之间的矛盾仍然是资本主义的万恶之源，它造成失业、贫穷、经济危机和战争。2019年6月召开的美共三十一大，对当前资本主义的剥削与压迫，工人阶级及其斗争、社会进步力量及运动进行了详细分析，并在此基础上，提出了美共在新时期开展斗争的具体策略，制定了美国实现社会主义、共产主义必须要经历的斗争阶段和步骤。日本共产党认为，以美国为首的资本主义世界的政治、经济和社会矛盾正在加深，"资本主义狭窄的框架已无法驾驭高度发达的生产力"。经济萧条和危机、南北问题、地球环境问题将是资本主义在21世纪无法解决的世界性问题，暴露出这个体制的"矛盾和边缘"状态。日共中央委员长志位和夫在电视上宣讲马克思《资本论》，揭露日本企业大量采用"派遣工"形式对年轻人进行剥削。日共议员在议会演讲中大力抨击资本家剥削年轻劳动力，令日本青年大受鼓舞。

多数发展中国家非执政共产党改变了资本主义是"垂死的"传统看法，认识到资本主义比过去有所变化，认为在资本主义制度下，社会生产力还有一定的发展余地，把资本主义必然灭亡的历史趋势理解为"马上灭亡"或"很快灭亡"是不切合实际的，但坚信社会主义最终将取代资本主义。印度共产党（马克思主义）认为，在发达资本主义国家里，科技进步使生产力大幅度提高，但并没有相应增加就业，却使收入差距急剧拉大。随着剩余价值率提高，工人遭受的剥削更加严重，科技进步成为集中财富和资产的工具，使财富日益集中到少数人和跨国公司手中。失业增加，工作越来越不稳定，收入与财富差距日益拉大，成为资本主义的显著特征。随着新技术的发展，资本主义生产力继续发展，但资本主义仍是一种剥削压迫和不公正的制度，唯一可替代资本主义的制度就是社会主义制度。在对资本主义进行重新认识的基础上，多数党认为社会主义取代资本主义将是长期的，向社会主义过渡需要经过不同的阶段，不能一蹴而就。

在全球化问题上，各国共产党都认为它是资本主义的全球化，是资本主义发展的一个新阶段。西班牙共产党认为，经济全球化是资本主义质的飞跃，它得以迅猛推进的政治条件是苏联、东欧现实社会主义的崩溃和资本主义制度暂时取得胜利；技术条件是科学技术日新月异的发展和生产力水平的迅速提高。意大利重建共产党认为，经济全球化是由西方资本主义所主导的新自由主义的全球化，是野蛮的资本主义的充分体现。经济全球化的理论基础是新自由主义，其结果是民族国家的代议制民主遭到破坏，社会利益向经济利益低头，社会不平等现象加剧，许多地区被边缘化，资本家为了选择理想的剥削工具和剥削条件变得更加肆无忌惮，"人道主义原因"成为资本主义国家对他国内部事务进行干涉的幌子，新的世界极权主义出现了，世界银行和国际货币基金组织的影响加大。主张通过发起反全球化运动来纠正其弊端，遏制资本的贪婪，促使全球化的成果惠及大多数人。发展中国家部分非执政共产党认为，经济全球化加剧了社会的贫富分化，弱化了国家主权，给发达资本主义国家奴役发展中国家提供了便利，它们普遍反对发达国家主导的经济全球化。印共（马）认为，随着发达国家倡导的全球化进程的加快，贫富差距将进一步扩大。为推动全球化，帝国主义正寻求通过扩大北约和在全球进行军事干预，把帝国主义秩序强加给全世界。在全球流动的金融资本正在侵犯各国的国家主权。

在世界左翼团结联合问题上，发达国家和发展中国家非执政共产党都主张建立反资本主义的世界左翼统一战线，加强同各种左翼和新兴社会运动的团结与合作。国际金融危机爆发后，发达国家共产党把反新自由主义及其全球化作为党的主要任务，强调要团结那些从资本主义发展进程中排挤出来的社会群体和人们，建立一个广泛的替代阵线。但多数党继承了当年"欧共"反对"领导党"和"领导中心"、各党应独立自主的思想路线，不再提"无产阶级国际主义"，主张在互不干涉、权利平等和互相尊重的基础上建立相互关系，实行"新国际主义"。西班牙共产党发起抗议政府应对债务危机不力、削减社会福利保障等社会运动，成功扩大了影响，提升了西班牙联合左翼的民意支持率。发展中国家的非执政共产党普遍强调，在资本全球化的情况下，各国共产党及反对资本主义的左翼力量只有加强国际联系与合作，建立反对资本主义的全球性网络，使反对资本主义的斗争也实现国际化，斗争才能奏效。近年来，反新自由主义全球化运动方兴未艾，许多左翼力量、非政府组织投身其中，并得到民众的广泛响应和支持。一些环保主义政党如绿党等在各国政坛独树一帜,并成为重要的参政党。一些有利民生、推动历史进步的新兴社会运动拓宽了当今政治实践领域,不仅为共产党扩大生存和发展空间提供了机遇,也是共产党可以借重和合作的生力军。加强与各种新社会运动合作,团结各种左翼力量,培育新优势是共产党未来发展的主要途径。

在共产党自身建设问题上,强调要加强党的组织建设,提高党的战斗力。东欧剧变、苏联解体后,发达国家共产党大多取消马克思主义意识形态的指导地位和民主集中制原则,实行民主化、多元化,党内山头林立,左派、右派、改革派、保守派积怨难解,内斗激烈,高层互相拆台,全党上下脱节,中央没有核心和权威,下级不服从上级,地方党组织对中央决策合则用、不合则弃,党成了俱乐部。近年来,许多共产党深刻认识到"民主化"的弊端,吸取教训。不少党注重以党章、党纲和政治决议等明确基层组织的地位、功能和作用,对基层党组织基本任务、目标职能和运作方式都作了细致规定。法国共产党第三十八次全国代表大会讨论并通过了全国书记范比安·卢塞尔提出的《21世纪共产党宣言》等纲领性文件,重新定义了法共的组织方针,提出了加强党的组织建设的任务和措施,如明确党的各级机构权责,由全国理事会作出决定并纳入议程,由执委会负责落实,付诸实施;重视基层组织建设,扩大群众参与,推动乡村、大型居民点及基层群众参与党的活动和竞选,在企业中发展共产党力量,重视干部队伍建设,实行领导干部年轻化,主张用当代马克思主义成果武装全体党员,发动党员更加广泛积极地参加党的活动,完善党的各级领导机构民主决策能力,增强党组织工作和党员日常工作的协调性,创建党的互助机构,探寻在社区和企业建立党组织的可行性等。西班牙共产党等恢复和加强民主集中制,健全党的组织结构,通过强化党的组织建设,保持共产党的先进性和纯洁性。西共重提列宁主义,强调马克思列宁主义政党性质不能改变,认为恢复列宁主义并不意味着放弃通过竞选方式赢得政权的方针,未来西共将在延续联合左翼路线、扩大左翼联盟的同时，要求担任公职的西共党员增加西共的角色作用，同时扩大西共的行动能力，强化党组织对党员的组织要求，在左翼联合阵线中发挥出了核心和引领作用。近年，许多非执政的共产党十分重视互联网信息传播工作，纷纷投入人力和资金建设本党的信息网络平台，利用信息网络技术加强与民众沟通，提升党的组织活力特别是党的基层组织活力及效率，以提高党的行动力和战斗力。

## 第二节　非执政共产党理论变化原因

恩格斯说："现代社会主义，就其内容来说，首先是对现代社会中普遍存在的有财产者和无财产者之间、资本家和雇佣工人之间的阶级对立以及生产中普遍存在的无政府状态这两方面进行考察的结果"，"同任何新的学说一样，它必须首先从已有的思想材料出发，虽然它的根子深深扎在经济的事实中"。[①] 这就是说，现代社会主义的产生绝不是偶然的，而是有着深刻的阶级根源、社会根源和思想根源。同样，发达国家和发展中国家非执政共产党思想理论的发展变化与时代主题、生产力和科技发展水平、社会主义同资本主义的矛盾运动与力量对比的变化、国际共产主义运动潮起潮落等密切相关。社会主义理论来源于实践，服务于实践，并随着实践的发展而不断发展。时代性的问题和挑战，促使发达国家共产党对新的实践重新思考，独立自主地探索各自的发展道路。

### 一、随着世界形势和时代主题变化而调整

如何向社会主义过渡，这是世界社会主义必须回答的重大理论问题，也是世界社会主义运动史上长期未解的"斯芬克斯"。100多年来，各国共产党都对此进行了不懈的探索，在不同历史时期对党的指

---

① 中共中央马克思恩格斯列宁斯大林著作编译局编：《马克思恩格斯选集》（第三卷），北京：人民出版社，1995年版，第355页。

导思想和阶级性质、对无产阶级专政和民主道路、对公有制和计划经济等问题都提出了新的看法。对这些理论变化要结合当时的历史条件和社会背景来理解，按照辩证唯物主义和历史唯物主义的观点来看待这种探索及其思想成果，并根据其实际效果来判断。只有这样，我们才能对当前世界社会主义现状有较清晰的认识，并对社会主义未来充满信心。

二战后，战争与革命的风暴过去了，世界大潮转向和平与发展。同时，生产力水平提高，社会分工越来越细，知识产业、管理和服务行业等迅速崛起，传统产业工人减少，共产党传统的阶级基础和社会基础发生了很大变化。但在很长一段时间，一些共产党对这一历史时期国际形势发展趋势的判断和时代特征变化转换的把握都有偏颇之处：有的对资本主义发展趋势和社会主义发展阶段判断失误，低估了资本主义的适应能力和发展空间，高估了社会主义发展阶段和无产阶级革命胜利的可能性，没有及时调整理论纲领，思想观念和政策主张落后于客观形势的变化。东欧剧变、苏联解体使世界共运陷入低潮，继续坚持过去传统观念和做法越来越困难。新形势要求各国共产党人与时俱进，不断解放思想和更新观念，确立新形势下的新任务。

非执政共产党的理论变化是与不同时期无产阶级同资产阶级、社会主义同资本主义之间力量对比的变化而变化的。二战结束后一段时间，各国共产党力量迅速崛起，社会主义国家从一个扩展为多个，发展中国家一大批共产党建立起来，发达国家共产党成为左右本国政局的重要力量，社会主义阵营形成，社会主义实践全面展开，社会主义思潮风靡世界。在战后世界人民争取和平、民主、进步的历史潮流中，共产党成为最主要的领导力量，社会主义成为人类新的希望，获得了很大的发展空间。与此同时，以美国为首的西方国家掀起冷战和反共浪潮，一方面对以苏联为首的社会主义国家实行"遏制"政策；另一方面对本国共产党进行大力排挤和打击，并且成立了侵略性的军事集团如北大西洋公约、东南亚条约和中央条约等组织，对社会主义阵营产生巨大威胁。苏联对美西方国家进行了针锋相对的斗争，同东欧各国及中国、蒙古国、越南、朝鲜、古巴等社会主义国家分别签订了友好合作互助条约，并与东欧的社会主义国家建立了经互会和华沙条约组织。这样就在东西方形成两大阵营：一是以美国为首的帝国主义阵营，二是以苏联为首的社会主义阵营。两大阵营在政治、经济和军事方面长期尖锐对立。

在20世纪50年代—70年代社会主义和资本主义两极对立的世界格局中，社会主义思潮在世界各地非常流行，影响不断扩大，有几十个新独立的亚非拉国家先后宣称要走社会主义道路或以社会主义为发展方向。亚非拉国家的非执政共产党，积极投身民族解放运动和反帝反封建斗争，一些党还仿效苏联和中国革命成功经验，走武装斗争道路，并建立了自己的根据地；有的进行合法的议会斗争并取得较好成绩。西欧共产党在二战时期及战后初期力量大增，意大利共产党党员一度达到200多万人，一些力量较大的党多次加入政府，成为影响本国政局的重要力量。这一时期共产党的纲领主张表达了新生的社会主义阵营追求和平、民主、进步的强烈愿望，是世界人民在经历了二次世界大战后求民主、要和平的客观要求的直接反映，也是当时无产阶级同资产阶级、社会主义同资本主义的矛盾斗争和力量对比的直接表现。然而，这一时期苏美争霸，既拖垮了苏联，也强化了西方阵营向社会主义国家和共产党进攻的态势，导致一些共产党内部发生分裂，力量下降，思想混乱。20世纪末苏联东欧社会主义国家执政党纷纷垮台，两极对立结束，资本主义意识形态占了上风，许多非执政共产党不得不随着形势的变化而进行理论调整。

**二、与资本主义国家生产力和生产关系变革相关**

20世纪以来发生的重大科技革命带来了生产方式的变革，带来企业制度的创新，带来经济增长方式的转变，也带来了人们交往方式、思想观念的变化，由此产生世界形势和国际格局的新变化，并且引发出许多新的世界性问题，如核武器、高科技战争、经济安全、信息安全、恐怖主义等。在资本主义国家生产力和生产关系、经济基础和上层建筑都发生了显著变化的背景下，这些国家的共产党需要对时代性的问题和挑战作出回答，重新思考落后国家如何实现社会主义、发达国家如何通过民主方式走向社会主义等时代课题，独立自主地探索各自的发展道路。

资本主义、科学社会主义、民主社会主义作为20世纪世界流行的三大理论与实践，都受到科技革命和生产力发展的深刻影响。非执政共产党理论上的发展变化是与20世纪世界科技革命和资本主义的变化直接相关的。在苏联模式弊端开始暴露、社会主义国家之间关系紧张、国际共产主义运动内部大论战、大分裂、多数共产党忙于党内斗争之时，资本主义国家则大幅调整政策，强化了国家对经济的调控，通过大力发展高科技、深入进行结构调整、改善管理方法，扩大社会福利，使阶级矛盾有所缓和，生产力获得了新的相当大的发展余地。以微电子和计算机技术为中心的新科技革命在世界范围内兴起，国际竞争日益转向以经济、科技为重点的综合国力的竞争。西方资本主义国家加快自身调整步伐，经济加速发展。从20世纪80年代开始，随着计算机的逐渐普及，"网络革命"所推动的信息全球化、经济一体化给当代资本主义带来了新的变化，国家垄断资本主义正向国际垄断资本主义演变。相反，多数非执政共产党没有把握住二战后科技革命和信息革命带来的发展机遇，理论政策没有随着形势的变化而进行相应的调整。

### 三、与国际共产主义运动潮起潮落及苏联社会主义兴衰成败密切相关

世界上多数共产党是在俄国十月革命胜利后，由俄共（布）或共产国际帮助建立的，从一开始就深深地烙下了共产国际纲领路线的印痕。在二战后的革命斗争和社会主义建设实践中，许多党盲目照搬照抄苏联革命和建设的模式，"左"的倾向和教条主义盛行。苏联共产党

以"老子党"自居，在国际共产主义运动中搞"家长制"，根据自身战略需要强制推行苏联模式，使得其他"兄弟党""兄弟国家"长期依附于苏共，形成"一个中心、一条道路、一种模式"。苏共到处发号施令，干涉别党内部事务，引起一些党反感，并导致世界共运阵营内部屡屡发生争论与分裂。许多党在大论战后思想混乱，几遭挫折，有的甚至一蹶不振。东欧剧变、苏联解体更使各国共产党受到巨大冲击。20世纪90年代之后，各国共产党纷纷反思东欧剧变、苏联解体原因，并从中吸取教训。许多党告别传统观念，调整政策主张和活动方式。渐渐淡化过去追求的那种无产阶级国际主义理想，维护本民族和国家利益成为执政或参政的首要目标。这种变化说明，"一个中心"的解体客观上带来了世界社会主义运动史上的一次思想大解放，促使各国共产党重新思考，独立自主地探索各自的发展道路。

20世纪世界社会主义运动有过三次大的分裂，即第一次世界大战中和战后从社会党中分裂出共产党，形成共产党与社会党的对立、共产国际（第三国际）与社会主义工人国际的对立；20—30年代从苏联共产党中分裂出的托洛茨基派，形成第三国际与第四国际的对立；60—70年代从各国共产党分裂出"左派"，形成共产党与"左派"共产党的对立。以上分裂和变化表明，那些极"左"派别往往脱离本国国情和斗争实际，片面地理解马克思列宁主义和苏联经验，这种教条主义和机械照抄照搬，最后都以失败而告终。如20世纪70年代，柬埔寨共产党建立的红色高棉政权，实行"波尔布特式"的社会主义，不要城市和学校，废除货币、商品工资，全面实行全民供给制和公有化，搞红色恐怖和阶级斗争，结果内外交困，政权得而复失，导致亡党亡国；秘鲁共产党（光辉道路）片面地运用"武装夺取政权"理论，坚持暴力革命道路，最后也是全面溃败。

在东欧剧变、苏联解体前，一些发达国家共产党就开始了理论和政策调整，剧变只是加速这一调整变化过程。东欧剧变、苏联解体对发达国家共产党冲击很大，政治生态环境严重恶化，各国共产党不得不调整政策，对党的活动方式进行革新，对过去的目标和实践模式进行了程度不同的调整，从而努力寻找生存空间和发展出路。理论和政策调整较大的是西欧共产党，美共和日共等发达国家的共产党也有所调整。如果说当初的探索和调整还是消极被动的话，那么20世纪80年代后就从被动的调整变为主动的调整，目前初步完成了从消极面对世界社会主义低潮到积极调整政策，从被动反思东欧剧变、苏联解体到主动探索社会主义发展道路的转变过程，自发性减少，自觉性上升，对社会主义问题的认识也逐渐丰富多彩。

**四、受照搬照抄马克思主义的教条式理解和片面性附加态度影响**

马克思主义认为，所谓"社会主义"社会不是一种不变的东西，而应当和任何其他社会制度一样，把它看成是经常变化和改革的社会。列宁也认为，社会主义是各个国家前进的目标，"一切民族都将走向社会主义，这是不可避免的，但是一切民族的走法却不会完全一样，在民主的这种或那种形式上，在无产阶级专政的这种或那种形态上，在社会生活各方面的社会主义改造的速度上，每个民族都会有自己的特点"[1]。作为马克思主义继承和发展的列宁主义，非常注重无产阶级革命的创新意识，反对以教条主义对待马克思主义，提倡具体情况具体分析，并认为这是马克思主义活的灵魂。然而，在20世纪相当长一段时间，许多非执政的共产党对待马克思主义的态度是不科学的，他们一方面把马克思主义的某些具体论断教条化，另一方面又把自己对社会主义的片面理解附加给马克思主义。特别是在什么是社会主义和怎样实现社会主义等问题上，教条式地诠释马列经典著作，甚至把苏联的教科书奉为经典，这种做法一度十分盛行。一些非执政的共产党长期忽视本国国情，没有根据本国社会经济发展水平来制定自己的路线方针政策，理论脱离实际，政策超越阶段。有的把社会主义国家执政

---

[1] 中共中央马克思恩格斯列宁斯大林著作编译局译：《列宁全集》（第二十八卷），北京：人民出版社，1990年版，第163页。

党的口号和目标作为自己的行动纲领，在革命斗争中急于夺权，有的党还全盘否定历史文化传统，对资本主义和人类文明采取虚无主义态度和排斥政策。急躁冒进的结果是欲速而不达，甚至断送了革命前程，使对社会主义的探索变得十分艰难。

东欧剧变、苏联解体后，非执政共产党都总结苏共垮台的教训，认识到不能照搬照抄别国别党的经验，对马克思主义也不能教条式照抄和片面的附加，按照本国和本党实际进行理论政策调整。法共、西共、意重建共等党强调指导思想的多元性，思想理论上融传统社会主义、社会民主主义、新自由主义及环境保护主义等思潮于一体，把民主、自由、平等、人道主义甚至基督教伦理思想也作为党的指导思想；一些发展中国家共产党在坚持马克思主义的同时，提出将本国民族主义、爱国主义等有代表性和凝聚力的进步思想和革命传统纳入党的指导思想范围，并探索构筑适应社会发展状况和国民特点的多层次、多元化的思想道德和价值观体系。然而，一些共产党的调整改革并没达到预期效果，反而导致力量日益下降，处境更加艰难。法共等多年不断"革新"，淡化共产党特色，却没能阻遏下滑趋势。

为遏制影响力日趋下降的势头，一些共产党在不断反思和调整政策的基础上，坚持共产党的左翼特色，对一些过激过左的政策进行调整，改变过去的一些做法，在策略上重视同左翼力量的联合与合作，一部分共产党如葡共、希腊共、西共、印共（马）等始终保持左翼特色，坚持自己的政策主张，并没有因此而失去原有的支持者，力量还有所发展。发展中国家非执政共产党的改革调整总体上不如发达国家共产党那样"全面深刻"和"离经叛道"，因而共产党力量基本上没有太大的变化，有的还略有上升。

## 第三节　非执政共产党理论探索的比较及总体评价

与时俱进是马克思主义的理论品格，也是社会主义的实践品格。

马克思主义诞生以来，一直是共产党的指导思想，对世界社会主义思潮流派和理论演变都产生了很大的影响，并在实践中带来了许多变化。无论是发达国家还是发展中国家的非执政共产党，其指导思想都经历了实践洗礼和创新，各自表现出不同的特点。比较其中的相同点和不同点，并从中找出理论变化的特点，对我们把握马克思主义理论本土化的发展规律，不断推进本国特色社会主义进程具有重要意义。

## 一、非执政共产党理论变化的异同点

经过20世纪国际共产主义运动潮起潮落后和21世纪初对西方制度危机的深刻反思，非执政共产党理论变化的相似点增多，但差异和纷争仍存。从共识方面看，主要表现如下：

非执政共产党基本上都继续坚持社会主义理想和价值取向。在当今非执政共产党的党章党纲中，都不同程度规定要坚持共产主义或社会主义为奋斗目标，尽管有的党只坚持社会主义，不提共产主义，但普遍认为，社会主义仍然具有现实生命力，只有社会主义才能将人类文明的成果用于造福劳动人民，促进社会进步。东欧剧变、苏联解体绝不是马克思主义和社会主义的失败，而是社会主义在实践中出现的挫折和反复，马克思主义的科学原理没有过时，人类的未来必将属于社会主义。

各类非执政共产党普遍认识到社会主义没有固定模式，必须探索适合本国国情的社会主义道路。随着20世纪世界社会主义的曲折发展，经过不断总结社会主义实践的经验教训，特别是总结东欧剧变、苏联解体的历史教训，各主要非执政共产党都主张要结合本国国情和本党实际，走自己的路。发达国家的共产党很早就意识到这一点，并提出了自己的社会主义主张。东欧剧变、苏联解体后，广大发展中国家和转型国家的非执政共产党都深刻地认识到要走本国特色的社会主义道路。如俄共主张以自己特有的方式反映社会发展的普遍规律，探索有俄罗斯民族特色的社会主义之路；南非共主张要把对社会主义的追求融于日常工作之中，提出了"未来属于社会主义，建设自今日始"的口号；尼泊尔共（联合马列）提出人民多党民主主义思想，强调要把民族民主主义与社会主义思想有机地统一起来。

各类非执政共产党继续批判资本主义的矛盾和弊端，对当代资本主义有相同的看法。二战后，资本主义得到了一定程度的发展，特别是冷战后，随着经济全球化的发展，资本主义出现了许多新的变化，在世界政治经济体系中处于主导地位，但其基本矛盾依然存在，弊端重重。发达国家共产党对资本主义的矛盾弊端的认识更加真切，它们一方面指出，资本主义不是走向更美好、更公正世界的现代社会模式；另一方面也认识到当代资本主义依然具有发展潜力，对资本主义的看法比较客观。前苏东地区国家共产党经历了社会主义向资本主义的制度转变，对资本主义矛盾弊端的认识逐步加深，指出现行的原始资本主义体制腐朽透顶，社会主义时期国民经济各领域取得的成就丧失殆尽，人民普遍感觉生活大不如前。发展中国家共产党苦于资本主义发达所带来的外部压力，也苦于国内资本主义不发达所带来的痛苦，它们一方面反对西方国家利用经济全球化之机，向世界扩展资本主义体系，另一方面把争取人民民主作为目前的主要任务。

非执政共产党理论调整变化的不同点，主要表现在以下几方面：

对社会主义目标、任务有不同的看法。多数党特别是发达国家的非执政共产党把实现民主、公正等作为社会主义追求的目标，把争取更多的选民作为目前的主要任务，认为今后的主要任务是争取选民，当好反对派角色，实现由议会外的反对派向议会内的多数派的角色转变。有的党政策"中间化"、斗争法制化，向社会党日益靠拢，把建立广泛的左翼联盟，争取更多议会席位作为主要任务。有的仍然以武装夺取政权为目标，把扩大武装，建立自己的根据地作为主要任务。在对社会主义实现形式上也出现不同看法，多数共产党认为，目前世界社会主义运动处于低潮，不具备革命形势，只能通过合法斗争的形式争取向社会主义过渡，首要任务是争取人民民主。阿拉伯国家共产党强调把"社会主义和阿拉伯统一"同时作为党的目标,认为实现社会主义的斗争方式主要是和平方式。巴西共产党放弃"武装斗争是唯一革命道路"的观点,开展以议会为中心的合法斗争,主张分阶段实现社会主义。拉美地区一些曾经从事武装斗争的党,正在通过与政府谈判,更大程度地参与合法斗争。

在共产党的指导思想上存在多元化与一元化的差别。在西欧共产党中就出现了这种一元与多元变化的态势,以葡萄牙、希腊、德国的共产党为一类,继续以马列主义为指导思想,坚持无产阶级国际主义和共产党的先进性质;以法共、西共、意重建共为另一类,强调指导思想的多元性,把民主、自由、平等、人道主义甚至基督教伦理思想也作为党的指导思想。大多数发展中国家非执政共产党坚持马克思主义的意识形态作为党的指导思想,但也有的党淡化马克思主义意识形态色彩,把自由、民主、人权等思想作为党的指导思想。有的党思想理论上融传统社会主义、社会民主主义、新自由主义及环境保护主义等思潮于一体。

对共产党的阶级性质的不同看法。按照马克思主义经典作家的理论,政党是阶级和阶级斗争的产物,共产党是代表无产阶级利益的革命政党,是工人阶级的先锋队,是用马克思主义理论武装起来的政党。一个多世纪以来,党的性质问题一直是理论探讨中的重要问题,引发过许多争论。目前,各国共产党对党的性质存在一些不同的看法。

## 二、非执政共产党理论变化和政策调整中的经验教训

第一,把马克思主义与本国实际相结合,走自己的路,不断进行理论探索和创新,是100多年来各国共产党探索社会主义的实践所证实的一条根本经验。社会主义是人类社会发展的必经阶段,一切民族、一切国家都将走向社会主义、共产主义。但是,一切民族走向社会主义、共产主义的具体道路却不可能完全一样,每个民族都会有自己的特点。马克思、恩格斯历来反对把他们的理论当作固定的模式或教条

来机械照搬，他们一再强调："我们的理论是发展的理论，而不是必须背得烂熟并机械地加以重复的教条。"① 恩格斯在晚年回答什么是社会主义问题时，指出："我认为，所谓'社会主义社会'不是一种一成不变的东西，而应当和其他社会制度一样，把它看成是经常变化和改革的社会。"② 实现社会主义是一个长期历史过程，在任何一个国家都不是轻而易举的事情，需要各国共产党结合本国国情和本党实际，走自己的路。作为第一个社会主义国家缔造者的列宁也认为，社会主义建设不可能存在一个统一的模式，也没有一个先验的公式，而要把马克思主义普遍原理同各个国家的具体情况相结合，他指出："需要独立地探讨马克思的理论，因为它所提供的只是总的指导原理，而这些原理的应用，具体地说，在英国不同于法国，在法国不同于德国，在德国又不同于俄国。"③ 俄国十月革命胜利不是历史的偶然，实际上是列宁将马克思主义基本原理与俄国实际相结合的产物，不照搬马克思、恩格斯原话，而是具体情况具体分析，走自己的路，这是俄国十月革命实践得出的一条根本经验。

第二，共产党必须保持自己的特性，处理好调整改革和保持特色的关系，始终成为批判和"超越"资本主义的基本力量。共产党是工人阶级和劳动大众的先进部队，其根本任务是为实现广大劳动人民的利益而斗争，共产党的理论政策可以与时俱进，不断调整，但共产党的本色不能丢。思想理论是共产党的旗帜，要维护党的团结和实现革命事业的发展，必须坚持正确的思想路线，保持思想理论的统一。国际金融危机充分暴露了资本主义制度弊端，非执政共产党更加坚定了社会主义信念，以维护劳动大众利益为工作重点，积极开展反对资本

---

① 中共中央马克思恩格斯列宁斯大林著作编译局编：《马克思恩格斯选集》（第一卷），北京：人民出版社版，1995年版，第248页。
② 中共中央马克思恩格斯列宁斯大林著作编译局编：《马克思恩格斯选集》（第四卷），北京：人民出版社，1995年版，第693页。
③ 中共中央马克思恩格斯列宁斯大林著作编译局编：《列宁选集》（第一卷），北京：人民出版社，1995年版，第274—275页。

主义的斗争。调整改革始终是推动社会主义向前发展的动力，只有对不适应现实的路线方针政策进行调整，才能保持共产党与时俱进，但调整改革并不是放弃共产党的根本，不是否定传统，应处理好调整改革与保持共产党传统特色的关系。东欧剧变、苏联解体后，一些共产党没有放弃共产主义理想目标，也没有改变共产党性质，始终把自己看作是替代资本主义的基本力量。由于在调整改革中保持共产党特色不变，这些党依旧吸引传统的支持者，力量稳中有升。然而，有的共产党打着革新旗帜，理论政策上向社会民主主义靠拢，淡化共产党色彩；有的在参与执政的过程中，为保持自己的地位不得不向主导政权的大党妥协，立场模糊，成为执政大党的附庸。这些短视的行为，使其最终失去了传统支持者。由于缺乏依靠力量，走下坡路不可避免。法国共产党多年来虽不断调整纲领、路线、政策，但仍难解决民众关心的问题，无力联合其他左翼，也无法增加对传统选民的吸引力，力量不断下滑。在2007年总统选举中得票率由2002年的3.4%下降为1.9%，议会选举中获得17席，比上次减少4席。目前，法共不再提"变革"，表示要突出党的战斗性和政策的独立性，把反对新自由主义作为党的旗帜和主要任务，进一步突出法共的左翼色彩。在新形势下，众多共产党希望加强左翼联合共同发展。一些左翼政党联合举行各种国际会议、研讨会等，声讨资本主义是国际金融危机的罪魁祸首，表示金融危机标志着新自由主义终结，认为只有社会主义才能克服危机。地区和国际层面的左翼联合，不仅能在思想上沟通交流，而且在行动中能合作支持，推动左翼力量共同壮大。

第三，共产党在实践中要把原则的坚定性与策略的灵活性结合起来。无产阶级政党的奋斗目标是社会主义、共产主义，由于对社会主义、共产主义原理的不同理解和结合对世界形势和本国实际的不同认识，党内时常出现分歧，严重的分歧难免导致党在组织上的分裂。在资本主义多党民主体制下，共产党的影响大小主要是通过自己的支持者和同情者多少体现出来的，如果要上台执政或参政，必须要有一定数量的民众支持，也就是要争取到一定的选票。因此，共产党在任何时候都要把争取民众支持和赢得更多选票作为实现执政目标的重点，"回归"或"左转"的政策措施也要体现这一根本，要以党内多数人拥护和能吸引更多支持者作为工作的出发点和落脚点。南非共和法共在政策主张上向"左转"，其目的在于保持和扩大自己的影响，使自己能在困境中站住脚跟。

### 三、对各类非执政共产党理论探索的评价

第一，发达国家共产党多样化的理论探索是有着深刻的根源和背景的，是对时代提出的问题和挑战的回答。复杂的国内外形势和社会阶级结构的变化，给各国共产党的生存和发展提出了新的要求，一些党据此对社会主义和党的性质作出新的表述。这种不同表述及差别，是它们适应客观形势和实际情况的变化进行理论政策调整的主要表现之一。过去很长一段时间，许多国家共产党在制定党的纲领目标时，对实现社会主义、共产主义抱有不切实际的看法，纲领目标和斗争策略过"左"过急，犯了超越阶段的"革命急躁病"。东欧剧变、苏联解体后，经过反思和理论政策调整，多数共产党对社会主义、共产主义实现时间的认识"由近变远""由短变长"了，对社会主义发展阶段的认识"由高变低""由虚变实"了。在斗争策略方面，寻找纲领目标与斗争实践的结合点，大多主张在多元化的民主框架内循序渐进地和平实现社会主义。一些发达国家共产党主张在现有资本主义社会的框架内，通过议会斗争和其他合法的日常斗争方式，逐步实现自己的斗争目标。发展中国家的一些非执政共产党对过去超越阶段的"革命急躁病"进行了深刻反思，对未来社会主义的设想不像过去那些抽象空洞，目标具体实际，容易被本国人民接受。强调将在宪法和法律范围内为劳动者的权利而斗争，通过党在国家权力机关中的代表实施自己的政策。在当前新的历史条件下，各国共产党尽管名称一样，但政策主张各有不同，对党的性质和对社会主义实现形式的表述彼此差

别较大，很难用一个标准来衡量，应结合其产生的客观条件和社会背景进行分析判断。各类非执政共产党根据形势的变化和自己所处的环境，对原有纲领目标和斗争策略进行了程度不同的调整。这种调整实质上是把争取社会主义理想胜利的斗争扎根于各国的现实之中，扎根于各国人民争取民主、和平和幸福的现实斗争之中，走符合本国国情的发展道路。社会主义、共产主义纲领目标由短变长、由虚变实，有利于世界社会主义运动健康发展。世界社会主义的未来是光明的，但它的细枝末节只能由实践来描绘。今天让我们困惑不清的那些重大理论问题，最终也只能由历史做出答复。

第二，各类非执政共产党对社会主义的看法和对党的性质虽有不同表述，但总体上并没有改变其纲领目标和价值取向。按照马克思主义经典作家的论述，共产党是无产阶级的先锋队，其最高纲领是通过无产阶级专政，消灭资本主义，建立社会主义制度，最终实现共产主义。在这里，共产党的无产阶级性质与共产主义奋斗目标紧密联系在一起。如果党的性质变了，就不会把社会主义当作党的纲领目标；反之，如果不以社会主义为奋斗目标，这样的党也就不成其为共产党了。现在一些非执政的共产党对党的性质有不同表述，认为共产党不仅仅是无产阶级的阶级政党，也可以把所有与共产党持有相同价值目标的人作为党的成员；一些党在社会主义本质特征和社会主义实现形式上有不同理解，把民主作为社会主义的本质，主张通过民主形式来实现社会主义。尽管在社会主义和党的性质等问题上不完全是传统的马克思列宁主义观点，但共产主义仍然是党的奋斗目标和最高纲领。除个别党改变了过去的价值追求和最高纲领外，大多数党并没有因调整对党的性质表述而放弃共产主义奋斗目标。无论是发达国家的非执政共产党，还是发展中国家、转型国家的非执政共产党，尽管对党的性质和社会主义有新的看法，但一般而言并不想同社会党或其他党相混淆，表示应在共产党当前的主要任务、依靠力量等方面要与社会党有所区别。

第三，发达国家共产党的多样化探索有利于拓宽社会主义思路，对其探索及其成果应予尊重。邓小平认为，"各国的事情，一定要尊重各国的党、各国的人民，由他们自己去寻找道路，去探索，去解决问题"。各国党制定的方针、路线是对还是错，"应该由本国党和人民去判断。最了解那个国家情况的，毕竟还是本国的同志"①。发达国家共产党在资本主义框架内进行民主改革，进而实现社会主义，这在世界上还没有先例，迄今为止还是一种探索。对这种探索我们要充分关注并充分尊重，不能用传统的观点和眼光进行评判。实践在发展，时代在前进，马克思主义也在不断丰富和发展之中。100多年前马克思主义经典作家对科学社会主义和共产党纲领主张的一些具体论断，不是一成不变的教条，需要不断完善和发展。过去一段时间各国共产党对如何坚持和发展马克思主义，如何革新社会主义的认识并不相同，有的视马克思主义为不变的教条，以抽象的原则来评判当今社会主义现实，纠缠于教条式的理论争论，批判资本主义仅停留在抽象的道德评判层面上，其替代资本主义的主张往往只是空洞口号，无法付诸实践。东欧剧变、苏联解体后，许多非执政的共产党对苏联社会主义模式进行了深刻反思，对未来社会主义的发展方向和实现形式进行了认真探讨，对共产党的指导思想、阶级基础和作用方式有新的表述，其纲领主张更注重兼收并蓄和突出时代性。在坚持马克思主义的基础上，将本国民族主义、爱国主义等有代表性和凝聚力的进步思想和革命传统纳入党的指导思想范围，并探索构筑适应社会发展状况和国民特点的多层次、多元化的思想，注意汲取国内外一切进步思想的精华丰富党的指导思想。一些党对党的阶级属性和指导思想进行深刻反思和深入探讨，并提出了一些新观点，有助于深化对党的性质的认识，对丰富和发展马克思主义理论起到一定的推动作用。另外，一些党对未来社会主义的探讨，是立足当代发达资本主义国家的现实的基础上的，有

---

① 邓小平：《邓小平文选》（第二卷），北京：人民出版社，1993年版，第318页。

些提法对我们研究社会主义问题有一定的借鉴意义。如日共在对未来社会构想方面，放弃了原来关于未来社会两个阶段的论述，创造了"社会主义·共产主义社会"的新词语，允许党内自由地使用这两个词汇。2000年，日共二十二大提出"争取实现没有剥削、压迫和战争，人与人之间的关系是真正平等和自由的共同社会"，用"共同社会"取代了"共产主义社会"。基于不能把分配论作为未来社会标志的认识，日共还取消了把"按需分配"作为未来社会标志的提法，并把"生产资料的社会化"作为实现未来社会的核心问题，并从"生产资料的社会化"这一角度来界定未来社会的优越性和本质特征。党纲规定，生产资料的社会化将消灭人对人的剥削，提高所有人的生活，消除社会贫困，并能从根本上缩短劳动时间，从而成为保障人的发展的基础。所以我们重视人的全面发展，将其作为实现社会跨越性发展而进入未来社会的最大特点。在已经实现生产资料社会化的共产主义社会，社会理性将发挥作用。日共党纲称，生产资料的社会化将把生产和经济的推动力从资本的牟利行为转移到推动社会进步和丰富社会成员物质与精神生活需要，通过实行对经济有计划的管理，将能消除反复的经济危机与萧条，有效控制对环境的破坏和社会差距拉大等问题。生产资料的社会化将使经济从利润至上的狭义框架中解放出来，为实现支撑人类社会运行的物质生产的飞跃性发展创造条件。世界社会主义历史证明，"一条道路、一个中心、一种模式"是行不通的，各国的革命和建设主要靠本国的党和人民把马克思主义基本原理与本国具体实际相结合，从本国发展阶段的实际出发，重新认识社会主义，不断探索社会主义道路。这种探索一定意义上能拓宽社会主义思路，也有利于世界社会主义健康发展。比较借鉴这些创新性认识，有助于拓宽社会主义理论研究的思路。

第四，要认清科学社会主义理论与非执政共产党的社会主义理论的区别。各类非执政共产党理论主张的调整与变化，其中有合理成分，也有与科学社会主义不一致的地方。科学社会主义作为一种理论和实践，始终坚持马克思主义的一元性指导地位，不可能有多元思想，更不会将资产阶级的民主、自由、平等、博爱等内容纳入马克思主义意识形态之中。而当今相当一部分非执政共产党，主张指导思想的多元化，这势必造成思想混乱，不利于党的团结与统一，也很难正确指导实践。在民主问题上，科学社会主义也认为"没有民主就没有社会主义"，但科学社会主义主张的民主，是利用人民群众的民主去争取社会主义的胜利。而当今一些非执政共产党主张的民主是局限于资产阶级框架内的民主，是利用资本主义民主形式来达到实现社会主义的目标。然而，通过资本主义民主形式是很难实现共产党的纲领目标的。我们认清科学社会主义和当今一些非执政共产党纲领主张的不同，丝毫不意味着要全盘否定它们的纲领主张，也不是要把科学社会主义的原理绝对化和凝固化。认识这种不同的目的，最终是要坚持和发展科学社会主义理论。虽然一些非执政共产党对马克思主义、科学社会主义看法有分歧，但普遍认同马克思主义理论不是教条，而是行动指南，必须随着实践的变化而发展，建设和发展社会主义必须走符合各自国情党情的道路。呼吁"让马克思主义活起来"，主张创造性地对时代特征、当代资本主义发展阶段、实现社会主义的方式路径等一系列基本问题作出有说服力的回答，已成为许多共产党的共识，这些共识成为凝聚各国共产党的"最大公约数"。在中国深圳举行的纪念马克思诞辰200周年专题研讨会上，与会的各国共产党领导人探讨了怎样把马克思主义与现实结合的问题。澳大利亚共产党副主席马斯特说，澳共用了很长时间才认识到共产主义并无固定模式，各国共产党都需要找到一条适合自己的路。瑞典共产党国际书记尼尔森说，瑞典有浓厚的社会民主主义传统，伴随资本主义危机深化，瑞共开始寻找在瑞典实现社会主义的路径。许多共产党认为，深入总结中国特色社会主义理论和实践创新经验，特别是中国共产党治国理政和管党治党经验，将其转化为具有世界意义与影响的"中国方案"，将成为各国共产党人的新课题。

# 第七章 中国共产党与外国共产党关系的历史演变与基本经验

中国共产党诞生100年来，同外国共产党的关系经历了一个曲折发展过程。在20世纪国际共产主义运动"大家庭"中，各国共产党关系并不平等。为争取独立平等的党际交往，中共提出要在新型党际关系四项原则基础上发展同各国共产党关系，开创了马克思主义政党党际交往新局面，取得了宝贵的历史经验。

## 第一节 按照无产阶级国际主义原则开展同外国共产党的交往

马克思主义经典作家一贯强调无产阶级政党的国际团结、国际联合与共同行动，以反对共同的敌人即各国资产阶级。无产阶级国际主义原则被运用到无产阶级政党关系之中，成为指导各国共产党、工人党发展党际关系的一条根本原则。中国共产党在新民主主义革命时期，按照无产阶级国际主义原则，积极发展同以苏联共产党为首的外国共产党及共产国际之间的关系。

## 一、同共产国际及俄共（布）等外国共产党交往

中国共产党在创立和初兴时期，奉行无产阶级国际主义，积极发展同共产国际的关系。1922年7月，中共二大提出，中国共产党"要和世界无产阶级联合起来"，加入共产国际。共产国际要求各支部（各国共产党）的重大方针、行动计划和领导成员都需同共产国际协商，要求各国共产党一切听从共产国际的指导，一切服从苏联的利益。共产国际对中国革命的发展具有积极的推动作用，但也出现过一些消极影响。中共在与共产国际和苏联共产党的交往中，既要争取它们的支持和帮助，又要努力争取中共自主地位、力争减少外来控制。

遵义会议后，中国革命与共产国际的关系开始进入一个新的阶段，共产国际大大减少了对中共内部事务的干涉。在反抗日本帝国主义侵华的战争中，共产国际号召各国共产党支持中国人民反法西斯斗争，一些外国共产党和友好人士尽最大力量支援中国抗战，如派遣国际共产主义战士白求恩等赴中国抗战前线救治伤员。日本共产党是国际共产主义运动中的一支重要力量，在新中国成立之前，日共与中共并肩战斗，为中国人民革命胜利作出了贡献，与中共结下了深厚的友谊。日共领导人野坂参三曾在延安从事对日本的军事、政治、经济、社会等情况的调查研究工作，与中共高层领导人毛泽东、周恩来等建立了良好的关系。中国共产党也坚持无产阶级国际主义原则，履行国际主义义务。1941年6月德国发动对苏联的战争后，中共立即声援苏联共产党，号召"各国人民组织国际统一战线为着反对国际法西斯而斗争，为着保卫苏联、保卫中国、保卫一切民族的自由独立而斗争"。中共还通过发电报或声明等形式，声援其他国家的共产党，支持世界人民的正义斗争。

中共在新民主主义革命时期的对外交往对象主要是外国共产党和进步组织及人士，主要任务是通过对外交往获得世界进步力量在道义和物质方面的支持，为中共开展武装斗争、壮大统一战线、夺取全国

政权服务。中共这一时期同外国共产党尤其是同共产国际和苏共的交往，使得在国际上发出了中共的声音，奠定了中共国际交往的基础，也积累了对外交往的宝贵经验。

## 二、同社会主义国家执政党和其他兄弟党交往

中国共产党成为执政党后，为了巩固新生政权，需要加强同其他国家共产党的联系，扩大在国际上的影响，一度实行"一边倒"的对外政策，即与苏联为首的社会主义阵营全面合作。20世纪50年代中后期，中共提出独立自主、互相尊重等处理兄弟党关系的准则，积极发展同社会主义国家执政党及世界各国共产党的关系，同时明确反对苏联大国大党主义，既维护了社会主义阵营的团结，也捍卫了中国的国家主权和尊严。

发展同苏联共产党的兄弟友好关系是当时中共对外交往工作的重点。毛泽东于1949年12月、1957年11月正式应邀出访苏联，刘少奇、朱德、周恩来、邓小平等也曾多次率团访问苏联。除同苏联共产党保持友好关系外，中共与罗马尼亚、保加利亚、匈牙利、捷克斯洛伐克、民主德国、波兰、阿尔巴尼亚等各社会主义国家的共产党、工人党建立了友好关系和紧密联系，同朝鲜劳动党、越南共产党的关系更是情同手足，来往十分密切。与此同时，中共与当时世界上70多个未执政的共产党、工人党进行了交往，支持各国共产党反对帝国主义战争、维护世界和平、为本国工人阶级和劳动人民争取合法利益的斗争，特别是支援亚洲各国人民和共产党、工人党开展争取民族解放和独立的斗争。新中国成立初期，日本共产党与中共交往密切，成为相互支持的"兄弟党"。1950年6月，针对美军驻日统帅麦克阿瑟令日本吉田政府"肃整"日本共产党中央委员会全体委员24人一事，中共中央发表声明，严厉斥责麦克阿瑟和吉田政府的暴行，号召全中国人

民和全世界人民一致声援日本共产党和日本的爱国人民。①

中国共产党全国执政后的对外交往是新中国总体外交的重要组成部分，中共领导人同外国共产党领导人之间的友好关系对推动党际关系和国家关系发展发挥了重要作用。每遇到兄弟党建党日或领导人生日，中共领导人毛泽东、刘少奇、朱德、周恩来往往联名发函致贺。1956年9月，中国共产党召开第八次全国代表大会，正式邀请外国党参加，当时国际共产主义运动中的风云人物和党的主要领导人率团与会，来自56个国家的共产党、工人党代表团到会祝贺。毛泽东高度重视外国政党派代表团出席中共八大，亲自接见与会的各国党领导人，介绍中共大政方针，增进了中共与各国政党的相互了解和友谊。周恩来总理亲自安排有关的接待工作，同外国与会党团进行密集交流和对话。1959年新中国十周年国庆时，有61个外国共产党派代表团参加了庆典。外国党的代表团出席中共八大和参加新中国十周年国庆活动，对中国共产党、对新生的中华人民共和国都是巨大的支持，非常难得。此外，中共还与一些意识形态不同的社会党、民族主义政党进行来往，如英国工党理查德·艾德礼于1954年8月应中国外交学会邀请访华，毛泽东、刘少奇、周恩来、朱德、陈云、邓小平等中共领导人分别会见，当时一度成为国际新闻头条。

1960年4月，为纪念列宁诞辰90周年，《人民日报》《红旗》杂志发表了《列宁主义万岁》《沿着伟大列宁的道路前进》《在列宁的革命旗帜下团结起来》三篇长文，表面上是批判南斯拉夫修正主义，实际上是系统全面批判赫鲁晓夫的和平过渡、和平共处、和平竞赛、战争可以避免等理论，自此中苏两党开始大论战。1960年6月，赫鲁晓夫在布加勒斯特举行的社会主义国家共产党、工人党代表会议上，对彭真率领的中共代表团进行了突然袭击和组织围攻，同年7月，苏联政府突然照会中国政府，决定在一个月内，召回在华的全部苏联专家。

---

① 中联部对外工作大事记编写组编：《中国共产党对外工作大事记》（上册），北京：当代世界出版社，2001年版，第13页。

中苏两党分歧公开化。受中苏论战影响，一批社会主义国家兄弟党和其他国家共产党紧跟苏共路线而渐渐远离中共。中共也开始支持反帝反修的阿尔巴尼亚党和各国名为马列的共产党和左派组织。在中苏两党两国关系出现摩擦之际，中共以《人民日报》《红旗》杂志社论等形式，相继发表了系列理论文章，阐述了中共关于战争与和平、国家与革命、反对现代修正主义、国际共产主义运动内部团结等重大问题的看法，苏共也发表文章指责中共的路线方针政策，双方论争扩大到国际共产主义运动大论战。1965年3月，苏联共产党不顾中国共产党的反对召开各国"共产党和工人党代表协商会晤"（19党协商会议，中共等7个国家的共产党拒绝参加），会议同意继续以苏共纲领作为国际共产主义运动总路线的核心。毛泽东发表文章认为，这次会议"是一个公开分裂国际共产主义运动的极其严重的步骤"，"国际共产主义运动的两条路线的斗争，已经进入了一个新的阶段。"[①] 此外，还明确提出实现国际共产主义运动新的团结的条件，即苏共公开承认自己所提出的政策是错误的。在当时氛围下，苏共及其支持者是根本不可能接受中共开出的这一条件的。从此以后，国际共产主义运动分裂为以中共为首和以苏共为首的两支队伍，中共再也没有参加过苏共召集的兄弟党国际会议。

由于中共与苏共在意识形态上的分歧日益加剧，加之双方都是执政党，党际关系影响到了国家关系，最终导致中苏国家关系的恶化，中国与东欧一些社会主义国家的关系也受到影响。大论战导致国际共产主义运动和社会主义阵营分裂，教训深刻。

### 三、同共产党"左派"交往

随着"文化大革命"全面展开，中共对外交往与世界革命目标紧密结合一起，对外方针出现"支援世界革命"的提法。"文化大革命"

---

[①] 中联部对外工作大事记编写组编：《中国共产党对外工作大事记》（上册），北京：当代世界出版社，2000年版，第278页。

十年期间，中共先后举行了九大、十大，提出坚持无产阶级国际主义、反帝反修，支援世界革命的外交方针，认为社会主义国家应该把支持亚非拉各国人民革命斗争作为自己的国际主义义务。"在中国的对外工作方面，要为世界革命服务，为人类进步和世界和平的伟大事业做出更大更多的贡献。"① 要同全世界一切真正的马克思列宁主义政党和组织团结在一起，把反对现代修正主义的斗争进行到底。

受"文化大革命"和支持世界革命的极"左"外交方针的影响，这一时期，中国共产党对外交往中出现了一些不可思议的有违外交惯例的行为。当时主管对外工作的康生，严令国内有关部门向中国各驻外使馆、领馆大量寄送毛主席著作、语录、像章和"文化大革命"宣传品。这一做法，引起许多国家对中国的不满和反感。在北京发生了火烧英国驻华代办处、在机场揪斗打伤日共《赤旗报》驻京代表等多起恶性的外交事件。"文化大革命"开始后，中国同已建交或半建交的40多个国家中的近30个国家发生了外交纠纷，同一些国家的外交关系甚至恶化到降级或断交的严重地步。

从1966年起，中共与苏东各党改变了以往每逢对方建党日，由各自党中央及领导人分别致电视贺的惯例，不再用党的名义祝贺，实际上是互不承认。由于"文化大革命"中党的对外工作重点是"支左反修"，中共与支持苏共的70多个共产党、工人党陆续中断了联系，仅同阿尔巴尼亚劳动党、越南共产党、罗马尼亚共产党等10多个共产党继续交往。这一时期，中共主要是同少数支持中共观点、反对苏共路线的"左派"共产党交往，如澳大利亚共产党（马列）、新西兰共产党、意大利共产党（马列）、比利时共产党（马列）、厄瓜多尔共产党（马列）、锡兰共产党。阿尔巴尼亚劳动党中央领导人霍查、谢胡、巴卢库、卡博等、澳共（马列）中央主席希尔、新西兰共产党中央总书记威尔科克斯等共产党左派人物经常访华并受到高规格的礼遇和中国

---

① 《人民战争胜利万岁——纪念中国人民抗日战争胜利二十周年》，载《人民日报》，1965年9月3日，第1版。

媒体的广泛报道，中共领导人在接见这些左派党时，主要是介绍中国"文化大革命"情况和如何反修防修、防止资本主义复辟等问题。"文化大革命"期间，中共在对外交往中公开支持东南亚国家共产党的武装斗争，向外输出革命，影响中国同东南亚各国之间正常关系发展，导致党际交往范围日益缩小，对外工作陷入困境。

## 第二节　按照新型党际关系原则发展同各国共产党的关系

20世纪70年代末，随着党的工作重心的转移，中共对外交往的指导思想和目标开始了调整，从过去服从世界革命转移到服务国内经济建设上来，以意识形态划线的交往模式也随之发生了深刻变化，同外国共产党交往遵行新型党际关系四项原则，实现了党的对外工作历史性的开拓创新。

### 一、新型党际关系原则的确立

党的十一届三中全会实现了党和国家中心工作的转移，中共对外交往的指导思想和工作重心也发生了根本变化，实现了从支援世界革命到服务于改革开放和社会主义建设的历史性转变。邓小平在这一历史性转变中发挥了关键作用，作出了重要贡献。邓小平继承和发展了马克思、恩格斯、列宁、毛泽东有关党际关系的理论，将国家关系与党际关系区分开来，主张用和平共处五项原则来处理国与国之间的关系，力倡在独立、平等、相互尊重的基础上建立党与党之间的新型关系。

邓小平同志在接见外国共产党代表团时，发表了大量关于党际交往原则的谈话。1980年他对来访的西班牙共产党总书记卡里略说："有两条原则一定要坚持。第一条原则是，任何国家的事情只能由那个国家的马列主义者和共产主义者自己去判断，犯错误也是自己犯，自己去纠正，不要拿自己的观点、模式强加于人。"第二条原则是"国家无论大小，党无论大小，应该一律平等"①。他通过总结世界社会主义运动历史上正反两方面的经验教训，提出了关于建立党际关系的新思路和主要原则：第一，党与党之间要建立"新型的关系"；第二，各党根据本国国情独立自主地决定本国的事情，而不是根据其他国家的利益和其他党的意志办事；第三，各党不能根据自身经验来评判其他国家政党的功过是非；第四，党与党之间不论大小、强弱、执政还是在野，都应完全平等，相互尊重，互不干涉内部事务；第五，意识形态差异不应成为党际关系的障碍，各国党应本着求同存异的精神开展新型的党际交流与合作；第六，开展党际交流与合作应以促进国家关系发展为目的；第七，对党际关系中的历史问题应不计前嫌，不纠缠旧账，一切向前看。党的十二大按照邓小平提出的建立新型党际关系的思想，确立了"独立自主、完全平等、互相尊重、互不干涉内部事务"这一建立新型党际关系的"四项原则"，并以此作为中共同外国共产党进行交往的指导思想。

## 二、恢复同欧洲国家共产党的正常关系

"文化大革命"结束后，中共对外交往首先要解决"历史遗留问题"，即纠正国际共产主义运动大论战中说的"空话"和"支左反修，支援世界革命"的某些过头做法。当时中共采取的第一个行动是恢复同南斯拉夫共产主义联盟的关系。1958年中共中断了同南共联盟之间的关系，在外交、国际事务中孤立排斥南斯拉夫参加国际活动。中苏两党关系破裂后，中共同南共联盟之间的共同点增加，南斯拉夫反对苏联入侵捷克斯洛伐克，在联合国支持恢复中华人民共和国的合法席位，中国则谴责苏联为"社会帝国主义"。此时改善中南关系，符合毛泽东有关联合一切反对苏联霸权主义力量的"一条线"战略。1975年

---

① 邓小平：《邓小平文选》（第二卷），北京：人民出版社，1983年版，第318—319页。

10月毛泽东会见南斯拉夫总理比耶迪奇时，赞扬铁托是铁，不怕苏联压迫，并问候铁托总统。1977年5月，时任中共中央主席华国锋致电视贺南斯拉夫总统铁托85岁寿辰。同年8月30日至9月8日，应中国政府邀请，南共联盟中央主席、南斯拉夫社会主义联邦共和国总统铁托访华。华国锋、邓小平、李先念同铁托举行会谈，双方一致同意，两党关系应向前看，过去的事情就过去了，今后要加强接触，增进相互间了解。经过共同努力，中共与南共联盟正式恢复两党关系。1978年3月，应南共联盟邀请，中联部副部长李一氓率领中共党的工作者代表团访问南斯拉夫。同年6月11日，中共中央向全党转发中联部《关于中南两党恢复关系问题的宣传提纲》的通知，正式表明两党关系的恢复。中国共产党同南斯拉夫共产主义者联盟恢复关系后，意大利、法国、西班牙等国共产党也希望同中共恢复正常关系。但在十一届三中全会以前，中共认为这些党在许多重大问题上仍然跟苏联跑，同他们没有恢复关系的基础。华国锋在1978年8月出访罗马尼亚时谈到中共同西欧共产党何时能恢复关系时说，可以先进行低级别的接触，先了解一下情况。①

中国共产党是从意大利共产党开始，恢复同西欧"修党"的正常关系的。意大利共产党当时是西方国家力量最大的党，因率先走"欧洲共产主义"道路，受到中共的猛烈抨击。"文化大革命"结束后，意共就有同中共改善关系的意愿。1979年3月，中联部副部长吴学谦应邀到罗马同意大利共产党就恢复两党关系进行内部会晤，双方又经过一年时间的内部磋商，基本上达成恢复正常关系意向。1980年4月，应中共中央邀请，由中央总书记恩里科·贝林格率领的意大利共产党代表团访华，中共中央总书记胡耀邦到机场迎接，中共中央主席华国锋会见代表团。胡耀邦同贝林格举行了5次深入的会谈，双方一致同意，在完全平等、独立自主、互相尊重的基础上，恢复和发展两

---

① 中联部对外工作大事记编写组编：《中国共产党对外工作大事记》（上册），北京：当代世界出版社，2000年版，第411页。

党关系。中共中央副主席邓小平在会见贝林格时说:"这次我们两党恢复关系,我去见马克思也好交代了。""过去许多争论,并不是我们讲的都是对的,我想你们认为自己讲的也不一定都对。""我要说三句话:一是过去的一切一风吹;二是当时有些问题我们看得不清楚,甚至有错误;三是我们双方统统向前看。"①

同意共恢复了党的关系后,1980年11月中共又邀请西班牙共产党总书记圣地亚哥·卡里略访华。双方一致同意实现两党关系正常化,恢复和发展两党之间的传统友谊。胡耀邦总书记表示,我们愿意同维护马克思主义基本原则的党恢复和建立关系,也愿意同与我国友好的各国工人政党及群众团体进行友好往来。按照新型党际关系原则,中共接着同一些对苏共有独立性的"欧洲共产主义"类型的其他共产党如法国共产党、希腊共产党(国际派)、荷兰共产党恢复了关系,后来逐步同西方发达国家其他所谓"修党"的共产党如比利时共产党、奥地利共产党、英国共产党、芬兰共产党、加拿大共产党、美国共产党等先后恢复了关系。

### 三、恢复同发展中国家"老牌"共产党关系

经过中苏大论战和十年"文化大革命",中共基本上同老资格的共产党中断了往来,而只是同一些从共产党中分裂出来的自称马列的左派组织有交往。"文化大革命"结束后不久,中共先后恢复与印度共产党(马克思主义)、塞浦路斯劳动人民进步党、以色列共产党、黎巴嫩共产党、叙利亚共产党(巴派)、叙利亚共产党(费派)、巴勒斯坦共产党、约旦共产党、墨西哥共产党、多米尼加共产党、巴西共产党、阿根廷共产党、秘鲁共产党、哥伦比亚共产党、乌拉圭共产党、智利共产党、厄瓜多尔共产党等共产党的联系;与古巴共产党、越南共产党以及蒙古人民革命党等社会主义国家执政党正式恢复友好关系。到

---

① 中共中央文献研究室编:《邓小平思想年谱(一九七五——一九九七)》,北京:中央文献出版社,1998年版,第153页。

20世纪90年代初,中共与亚非拉地区大多数"老牌"共产党恢复关系的工作已经基本完成。

在"支左反修,支援世界革命"的思想影响下,中共曾大力支持东南亚各国共产党搞武装斗争,严重影响了中国与邻国的国家关系。如何处理中共同东南亚国家共产党的关系是中国发展对外关系的另一个"历史遗留问题"。邓小平在会见缅甸总统吴奈温、泰国总理江萨、马来西亚总理马哈蒂尔和新加坡总理李光耀等人时,针对中共与东南亚共产党关系,反复强调中国不会输出革命,也不会在任何地方谋求势力范围,希望共产党的问题不影响国家之间的关系。1978年11月,邓小平以副总理身份访问泰国、马来西亚和新加坡三国后,中共加快了调整同东南亚共产党关系的步伐。胡耀邦、李先念等中央领导同志多次会见这些国家的共产党领导人,就建立新型党际关系耐心细致地做工作,终于使问题得到妥善解决。

### 四、调整和恢复同苏联及东欧国家共产党的关系

"文化大革命"结束后,中共实行将东欧的波兰、捷克斯洛伐克、保加利亚、民主德国五国执政党与苏联共产党区别对待、先行接触的政策,承认这些国家仍是社会主义国家,扫除党际交往的思想障碍。民主德国统一社会党、波兰统一工人党、匈牙利共产党、保加利亚共产党、捷克斯洛伐克共产党等党的总书记先后访华,中共逐渐恢复了与这些党的正常关系。

按照新型党际关系四项原则,中共恢复了同苏联共产党的正常关系。1985年戈尔巴乔夫上台后,委婉表示接受中方提出的消除"三大障碍"主张。中方抓住这一有利时机,多方面做工作,争取尽快实现中共与苏共关系正常化。1989年5月,苏联最高苏维埃主席团主席、苏共中央总书记戈尔巴乔夫应邀访华。邓小平同戈尔巴乔夫会谈时说:"经过二十多年的实践,回过头来看,双方都讲了许多空话,马克思去世以后一百多年,究竟发生了什么变化,在变化的条件下,如何认识

和发展马克思主义,没有搞清楚。"①认为中苏两党两国关系应"结束过去,开辟未来"。访华结束后即发表了《中苏联合公报》,宣告中苏两党两国关系实现正常化。1991年5月,在苏联政局风雨飘摇之际,中共中央总书记江泽民回访苏联。这是34年来中国共产党最高领导人首次访苏,双方明确今后两党之间仍将按照独立自主、完全平等、互相尊重、互不干涉内部事务的原则不断增强交往。

1989—1991年,波兰、匈牙利、捷克斯洛伐克、民主德国、保加利亚、罗马尼亚、南斯拉夫、阿尔巴尼亚等东欧社会主义国家,在短短的两三年间先后发生执政党倒台、政权更替、社会主义制度被放弃的东欧剧变,中共与这些国家共产党、工人党的交往不复存在。1991年8月24日,戈尔巴乔夫宣布辞去苏共中央总书记的职务,并要求苏共自行解散。一个成立93年并有74年执政历史的苏联共产党就这样轻易瓦解了,中共同苏共的交往也成历史。针对这一新情况,邓小平明确指出:"不管苏联怎么变化,我们都要同它在和平共处五项原则的基础上从容地发展关系,包括政治关系,不搞意识形态的争论。"②

## 第三节 着眼国家关系全方位开展同各国共产党交往

东欧剧变、苏联解体对各国共产党都带来了严重冲击,世界社会主义进程陷入低潮,许多党对社会主义前途表示疑虑和担忧。中共在同各国共产党交往时,对外阐明中共对东欧剧变、苏联解体的看法,强调中国共产党坚持马克思主义、坚持社会主义、坚持改革开放不动摇。面对东欧剧变、苏联解体后世界出现新一轮多党制浪潮和国际格局新变化,中共对外交往着眼国家利益,超越意识形态差异,坚持对话,不搞对抗,进一步加大同现存社会主义国家执政的共产党和世界各国非执政的共产党的交往力度,积极参与世界共产党和工人党的国

---

① 邓小平:《邓小平文选》(第三卷),北京:人民出版社,1993年版,第291页。
② 同上书,第353页。

际交流与多边政党合作。

## 一、进一步加强同社会主义国家执政党的交往与合作

### （一）巩固和发展同朝鲜劳动党的传统友好关系

中国和朝鲜有着用鲜血凝成的传统友谊，中朝两党领导人保持经常往来。即使遇到中国"文化大革命"挫折，也没有中断来往，领导人互访有力推动了两党两国关系不断发展。朝鲜劳动党第一代领导人金日成曾46次访华，与毛泽东、周恩来、邓小平等中共领导人建立了深厚友谊。中共主要领导人除毛泽东以外，均先后访问过朝鲜。

在东欧剧变、苏联解体和国际形势发生重大变化的时候，两党领导人坐在一起，分析社会主义面临的形势和任务，双方进一步重申了中朝两党、两国人民的团结与友谊，并表示将继续坚持走社会主义道路。1989年11月，金日成对中国进行了一次重要访问。时年85岁的邓小平与江泽民总书记、李鹏总理等人一起，亲自到车站迎接，令金日成非常感动。在同金日成的会谈中，邓小平通报了他本人申请退休并且即将获批等有关情况，特别强调"我们的关系确实不一般"，可以如实通报本国情况并就双边关系和重要国际问题交换意见。邓小平指出，总结历史经验，坚持四项基本原则十分重要，特别是坚持社会主义和党的领导，决不能放松，否则，我们非垮台不可。金日成对中方坚持四项基本原则，坚持改革开放，为建设具有中国特色社会主义而进行的努力表示坚决支持。邓小平也对朝方为争取祖国自主和平统一、缓和朝鲜半岛局势而进行的斗争表示坚决支持。

1990年3月，应朝鲜劳动党中央总书记金日成的邀请，中共中央总书记江泽民对朝鲜进行友好访问。这是江泽民担任总书记以后第一次出国访问，也是对1989年11月金日成访华的回访。在谈到中朝两党两国关系时，江泽民总书记强调中方将一如既往地加强和发展中朝两党两国的友好合作关系，把不断巩固和发展中朝友谊作为党和政府

坚定不移的方针。当年 10 月，金日成最后一次访华，江泽民、杨尚昆、李鹏等中方领导人又一次亲临北京车站迎接。在会见中，江泽民总书记指出，我们要承认世界社会主义处在低潮，但我们要顶住，硬着头皮顶住，同时要把我们的社会主义事业发展好。① 金日成表示今后无论国际风云如何变化，两党两国和两国人民都会友好下去。

1992 年中韩建交后，中朝两党关系出现微妙、复杂形势，高层往来减少。尽管如此，中共仍通过党际交往渠道，与朝鲜劳动党密切沟通，交换看法，取得共识，保持了正常的党际交往和国家关系，在地区和国际事务中两国继续密切配合。1997 年 10 月，金正日就任朝鲜劳动党总书记，江泽民总书记首先致电表示祝贺。

### （二）改善和发展同越南共产党的关系

中越两国山水相连，有着悠久的交往历史。中国对越南抗法、抗美战争给予了无私的援助，两国人民结下了深厚的友谊。越南共产党主席胡志明曾 30 多次访问中国，同中共老一代领导人一起为推动两国关系的发展作出了重大贡献。

20 世纪 70 年代末，中越两党两国关系一度恶化。从 80 年代中后期开始，中苏关系开始缓和，影响中越关系的客观条件和双方的政策都发生了重大变化。越共中央通过了对外政策的决议，决定恢复胡志明主席制定的对华政策。1989 年 1 月，越南宣布最迟在当年 9 月从柬埔寨全部撤军。此时，中国外交政策也有所调整，稳定周边成为外交工作的首要任务。在此背景下，实现两党两国关系正常化就成为中越双方的共同选择。从 1989 年 10 月起，越共总书记阮文灵从不同渠道向中共领导人传递希望尽快应邀访华，早日实现越中关系正常化的意愿。邓小平、江泽民、李鹏等领导人先后表示，欢迎越南与中国恢复正常党际和国家关系，决定邀请越共中央总书记阮文灵、部长会议主

---

① 江泽民：《江泽民文选》（第一卷），北京：人民出版社，2006 年版，第 136 页。

席杜梅和越共中央顾问范文同来华会晤。1990年9月3日,江泽民总书记、李鹏总理在成都市同来访的越共中央总书记阮文灵、部长会议主席杜梅和越共中央顾问范文同举行了历史性的内部会晤。这是中越关系恶化十多年来两国领导人的首次会晤。阮文灵在会晤中表示,过去的事情请中国同志谅解,中越两国要面向未来,迅速恢复两国和两党之间的关系。① 双方领导人就改善两党两国关系交换了意见,确定了恢复两党两国正常关系的主要原则,就实现关系正常化作出了政治决断。成都会晤对改善中越关系具有重要意义,是中越关系的转折点。江泽民总书记指出这是一次"结束过去,开创未来"的会晤。1991年10月,巴黎会议签署了政治解决柬埔寨问题的和平协议,实现中越关系正常化的障碍完全消除。中共中央从战略全局考虑,决定邀请越共中央总书记杜梅和部长会议主席武文杰于1991年11月上旬率高级代表团访华。中共中央总书记江泽民在会见该代表团时表示,现在阻碍中越关系正常化的关键问题已经解决,中越之间结束过去、实现关系正常化的条件已经成熟。随着两国关系正常化,两党也将在独立自主、完全平等、互相尊重、互不干涉内部事务四项原则的基础上进行正常往来。杜梅表示赞同江泽民总书记提出的关于发展两党、两国关系的指导原则,认为越中关系正常化符合两国人民的共同愿望,也有利于本地区和世界的和平与稳定。11月10日,中越两国发表联合公报,宣布"结束过去,开辟未来",声明两国在和平共处五项原则基础上发展睦邻友好关系,两党在党际关系四项原则基础上恢复关系,中越两党两国关系实现正常化。1992年5月,江泽民总书记在会见来访的越共中央总书记、越共中央顾问阮文灵时指出,中国坚持改革开放和建设中国特色社会主义的信心决不动摇,中国共产党将坚定不移地贯彻"一个中心、两个基本点"的基本路线。我们党现在的中心任务是真正把国民经济搞上去,这样才能有效发挥社会主义的优越性。社会主义

---

① 王泰平主编:《新中国外交50年》(上),北京:北京出版社,1999年版,第282页。

的本质是解放生产力，发展生产力。如果经济搞不上去，再怎么讲社会主义也没有人信服。

1994年11月，中共中央总书记、国家主席江泽民访问越南。江泽民总书记在同越共中央总书记杜梅会谈时指出，两国领导人都要"登高望远"，要在社会主义的大前提下，从战略高度和大局出发审视和看待中越关系。只有着眼长远、求同存异、真诚相待，两党两国关系中的问题都可以得到妥善解决。1995年和1997年，越共总书记杜梅两度访华，两党领导人一致同意按照"大局为重、互谅互让、公平合理、友好协商"的原则妥善解决两国间存在的陆地边界问题。

### （三）实现同老挝人民革命党关系正常化

1975年12月，老挝人民革命党召开全国人民代表大会，宣告废除君主立宪制，成立老挝人民民主共和国，老挝人民革命党公开执政。1986年11月，老挝人革党召开四大，提出了革新开放政策。由于当时受国际形势的影响，中老两党两国关系一度出现波折。1989年10月，老挝人革党总书记凯山·丰威汉访华，邓小平、江泽民、杨尚昆等党和国家领导人分别会见，双方就逐步实现两党两国关系正常化达成共识。凯山坦承之前的老中关系是"受外部影响"下的不正常关系，表示老挝人民将永远铭记中国党和人民的巨大恩情，将尽全力恢复两党两国关系。通过此访，中老政治互信得以恢复，两党两国关系逐步走上正常轨道。

### （四）深化同古巴共产党的正常交往

1960年9月28日中古建交，古巴成为拉美国家中最早与中国建交的国家。20世纪60年代中到80年代初的冷战时期，中古实质交往不多。1989年后，中古关系全面恢复。20世纪90年代两国友好合作关系进入新阶段。1993年11月，在古巴处境十分困难时期，中共中央总书记江泽民对古巴进行了20个小时的短暂访问，是历史上第一位访问古巴的中国共产党总书记和国家主席。古巴对江泽民总书记的访问给予高度重视和高规格的接待。菲德尔·卡斯特罗亲自授予江泽民总书记古巴最高勋章——何塞·马蒂勋章,并乘坐同一辆车出席各种活动,古巴主要领导人几乎全部出席会谈和欢迎宴会。菲德尔·卡斯特罗反复强调,江泽民主席的访问是对处在困难时刻古巴的极大支持。1995年年底,古共中央第一书记、国务委员会主席卡斯特罗实现首次访华,完成了他长久以来的一个心愿。访华期间,他参观了西安市、上海市、深圳市等城市,同江泽民总书记进行了近3小时的会谈,留下了深刻和良好的印象。1997年年底,古国务委员会第一副主席兼部长会议第一副主席劳尔·卡斯特罗也访问了中国。两国领导人的互访,全面推动了两党、两国关系深入而广泛的发展。

## 二、保持和发展同发达国家共产党的交往

发达国家的共产党受东欧剧变、苏联解体的冲击最为严重,一些共产党组织更名改姓或宣布解散,退出本国政治舞台;继续存在的一些共产党处境艰难,党员人数大幅减少,在选举中的得票率明显下降,政治影响力远不如前。20世纪90年代初,发达国家各国共产党逐步消除了对中共的误解,对华态度开始转变,愿与中共继续交流与合作。1991年,葡萄牙共产党、西班牙共产党、德国的共产党、奥地利共产党、卢森堡共产党、澳大利亚共产党(马列)等相继派代表团访华。

20世纪90年代中期以后,欧洲左翼的生存环境普遍改善,多数共产党的力量开始停止下滑,且有所回升,曾经宣布解散的一些共产党(如瑞典、丹麦、芬兰等国共产党)又着手重建,北欧国家坚持共产主义的力量重新集结,并从组织上得到巩固。欧洲力量较大的共产党主要有葡萄牙、西班牙、希腊、法国、意大利等国的10多个共产党,有近100万党员。欧洲各国共产党在坚持共产党名称和社会主义方向的前提下,纷纷调整自己的理论和政策,主张通过民主的道路来变革、改造现行资本主义社会,"超越"资本主义,进而实现社会主义和共产

主义。

　　法国共产党是欧洲历史上影响最大、力量最强的共产党之一。在东欧剧变、苏联解体后共产党"更名换姓"的潮流中，法共顶住了来自国内外各方压力，坚持党的性质和名称不变。尽管法共党内出现了"革新派""改建派""重建派"等不同派别，但法共仍注重与中共进行合作与交流。1992年，法共政治局委员、国际部长乌尔茨访华，重申法共极为重视发展与中国共产党的关系。之后，法共多次派团访华。1996年1月，法共全国书记罗贝尔·于访华，江泽民总书记亲切会见，推动了两党两国关系进一步发展。

　　1991年2月，原意共内的部分左翼力量因反对意共改名成立"争取共产主义重建运动"，同年12月正式改为意大利重建共产党。重建共坚持共产党的称号和社会主义方向，把超越资本主义作为建设民主和社会主义社会的条件，把对现行制度进行社会主义改造作为奋斗目标，主张批判地总结共产主义运动的历史经验和教训，结合资本主义发展新特点，丰富和发展马克思主义的革命理论，在新的基础上继续开展改造资本主义社会的伟大斗争，同一切阻碍人类个性自由发展的东西作斗争，实现各尽所能、按需分配的共产主义社会。重建共成立后继承了原意共的传统，积极推动工人和群众斗争，保护劳动者利益，1991年年底成立后，党员人数为15万人，在1996年大选中得票曾达到8.6%。中左联盟赢得大选后，重建共在议会参加执政多数，但由于在经济、外交等政策上与中左联盟存在较大差异，该党拒绝加入政府。1998年，由于双方的分歧扩大，重建共退出议会多数，不仅导致普罗迪政府的垮台，而且引发了建党以来最严重的内部分裂，一部分人另组建了共产党人党，重建共的实力和影响受到严重削弱。1991年，重建共产党刚改名就与中国共产党建立了关系，该党总书记加拉维尼、书记处书记乔尔丹诺先后在1992年12月和1994年年底应中共邀请访华。中共于1994年、1996年和2002年派代表出席了该党第二、第三和第五次全国代表大会。意大利共产党人党成立于1998年10月，是从意重建共产党分裂出来的新党。共产党人党成立后就表示愿与中共建立交往。1999年3月、2001年12月和2004年2月曾邀请中共派代表出席其一大、二大和三大,中共虽未派代表与会,但均向大会发了贺电。以美国为首的"北约"轰炸中国驻南斯拉夫使馆后,共产党人党主席科苏塔致电中国党和政府表示慰问。1999年9月底,该党领导机构成员、众院党团主席图里奥·格里马迪率团应我党邀请访华。

因受中苏大论战和中国"文化大革命"的影响,中共同日本共产党关系一度陷入僵局,中断关系20多年。1998年6月,中共邀请日共代表团访华,两党就实现关系正常化问题举行了会谈。双方对20世纪60年代两党关系历史的是非进行了反思,特别是对互不干涉内部事务原则的做法作了认真的总结和纠正。最后双方在中方主张的党际关系四项原则和日方主张的自主独立、对等平等、互不干涉内部事务的三原则基础上,实现了两党关系正常化。1998年7月,应中共邀请,以中央政治局委员长不破哲三、书记处总书记志位和夫为副团长的日本共产党代表团访华。中共中央总书记江泽民在会见日共代表团时的谈话中,就冷战结束后如何处理各国共产党之间的关系问题及党际关系四项原则的内涵,作了进一步阐释。他说:"世界各国情况千差万别,实现社会主义的道路和模式可以是多种多样的。各国共产党人可以在完全平等和互相尊重的基础上进行交流和探索,不存在'中心',不能搞无谓的意识形态争论,不要对别人的探索和实践指手画脚,更不能把自己的观点和模式强加于人。"①

### 三、扩大和深化同发展中国家共产党的交往

亚非拉发展中国家共产党在经过20世纪90年代初短期的组织分裂和思想混乱后,多数共产党通过调整和探索,力量趋于稳定,其中一些党的力量上升,影响扩大,在国内政治舞台上发挥着重要作用。

---

① 江泽民:《江泽民文选》(第二卷),北京:人民出版社,2006年版,第194页。

在世界现存的130多个共产党中，发展中国家占了大多数。绝大多数发展中国家共产党对社会主义革命形势和道路的看法比较切近实际，认为目前不具备革命形势，通过暴力革命夺取政权不现实，主张在多党竞争的民主制度内，通过选举和议会斗争方式实现社会主义。在进行合法斗争的具体形式上，主张采取议会内外斗争相结合的和平方式，并同其他左翼力量结成统一战线，不断壮大自己的力量。

东欧剧变、苏联解体后，中共始终保持同发展中国家共产党保持密切交往，交流合作内容不断深化，形式不断创新。非洲、亚洲等发展中国家共产党关注中国共产党治国理政经验，希望学习中共执政经验如在农村农业发展、扶贫减贫、民族政策、社会治理、党的建设等方面的成功做法和经验。根据它们这些迫切要求，中共充分运用政党外交灵活多样特点，通过考察培训和理论研讨等形式，加强互相交流，效果明显。

## 第四节　立足命运共同体深化同各国共产党的交流与合作

当今世界处于百年未有之大变局。中国高举和平发展、合作共赢之旗，提出构建人类命运共同体理念，广交天下朋友。人类命运共同体作为习近平新时代中国特色社会主义理论的重要组成部分，是对马克思主义人民理论、中国优秀传统文化和中国特色大国外交理论体系的丰富和发展，有着鲜明的时代性、极强的包容性和高度的概括性。人类命运共同体作为中国在国际舞台上高扬的一面旗帜，不仅是中国外交遵循的大政方针，也是中国共产党发展同各国共产党交流合作关系的实践遵循。

**一、加强治党治国经验交流**

近年来，现存社会主义国家高层互访不断，执政党相互开展治国理政经验交流，进一步提升了相互之间在政治、经贸、投资、文化、教育、卫生、科技等领域的合作成效，社会主义国家传统友谊历久弥新。

进入 21 世纪之后，中朝两党高层交往逐渐频繁。朝鲜劳动党总书记金正日于 2000 年 5 月、2001 年 1 月访华，中共中央总书记江泽民则于 2001 年 9 月访朝，和朝鲜领导人金正日在平壤达成"继承传统、面向未来、睦邻友好、加强合作"的共识。为推进朝鲜半岛六方会谈，2004 年 1 月朝鲜最高领导人金正日访华，2005 年 10 月，中共中央总书记、国家主席胡锦涛回访朝鲜。两党高层互访，加深了相互了解，增进了政治互信，深化了传统友谊。截至 2011 年 12 月，金正日先后 9 次访华。2018 年 3 月 25 日至 28 日，应中共中央总书记、国家主席习近平邀请，朝鲜劳动党委员长、国务委员会委员长金正恩对中国进行非正式访问。习近平总书记与金正恩首次会晤，双方就发展新时代中朝关系进行了长时间深入交流，达成了四方面原则共识：第一，中朝传统友谊是双方共同的宝贵财富，发展好中朝友好合作关系是双方坚定不移的方针，也是唯一正确选择。第二，中朝同为社会主义国家，双边关系具有重大战略意义，要加强团结合作、交流互鉴。第三，两党高层交往对于引领双边关系具有不可替代的重大作用，双方应保持经常往来，加强战略沟通，增加理解互信，维护共同利益。第四，夯实民间友好基础是推进中朝关系发展的重要途径，应通过多种形式，加强两国人民交流往来，为中朝关系发展营造良好民意基础。在双方共同努力下，各项共识得到良好的贯彻落实。5 月 7 日至 8 日，习近平总书记又同金正恩在大连市举行了会晤。习近平总书记重申，中国党和政府高度重视中朝友好合作关系，无论国际和地区形势如何变化，中国党和政府致力于巩固发展中朝关系的坚定立场不会变，中国人民对朝鲜人民的友好情谊不会变，中国对社会主义朝鲜的支持不会变。在朝鲜劳动党召开八大时，中共致电祝贺。朝鲜劳动党以八大名义复电中共中央，对中方祝贺表示感谢，称朝中关系是以社会主义为核心的友好关系。在中朝建交 70 周年之际，习近平于 2019 年 6 月 20 日至 21 日首次以中共中央总书记身份访问朝鲜，这是中共最高领导人时隔 14 年再次访问朝鲜，也是党的十八大以来习近平总书记首次访问朝鲜。中朝两党两国最高领导人互访，推动中朝关系和半岛局势重回正确发展轨道，共同引领好中朝关系未来发展。

进入 21 世纪后，中越两党高层会晤实现了机制化，中越地方之间的党际交往和理论研讨也实现了机制化。2003 年至 2019 年，中国共产党与越南共产党先后举行了 15 次理论研讨会，研讨会主要围绕社会主义与市场经济、执政党建设、科学发展、农业、农村和农民问题、在对外开放和市场经济条件下推进文化建设、新形势下做好群众工作的经验等问题展开。这些理论研讨对中越两党交流理论观点、相互学习借鉴起了重要作用。2017 年 1 月，越共中央总书记阮富仲应中共邀请来华进行正式访问，习近平总书记同阮富仲举行会谈，双方发表联合声明并签署了一系列合作文件。习近平总书记在同年年底即党的十九大闭幕不久访越，访问取得圆满成功。中国共产党与越南共产党的关系是中越关系的核心，在双方最高领导人的亲自指导下，两党关系保持健康稳定发展，为中越关系始终沿着正确轨道向前发展发挥了重要作用。

进入 21 世纪，在中老两党推动下，中国和老挝两国关系不断发展，政治经济文化各方面交流合作日益密切，两国已形成不可分割的命运共同体。2003 年非典时期，国际社会特别是周边国家对中国非典疫情恐慌，许多外国首脑纷纷取消访华。中方通过政党渠道，适时邀请老挝人革党主席、国家主席坎代访华，胡锦涛总书记会见，对消除国际社会对中国非典疫情的恐慌情绪起到了积极作用。在当前国际形势深刻复杂演变、世界社会主义发展面临新的历史条件背景下，坚持共产党领导和社会主义道路是现存社会主义国家最大的利益交汇点，中国意识到有必要推动世界社会主义运动复兴，打造社会主义国家战略共同体。老挝是最早认同中国提出构建命运共同体的周边国家，两国领导人就构建命运共同体进行了深入沟通,在中老是具有战略意义的命运共同体的表述上达成共识,并写入两党两国联合声明中。2017年11月,习近平以中共中央总书记、国家主席的双重身份首访社会主义邻邦老挝,表明中国共产党重视同社会主义国家执政党发展友好合作关系,共同推进世界社会主义运动向前发展。2019年4月30日,中共中央总书记、国家主席习近平与老挝人民革命党中央总书记、国家主席本扬在北京首次签署《中国共产党和老挝人民革命党关于构建中老命运共同体行动计划》。行动计划全文5000余字,总体目标是着眼未来五年,推进战略沟通与互信、务实合作与联通、政治安全与稳定、人文交流与旅游、绿色与可持续发展"五项行动",为中老关系长远发展规划时间表和路线图。自2010年起至2021年,中共与老挝人革党已成功举办了12次理论研讨会,双方就社会主义现代化建设中的重大理论和实践问题、加强执政党建设、市场经济和绿色发展等问题进行了深入研讨。老挝国会主席巴妮说,中国现在就是一面旗帜,是推动世界发展的重要力量。

进入21世纪后,中共与古巴共产党发展全面交流合作关系。2001年4月,江泽民总书记再访古巴,向菲德尔·卡斯特罗赠送了亲笔书写的七绝一首:朝辞华夏彩云间,万里南美十日还。隔岸风声狂带雨,青松傲骨定如山。以诗言志,表明中古两党关系经受风雨考验,牢不可破。2003年2月,卡斯特罗第二次访华,江泽民总书记特地陪同他赴南京、上海市参访。2004年11月、2008年11月,中共中央总书记、国家主席胡锦涛访问古巴,推动中古两党两国友好合作关系进一步发展。2014年7月,中共中央总书记、国家主席习近平对古巴进行友好访问,在同古共中央第一书记、国务委员会主席兼部长会议主席劳尔·卡斯特罗会谈时,对发展中古关系提出了三个"坚定不移":坚定不移深化肝胆相照的友谊,坚定不移开展互利共赢的合作,坚定不移做改革发展的伙伴。习近平总书记访古期间还专程看望了病中的卡斯特罗。近年来,古巴党和国家领导人劳尔·卡斯特罗、卡内尔相继访华。中古高层频繁往来，体现了两国高水平的政治关系，为进一步发展双边关系发挥极为重要的引领和促进作用。古巴在推进经济社会模式更新中，迫切需要学习借鉴中国改革开放经验。应古共的要求，从 2014 年开始，中共与古共定期举办理论研讨会和考察交流活动，就党的理论、思想、队伍和作风建设，就如何做好中长期发展规划、建设经济特区、搞好国有企业改革等议题深入研讨，效果明显。古巴作为当今世界为数不多的社会主义国家，对中共十九大成果特别是习近平新时代中国特色社会主义思想高度关注，古巴共产党中央书记处书记、国际关系部部长巴拉格尔认为，每个国家都应根据自己的历史、社会经济条件和地缘政治情况探索适合自己的发展模式，中国共产党开辟了中国特色社会主义道路，是中国做出的最佳选择。古巴赞赏中国提出的构建人类命运共同体的理念，坚持在和平、正义、关注人类命运、尊重人民自主权原则的基础上发展对外关系。

## 二、利用多边平台深化与各国共产党交流与合作

在纪念马克思诞辰 200 周年、共产国际成立 100 周年、恩格斯诞辰 200 周年、列宁诞辰 150 周年等一系列活动中，各国共产党都强调要发扬无产阶级国际主义传统，加强共产党之间的团结与合作，共同开展反对帝国主义、霸权主义的斗争，维护世界和平，争取社会主义的胜利。主张共产党要与各种反对资本主义的力量和运动联合，向所有人开放，以扩大党的群众基础，按多元化理念探索 21 世纪共产党的发展模式。希腊共产党等欧洲共产党以"团结世界共产主义进步力量，反帝反资、建设社会主义"为宗旨，创办了世界共产党和工人党国际会议这一平台，以聚集各国共产党一起探讨交流，迄今举办了 22 次。中国共产党多次派代表以观察员身份参与这一国际会议。2017 年 11 月，为纪念伟大的十月社会主义革命 100 周年，俄共在圣彼得堡主办了第十九届世界共产党与工人党国际会议，来自 77 个国家 103 个共产党和工人党的 300 多名代表与会，会议分析了各国共产党和左翼力量

面临的形势和任务，号召各国共产党"弘扬共产主义运动理想、重振反对帝国主义战争、捍卫和平及实现社会主义的伟大斗争"。中共代表在会上介绍中国特色社会主义理论和实践成果，受到与会一些共产党代表的热情称赞。中共几乎每年都应邀派代表参加法国共产党、西班牙共产党、葡萄牙共产党的党（报）节，并就共同关心的重大理论问题进行深入探讨。

各国共产党非常关注中国特色社会主义，对中国特色社会主义在东方大国的成功充满期待，高度评价中国道路和中国模式。每逢中国共产党举行党代会或有重大活动都纷纷来电致函表示祝贺或支持。党的十八大、十九大召开时，各国共产党来函来电致贺，普遍认为中国特色社会主义是世界社会主义复兴的希望所在，希望中国和中国共产党能为世界社会主义复兴作出更大贡献。2018年5月，中共在深圳举行了纪念马克思诞辰200周年专题研讨会，邀请了50个国家和地区的75个共产党和左翼政党参会。与会代表112人中，党的主席、总书记32人，副主席13人，其余都是中央政治局委员、中央委员级别的领导干部。2021年5月27日，中共中央对外联络部以"世界马克思主义实践发展和理论创新"为主题，通过视频会议方式，举行世界马克思主义政党理论研讨会，来自48个国家的58个马克思主义政党领导人和代表参加这次研讨会，共同探讨马克思主义时代化、本土化发展和实现世界社会主义振兴等问题。

### 三、在抗击新冠肺炎疫情中密切同外国共产党交往

在全球抗击新冠肺炎疫情的突发事件中，中国全力阻击疫情扩散，统筹经济社会发展，加强国际交流合作，赢得国际社会普遍赞誉。面对国际疫情蔓延扩散的严峻形势，中国共产党表示，愿与世界各国政党一道，加强交流、密切沟通，分享抗击疫情经验、协调抗击疫情举措，维护地区和国际公共卫生安全，促进世界各国共同繁荣与发展，推动构建人类命运共同体。中方首次通过政党渠道向外方系统介绍中

方抗击疫情的做法和经验，是中国共产党与世界各国政党积极建立求同存异、相互尊重、互学互鉴的新型党际关系的重要举措，是新形势下党的对外工作的创新之举，也是政党外交特色和优势的重要体现。

世界多国共产党领导人通过致函致电中共中央对外联络部等方式，对中国党和政府采取的抗击新冠肺炎疫情的有力举措表示声援，向中国人民致以深切慰问，对中国打赢疫情阻击战表达坚定信心。中国暴发新冠肺炎疫情后，古巴共产党中央委员会第一书记劳尔·卡斯特罗和古巴国家主席迪亚斯-卡内尔分别给习近平总书记来函来电，表示"中方采取的迅速、有力措施使我们对中国朋友的能力和智慧更加充满信心，相信中方凭借以往丰富经验，一定能够战胜疫情。古方愿向中国兄弟提供一切力所能及的帮助。"朝鲜劳动党委员长金正恩表示，"我本人及朝鲜党和人民将中国发生的此次疫情看作自己的事情，我们坚信，在习近平总书记的英明领导下，中国党、政府、人民一定能够打赢疫情防控阻击战。"老挝人民革命党中央总书记、国家主席本扬表示，自疫情暴发以来，习近平总书记亲自领导、加强指挥，成立中央应对新冠肺炎疫情工作领导小组，全面、及时地防控和应对疫情。这不仅保护了中国人民的生命安全，也保护了世界人民的生命安全。

法共、美共、英共、英共（马列）、新英共、澳共、芬兰共、挪威共等都反对美西方借疫情污名化中国，认为中国坚持人民生命至上，举全国之力，不惜一切代价控制疫情，抢救感染病人，充分证明了国家和公共服务的重要性，也充分体现了社会主义和资本主义的区别。西班牙共产党主席森特亚森通过电视荧幕和报刊文章为中国点赞。秘鲁共产党（团结）总书记比利亚努埃瓦表示，资本主义天生唯利是图，无论应对经济危机还是疫情，都是劫贫济富、转嫁矛盾。因而，每次危机过后都是贫者愈贫、富者更富。而中国、古巴等社会主义国家重视人的生命安全和身体健康及人类整体福祉，不仅全力救助本国民众，而且超越意识形态和经济社会制度差异，向所有需要帮助的国家提供帮助。乌拉圭共产党总书记卡斯蒂略表示，中国抗击疫情和保障民生成效显著，进一步坚定了拉美共产党人走社会主义道路的信心。俄罗斯联邦共产党中央委员会主席久加诺夫表示，中国共产党作为团结和引领社会的力量，站在与疫情斗争的最前线。在中国共产党的团结带领下，有社会主义、人民正义理念的鼓舞，14亿多中国人民必将所向披靡。尼泊尔共产党联合主席普拉昌达表示，我们高度赞赏中方对人民生命健康高度负责的态度，以及与世界各国及时、透明分享相关信息的做法，坚信在习近平总书记坚强有力的领导下，中方为阻断疫情传播所付出的不懈努力、采取的果断举措一定能迅速取得预期成效，并赢得抗击疫情阻击战的最终胜利。

## 第五节 中国共产党与外国共产党发展关系的基本经验

中国共产党是马克思主义政党，过去曾坚持以马克思主义和无产阶级国际主义原则开展对外交往，在处理同外国共产党关系时出现了一些偏差。进入改革开放新时期，中共突破了意识形态的差异，提出要在独立自主、完全平等、互相尊重、互不干涉内部事务原则基础上建立发展新型党际关系。在全方位的政党外交中，中共与各国共产党的交往与时俱进，不断调整创新，围绕党和国家的中心工作，有力地推动了中国对外关系的全面、健康、稳定发展。

### 一、在独立自主、完全平等、相互尊重、互不干涉内部事务基础上，保持共产党之间关系健康稳定的发展

中共成立100年来，对外交往原则经历了从无产阶级国际主义到新型党际关系四项原则，再到新型政党关系三原则的深化发展，这一过程充分表明，党的对外工作指导思想总是随着时代主题和实践发展而不断发展创新的。党际关系四项原则正式提出40年来，经受住了20世纪80年代和90年代初国际形势剧烈变化的考验，其内涵不断得到丰富和充实，为党际关系注入了新的活力，已得到世界上大多数政党

的理解、认同和赞赏。实践证明，独立自主、完全平等、互相尊重、互不干涉内部事务的原则始终是中共与外国政党和政治组织交往的根本原则，但党际交往的内容、对象、目的等需要与时俱进，不能一成不变，否则四项原则就成为空中楼阁，失去其现实意义。

在中共历史上，同外国共产党交往的指导方针总是与一定的时代背景和历史条件相联系的，并总是根据客观情况的变化和国内任务的变化而不断调整。随着党的对外工作由"支持革命"转向为国内经济建设服务，无产阶级国际主义原则并没有上升到首要原则，而是将国际主义与爱国主义相结合，但国际主义精神并没有消失。新时代新变化需要各国政党担负起自己的责任和使命，建立求同存异、相互尊重、互学互鉴的新型政党关系。各国政党希望中国和中国共产党继续发挥大国大党作用，期待超越意识形态差异，更多开展同中国共产党的交流与合作，通过机制化政党对话活动，凝聚不同民族、不同信仰、不同文化、不同地域人民的共识，共襄构建人类命运共同体的伟业。在这一时代背景下，国际主义与过去主张的"大一统"国际联合是不一样的，它体现了互利共赢的合作伙伴关系式的国际性，是建立求同存异、相互尊重、互学互鉴的新型政党关系的国际性合作网络和交流平台。

实践证明，只有相互尊重，才能加深了解、增进互信。只有求同存异、彼此尊重，才能做到交流与合作中的完全平等。政党交往工作重在对话与思想交流。正常的对话交流是通过摆事实、讲道理来阐述自己的思想观点和政策主张，是平等交流。互不干涉内部事务是与各国主权原则、各党独立自主原则相联系的，是对话交流的前提，只有在这个前提下才能谈得上对话交流。所以，对话交流与互不干涉内部事务的关系不是对立的。在对话和思想交流中，除了友谊外，也有思想交锋，但思想交锋的目的在于寻求观点和利益的汇合点，是以求同存异、谋求合作为落脚点。

## 二、要将党际交往与国家关系结合起来，政党外交服务于国家总体外交

中国共产党作为执政党，维护中国的安全利益、经济利益和政治利益等组成的国家利益，贯穿于整个对外交往过程的始终。党际交往既涉及党与党关系，又涉及国与国关系。因此，党际关系必须放在国家关系的全局中考虑，必须坚持党的对外工作服务于国家总体外交、服务于国内和国际两个大局的原则。中共对外交往以执政党、参政党和重要在野党为交往重点，创造性开展多层次、多渠道对外国共产党的交往工作，目的在于配合国家总体外交，促进国家关系的稳定发展。

为适应中国改革开放和外交发展大局而提出的党际关系四项原则，与国家关系中和平共处五项原则的精神是完全一致的。在中共党纲和其他重要文件中，和平共处五项原则和党际关系四项原则基本上是同时阐述的，反映出党和国家在对外关系的指导方针上的一致性：按照五项原则发展同世界各国的关系，按照四项原则发展同各国政党的关系，目的只有一个，就是在国际事务中，坚持独立自主的和平外交政策，维护我国的独立和主权，反对霸权主义和强权政治，维护世界和平，促进人类进步，努力为我国改革开放和现代化建设争取有利的国际环境。[①] 实践证明，社会主义国家间一度奉行的国际主义原则是行不通的，"大家庭"方式、"集团政治"方式、"势力范围"方式等都会带来矛盾、激化国际局势，只有秉承独立自主、完全平等、求同存异、合作共赢精神，政党关系、国家关系的发展才是靠得住，才能长久的。

习近平总书记指出，"中国外交政策的宗旨是维护世界和平、促进共同发展。中国始终是世界和平的建设者、全球发展的贡献者、国际秩序的维护者，愿扩大同各国的利益交汇点，推动构建以合作共赢为

---

[①] 《中国共产党第十四次全国代表大会文件汇编》，北京：人民出版社，1992年版，第97页。

核心的新型国际关系，推动形成人类命运共同体和利益共同体"①。习近平总书记倡导建立的新型国际关系与传统国际关系不同，不搞零和博弈，不以武力寻求霸权，推崇"相互尊重、公平正义、合作共赢"。明确将推动构建新型国际关系、推动构建人类命运共同体列为中国特色大国外交的总目标。构建人类命运共同体就是要"建设持久和平、普遍安全、共同繁荣、开放包容、清洁美丽的世界"②。人类命运共同体理念是中国共产党人的初心与使命的真诚表达，充分体现了中国共产党人始终将推动本国发展同人类进步事业联系一起、把中国人民的幸福与世界人民的幸福紧密连接的国际视野和人类情怀。习近平总书记关于构建新型国际关系、推动构建人类命运共同体的外交理念，规定了党的对外交往应遵循的任务和宗旨。建立新型政党关系，是习近平总书记对新时代党的对外交往提出的新要求，是新时代开展对外国共产党交往工作的重要遵循。

## 三、不当头，不扛旗，互相尊重，互学互鉴

邓小平关于建立以四项原则为基础的新型党际关系和习近平总书记提出的建立求同存异、互相尊重、互学互鉴的新型政党关系的思想，既超越了意识形态的差异，又抛弃了以美苏划线的藩篱，为开拓中共对外交往新局面提供了重要的理论指导。中国共产党是世界上最大的政党，在对外交往中坚持独立自主，既不"输入"外国模式，也不"输出"中国模式，不会要求别国"复制"中国的做法。但独立自主不是故步自封，要在对外交往中积极学习借鉴其他党治国理政的经验和各国人民创造的文明成果，并结合中国实际加以运用。在同外国共产党党际交往中，中共不搞"大家庭"，不搞"中心"，不输出自己的

---

① 习近平：《在庆祝中国共产党成立95周年大会上的讲话》，北京：人民出版社单行本，2016年版。

② 习近平：《习近平谈治国理政》（第三卷），北京：外文出版社，2020年版，第45—46页。

意识形态、价值观念、社会制度和发展模式。新型政党关系与过去主张的"大一统"国际联合是不一样的,它是一种互利共赢的合作伙伴关系,是求同存异、相互尊重、互学互鉴的国际性合作网络和交流平台。尽管有些外国共产党希望中共站出来当世界社会主义或发展中国家的头,但中共吸取历史教训,保持清醒头脑,不扛旗,不当头,韬光养晦。

中共十八大以来,党的对外交往围绕讲好中国故事展开政治引领,以中国梦为主线,不断开拓创新,从政党高层的"神秘"交流,转变为同时面向媒体、智库和广大民众的互动交流。当今,政党交往的领域日益拓展,既有围绕人类命运和世界前途开展的战略对话,又有围绕具体议题的务实性协商,在治国理政经验交流中互学互鉴。建立新型政党关系的一个重要目的,就是要通过相互交流,增进相互理解和信任,互学互鉴,合作共赢。通过对外讲好中国故事和中国共产党故事,提升党和国家形象,为实现中华民族伟大复兴的中国梦争取良好舆论氛围和安全环境。通过积极主动、长期扎实的对外交往,将中国价值理念的历史优势和时代特色转化为现实的影响力和吸引力,促使外国共产党从认同中国的政治社会制度,再到认同中国共产党的执政能力和领导方式,中国共产党的政治影响力、舆论竞争力、形象亲和力和道义感召力不断提升。

| 第三编 |

# 百年大变局与世界社会主义发展前景

当今世界正经历百年未有之大变局，又遇到新冠肺炎疫情全球大流行，两者相互交织，深刻改变国际格局和社会主义与资本主义的两制关系。从历史发展规律来看，任何大变局本质上都是由世界力量对比发生重大变化而引发的国际秩序调整。一方面新一轮科技革命和产业变革深入发展，国际力量对比深刻调整，和平与发展仍是时代主题，人类命运共同体理念深入人心，中国特色社会主义在世界上高高举起科学社会主义旗帜，世界社会主义前景广阔；另一方面国际环境日趋复杂，世界进入动荡变革期，"资强社弱"格局仍存，但社会主义经过长过程的发展后必然代替资本主义，这是社会历史发展不可逆转的总趋势。本编部分内容曾在《世界社会主义研究》《浦东干部学院学报》《党政论坛》等刊物发表，本编有修改。

# 第八章　百年大变局与世界社会主义新格局

当前,世界格局正处在加快演变的历史进程之中,一批新兴市场国家和发展中国家正在群体性崛起,世界社会主义运动格局也发生了新变化。这个变化可概括为:从东欧剧变、苏联解体后世界社会主义运动长期陷入力量严重下降、思想彷徨迷惘、探索变动不居、目标多变不明的低潮困境中开始进入力量重兴的新阶段,一个不同于冷战前两极对立、冷战结束后一度"历史终结"和世纪之交左翼彷徨的世界社会主义运动新格局正在形成。

## 第一节　世纪疫情打破西方"制度优越"神话

百年大变局加剧西方国家制度困境,西方资本主义发生了阶段性变化,产生了大量深刻复杂的现实问题,需要我们加强对当代资本主义的研究,分析把握其出现的各种变化及其本质,深化对资本主义和国际政治经济关系深刻复杂变化的规律性认识。

### 一、西方民主制度和治理能力面临严峻挑战

世纪疫情全球大流行,给各国政府治理能力带来巨大挑战。特朗普政府漠视普通民众生命权、健康权,所实行的医保政策,只能保证

有钱人可以得到更好的医疗,而人数更多的黑人、老年人、穷人患者则得不到相应的救治,结果是非洲裔病死率远高于白人,穷人病死率远高于富人,许多失去医保的人惧于天价治疗费用,只能在家等死。受疫情冲击,美欧国家经济迅速下滑,失业率剧增,穷人更穷,只能靠救济金度日,分配不公和贫富差距进一步扩大。铁的事实无情撕掉了美西方"种族平等""多元文化""自由灯塔"的遮羞布,越来越多的有识之士纷纷揭露西方民主人权的虚伪性,深刻认识到人的生存和发展是实现民主的基础,民主如果不能保障人的生命健康权利,不能促进稳定和发展,那就是骗人的幌子。根据哈佛大学 2021 年 12 月发布的民意调查结果,39% 的美国年轻人认为美国民主制度"陷入困境",更有 13% 的人认为美国是"失败的民主国家",只有 7% 的人认为美国民主制度"健康"。① 拜登政府执政近一年,其恢复全面民主的承诺似乎成了一种讽刺。

突发疫情是对西方民主制度和治理能力的重大挑战,政府权威不足、效率和动员力低下,社会纠偏机制失灵。民众对西方制度运转和治理能力的失望和不满快速上升。疫情发生后,西方政客关心选票、股票远胜于关心民众生命,注意力不是关注如何防疫,而是集中在如何利用疫情击败竞争对手上。为了掩饰自己抗疫不力和欲争取总统连选连任,特朗普一边蒙骗民众,"甩锅"他人,推卸责任;一边将"戴口罩""社交距离"政治化,把疫情作为攻击政治对手的利器。在疫情尚未缓解的情况下,特朗普频频举行大型集会为自己竞选造势,对民主党州长采取的隔离政策横加指责。民主党候选人拜登向黑人死者下跪作秀,借机指责特朗普政府治疫不力乱作为,对共和党火力全开。面对疫情,西方推崇的"小政府"很难做到"全国一盘棋",也无法合理配置资源。因疫情大流行,西方政治极化和政治动荡叠加并发,加之新媒体推波助澜,工会、社团等民意代言者作用弱化,社会

---

① 《美式民主遭遇内外双重失败》,https://m.gmw.cn/baijia/2022-01/1813027686 36.html。

纠偏机制失灵，政治进一步极化，西方制度性矛盾集中爆发。

美国日裔学者福山在他的新作《政治秩序和政治衰败》一书中论证了资本主义政治制度和机制的衰败失灵，他认为，否决型政体导致了美国的"政治衰败"。21世纪初资本主义危机的一个最为集中、最为突出的表现，是资本主义制度的无效和衰败。[①]《21世纪资本论》的作者托马斯·皮凯蒂认为，资本主义经济制度已走进死胡同。还有许多西方学者从不同角度论述了资本主义民主、自由、平等这些长期以来被视为"普世价值"的破灭和衰败。

## 二、世纪疫情加剧国际体系中的固有矛盾

国际金融危机以来，世界的发展很不平衡，和平赤字、发展赤字、治理赤字、信任赤字等不稳定因素交织，美国及西方国家"逆全球化"的民粹思潮猖獗，政治极化，社会分裂，制度困境日益显现。突如其来的新冠肺炎疫情引发西方国家经济、政治、文化等领域危机的集中爆发。

特朗普上台，实行美国第一的战略，西方同盟关系出现裂缝，不再铁板一块。美国拒交联合国会费，退出气候变化、跨太平洋伙伴协议、伊核协议、中导条约等国际条约和联合国人权理事会，在美国疫情最严重之际，甚至退出世界卫生组织，减少对外援助和对国际货币基金组织、世界银行的投入，等等。没有付出就没有主导权和话语权，由于美国退群和领导缺位，西方主要核心国家也开始各扫门前雪，维护和保障资本主义世界体系的机制运转渐渐失灵，美国盟主地位开始动摇。拜登上台后，拉拢北约国家，重振西方价值观同盟，但在俄乌冲突中仍坚持美国第一，对"盟友"强收保护费，引发"盟友"不满。

随着疫情常态化和政治化，欧美经济不平等现象加剧，种族矛盾和价值观念冲突趋于激烈，加剧了现有国际体系中的固有矛盾。有学

---

[①] 杨光斌：《福山政治观点的转变说明了什么》，载《北京日报》，2014年10月27日，第21版。

者认为，世纪疫情与特朗普上台、英国公投脱欧、美俄关系恶化等重大事件交织，"黑天鹅""灰犀牛"频出，喻示着世界特别是资本主义世界又到了一个历史质变的"临界点"。

在席卷全美的"黑人的命也是命"的反"白人至上"抗议中，象征殖民历史的"英雄"雕塑纷纷被人推倒，这股挑战西方殖民主义历史根基的浪潮，反"西方中心"的色彩明显，西方文明自信受到空前打击。新冠肺炎疫情把美国搅得天翻地覆，也加速了各种仇共反华情绪大暴发。美国不仅挥舞自由、民主、人权大棒，丑化污名中国，渲染中国制度威胁，而且发动贸易战、科技战、网络战、思想战，对中国进行全方位遏制打压，挑起中美战略对抗。

在新冠肺炎疫情给各国人民生命健康带来巨大威胁时，美国无视联合国和世界卫生组织呼吁，拒不解除对有关国家的单边制裁，反而趁机对朝鲜、古巴、委内瑞拉、伊朗等国勒紧绞索，加剧人道主义危机，充分证明美西方国家敌视共产党和社会主义的本性不会改变。特朗普政府按"美国优先"原则行事，截抢盟友已购医用口罩、呼吸机等紧缺防疫物资，甚至宣布独家享用新冠病毒疫苗研发成果，赤裸裸霸凌行为大大消解了美国"道义"形象和"盟主"凝聚力。长期以来，美国出于维护自身霸权的目的，以输出民主价值观为名，在世界上不断发动战争，给许多国家带来巨大灾难。2001年，美国以"反恐"为名出兵阿富汗，在迅速推翻塔利班政权后，就在该国推行美式民主模式。此后，阿内部矛盾不断加剧，战乱不止、民生凋敝，而美国最终选择一走了之，在阿富汗留下一地鸡毛。

### 三、世纪疫情加速民粹主义和极端思潮崛起

特朗普实行"美国优先"的右翼民粹路线，上台后第一件事就是废止奥巴马"医保法案"，接着"退群毁约"，修建边境隔离墙，大搞单边主义、保护主义、民粹主义。特朗普政府推行的右翼民粹路线同民主党的左翼民粹思潮迎头相撞，加速极左翼和极右翼势力之间激烈

对抗，暴力冲突不断。在美国国会山抗议风暴中，反法西斯的极左翼思潮与带有种族歧视、排外仇外色彩的极右翼民粹情绪之间相互刺激，暴力反体制倾向明显。法国、意大利、德国等欧洲国家的民粹极左翼和极右翼思潮在反对"精英政治"的主张上合二为一，矛头直指政府抗疫不力，挑动民众与政府之间的对抗。近年来，欧洲全球化和反全球化、融欧和反欧的党派斗争激烈，互不相让，激化各方矛盾。西方极端政党与民粹主义融合聚变，加速西方政党碎片化和国家政治极化。随着疫情长期化，美西方政治经济社会中的不确定、不稳定性因素增多，生命与资本、个体与集体、个人主义价值观和集体主义价值观发生激烈碰撞，民众对个人前途悲观，对国家制度运转和治理能力极度失望和不满，民粹主义、民族主义、保守主义思潮泛滥，民族、宗教、阶级矛盾持续紧张，社会动荡难安，如此乱象无药可治。

二战后，西方多数国家在社会主义影响下搞福利国家，贫富差别及阶级矛盾暂时得到缓和。冷战结束后，新自由主义盛行，一度扩大的中产阶级数量下降，贫富差别扩大，种族民族问题恶化，贫困化和社会不公激化社会矛盾，加剧资本主义衰退。当今的疫情危机，加剧了美西方国家分配不公和经济不平等，超常规货币宽松政策使过量资金涌入股市、房地产及大型工商企业，富人资产能持续保值增值，而工薪阶层及穷人难能从中获益，不仅工资增长赶不上富人投资和经营性收入的增长速度，而且还要承受失业、社会保障减少等痛苦，日子更加艰难。当今美国占人口0.1%的最富有人群的净财富，相当于90%人群的财富总和，贫富差距达到自20世纪二三十年代经济大萧条以来的最高点。日益扩大的贫富差距和社会不平等，加速民粹主义和极端思潮崛起，加剧西方社会分裂。

长期以来，西方有左、右政党相互"纠偏"传统，政治钟摆效应特征明显。中左翼和右翼政党各有自己的政治主张与利益偏好，为了抬高自己，打击对手，往往在发展道路和模式选择上做文章。大选时相互攻讦，上台执政的党会对前执政党做法进行"矫正"。尽管如此，左、右翼政党在一些政策主张上大同小异，执政理念有不同，但以高调口号吸人眼球的伎俩大同小异，"左翼不左、右翼不右"成为普遍现象。多年来，西方国家左右互换的钟摆效应，基本能维持国家政治平衡和社会稳定。随着西方国家极端政党与民粹主义融合聚变，西方政党政治碎片化和资本主义国家政治极化日益突出，传统左、右翼中的极端派别开始占据主导地位，西方政治钟摆出现异动。当今美国政治中的"极化"特征日益显著，共和、民主两党的理念和政策分歧拉大，为了维护自身政治利益，两党常常互不妥协，在国会讨论有关议案时，为反对而反对成为普遍现象。民粹主义、种族主义与极端保守主义合流，加速西方传统政党政治结构分崩离析。

## 第二节　当今世界社会主义仍具有不可遏止的吸引力

百年大变局又遇世纪疫情，一切过往皆为序章。当今，自称或主张社会主义、对资本主义持批判和否定态度、要求制度替代的社会思潮、社会运动和政党组织遍及全球，非西方发展模式的探索如春潮涌动。社会主义作为一种超越资本主义的先进思想，它所追求的消灭剥削、实现社会公正平等、实现每个人自由而全面的发展，实现人类彻底解放，从必然王国向自由王国的飞跃等理念和价值，始终占据人类道义的制高点。

### 一、欧美"千禧社会主义"现象凸显

国际金融危机后，欧美、亚洲、拉美等地区出现一波又一波的"反资本主义"浪潮，美国"占领华尔街"、法国"黑夜站立"和"黄马甲"等各种形式的抗议活动持续不断。新冠疫情全球流行充分暴露了新自由主义模式的弊端，揭示了西方日趋严重的不平等趋势。由非裔美国公民弗洛伊德遭白人警察暴力执法死亡事件引发的抗议和骚乱，再次揭开了美西方系统性种族歧视问题的伤疤。左翼力量借机加大对

资本主义批判力度，认为疫情进一步放大了极端市场化、私有化和自由化的弊端，国家亟需在市场与政府、效率与公平、公有制与私有制之间进行纠偏。随着西方国家陷入制度困境，很多有识之士对资本主义生产方式矛盾、阶级矛盾、社会矛盾等结构性矛盾进行了批判性揭示，对资本主义危机、资本主义演进过程、资本主义新形态及本质进行了深入分析，并表达了对社会主义的赞誉。

美国是世界上唯一没有社会主义传统的发达国家，左翼阵营被含糊地定义为基本上等同于欧洲"进步主义"的"自由主义"，那些主张进一步打破现状的人则被统称为"极端主义者"，而现在出现了"社会主义者"这一前所未有的称呼。那些被称为"极端"的左翼人士打着"进步主义"旗帜，反西方中心论的色彩明显，得到越来越多的响应和支持，严重冲击了西方制度和文化自信。随着新冠肺炎疫情、经济危机、社会动荡多重危机不断恶化，西方国家找不到拯救自己体制性困境的灵丹妙药，西方制度及治理模式正面临越来越大的危机和变革压力，社会主义又成为人们热议的话题。在美国近几次总统选举中，"社会主义"已成为吸引选票的"金字招牌"，美国各主要电视、报刊和其他媒体乘机组织各种对社会主义的大讨论。2019年2月，资深联邦参议员伯尼·桑德斯再度宣布以民主党人身份竞选总统，其支持率与竞争者拜登不相上下。2020年8月19日，美国民主党全国代表大会正式提名拜登作为总统候选人、加州联邦参议员卡玛拉·哈里斯为民主党副总统候选人。特朗普提及两人时都冠上极端左翼和社会主义者之名。在美国一些州的议会议员选举中，许多民主党候选人也打着"社会主义"旗号，提出保护蓝领工人就业，为老人、儿童、妇女等弱势群体增加福利待遇等主张，赢得较高选票成功当选，其中，2019年4月芝加哥就有6名民主社会主义者当选为市议员，被称为是美国历史上"社会主义"取得的最大的选举胜利。

国际金融危机后，美国贫富差距进一步拉大，北部的铁锈地带白人蓝领工人和南部白人农民收入20多年不见增长，而华尔街的金融大鳄和东西两岸的精英人士则纷纷成为超级富翁。越来越严重的贫富分化和社会不公，促发美国内社会主义思潮快速兴起，出现社会主义千禧一代现象（美国20—35岁的千禧一代有7100万），年轻人信奉社会主义的人数不断上升。西班牙《国家报》曾发表《美国的千禧社会主义》一文，认为美国千禧一代已经成功打破该国对"社会主义"的禁忌，更倾向于接受社会主义。在2016年大选时有67%的千禧一代投给民主党；2018年，民主党年轻的众议员科尔特斯就喜欢称自己是"社会主义者"或者"民主社会主义者"，以此表达自己的政治主张。

## 二、西方"马克思热"不断升温

国际金融危机和世纪疫情所引发的资本主义矛盾和危机不断，再次证明马克思学说仍具有现实意义，在西方出现一波又一波"马克思热"。西方左翼人士每年都举办大型国际学术研讨会，如在法国巴黎召开过多届马克思大会，在美国纽约连续举办世界社会主义学者大会，来自世界几十个国家的共产党、工人党和工联、工会、女权运动、绿色运动、青年联盟等组织的数千名代表参加。在《资本论》出版150周年，《共产党宣言》发表170年和马克思诞辰200周年之际，西方社会再次掀起"马克思热"，"让马克思主义活起来"，已成为这些左翼人士的共识。美国、英国、法国等国的学者认为，人类社会至今仍然生活在马克思所阐明的发展规律之中，要探索人类社会发展前景，必须向马克思求教。

习近平总书记在谈到西方"马克思热"时，指出："当代世界马克思主义思潮一个很重要的特点就是他们中很多人对资本主义结构性矛盾以及生产方式矛盾、阶级矛盾、社会矛盾等进行了批判性揭示，对资本主义危机、资本主义演进过程、资本主义新形态及本质进行了深入分析。这些观点有助于我们正确认识资本主义发展趋势和命运，准确把握当代资本主义新变化新特征，加深对当代资本主义变化趋势的理解。"① 他要求我们密切关注国外马克思主义研究的新成果,既不能一概排斥,也不能全盘照搬。

### 三、"新社会主义"思潮兴起

在当今世界社会主义运动中,除了共产党人的探索外,各种反对资本主义、主张社会主义价值取向的政治组织和人士,在批判当今资本主义弊端和反思苏联社会主义教训的基础上,对社会主义的目标、特征、道路等进行了有益的探索,提出各自"新社会主义"主张,如俄罗斯中左翼政党"公正俄罗斯"的"21世纪新社会主义",俄罗斯争取新社会主义运动联合会的"新社会主义",拉美左翼提出的"21世纪社会主义"等。

伴随拉美左翼崛起,以查韦斯的"21世纪社会主义"、玻利维亚总统莫拉莱斯的"社群社会主义"和巴西劳工党的"劳工社会主义"为代表的社会主义思潮一度风行拉美,以拉美社会主义替代新自由主义,成为一些拉美中左翼执政国家的政策选择。拉美社会主义实际上是拉美左翼反新自由主义、反美国强权政治的意识同玻利瓦尔主义、基督教伦理等思想的集合体。查韦斯主张的"21世纪社会主义"的特点是反对新自由主义,强调国家在经济和社会中的作用,实行社会发展和社会改革政策,主张消除社会不公,改善穷人生活状况,批判和否定资本主义。莫拉莱斯的"社群社会主义"主张以人为本,建立参与式民主和社群民主,实现社会正义,建立没有剥削者和被剥削者、没有压迫者和被压迫者的新社会。巴西"劳工社会主义"明确反对资本主义社会以及其他社会里的经济剥削和一切压迫形式,反对一切形式的种族、性别、宗教和意识形态等方面的歧视,主张解决劳动大众的民生问题,通过扩大对社会领域的公共投资,消除失业和贫困人口,提高社会福利保障水平,改变贫富不均两极分化现象等。拉美左翼试

---

① 习近平:《习近平谈治国理政》(第二卷),北京:外文出版社,2017年版,第67页。

图以"另一个社会主义的新世界是可能的"新理念替代"新自由资本主义",反映了社会主义对那些追求社会进步的人们的吸引力和生命力,也表明21世纪的世界社会主义运动在多样性中不断发展。拉美左翼倡导发起"圣保罗论坛"和"世界社会论坛",与资本主义发达国家主导的"世界经济论坛"分庭抗礼。拉美左翼提出的"另一个社会主义的新世界是可能的",表明世界社会主义运动在多样性中不断发展,社会主义仍具有吸引力和生命力。

西方国家新冠肺炎疫情肆虐,经济衰退、失业率高企、种族矛盾突出等多重危机交织,导致贫富分化严重、社会撕裂加剧。美联储报告显示,2020年美国最富的前1%和10%人口分别占全部家庭财富的30.5%和69%,而最穷的50%人口仅占全部家庭财富的1.9%,且这种差距呈加速拉大趋势。新冠疫情全球大暴发进一步放大了极端市场化、私有化和自由化的弊端,国家亟需在市场与政府、效率与公平、公有制与私有制之间进行纠偏。美国许多左翼民粹分子为了同"精英政治"划清界限,往往自称为社会主义者。在美国2020年大选时,特朗普害怕桑德斯得势,称美国受到社会主义威胁,极力将民主党左翼打上"社会主义"标签,称民主党正在左翼激进主义的道路上越走越远,把社会主义视为美国面临的最大危险,以此恐吓选民,争取选票。这从反面说明,美国式社会主义的影响日益扩大已成为一种流行思潮。

### 四、各国共产党在世界社会主义运动中发挥主体作用

《共产党宣言》发表170多年以来,共产党始终是国际共产主义和世界社会主义运动的中坚力量。当今世界上以马克思主义为指导、以共产主义为奋斗目标的共产党有130多个(不包括非法或冠以其他名称的共产党),其中有30多个共产党或在国家执政,或在国家和地方参政,或在议会拥有议席。国际金融危机后,多数共产党在谴责批判资本主义制度、坚守社会主义核心价值的基础上,加强党的自身建设,力量趋于稳定并有一定的发展,在当今世界社会主义运动中的主体作

用日益突出。

"一切民族都将走向社会主义,这是不可避免的,但是一切民族的走法却不会完全一样。"① 社会主义从空想到科学、从理论到实践、从苏联社会主义到不同国家各具特色的社会主义的历史证明,社会主义是不断发展的有机体,不是一成不变的教条。多年来,中越、中老、中古、越老双边对共产党执政和社会主义建设规律的共同探讨越来越深入。越南、朝鲜、老挝、古巴都坚持共产党的领导和社会主义道路不变,强调要探索本国特色的社会主义,但各国有不同的国情,各国执政党对本国目前所处的阶段及当前的任务看法各异,因而对什么是社会主义,如何建设本国社会主义的理解有差别,对经济政策的调整也各有侧重。目前,越南、老挝实行以社会主义为定向的市场经济,通过革新开放发展经济,各级政府重视扶贫减困工作,贫困人口逐年减少。朝鲜公开发布《关于严惩反社会主义、非社会主义行业者的公告》,对玷污社会主义形象、侵害社会主义经济制度的行为予以严惩。古共高层对社会主义传统的基本理念没有变化,虽然也提个体经济、非国有经营方式等概念,重视私营经济作用,但不接受"私营经济"概念,仍强调坚持社会主义计划经济和公有制。从中、越、老、朝、古的探索和发展历程中看到,社会主义制度的巩固和发展是极为复杂、艰巨的长期任务,社会主义改革和发展面临着许多新的问题和挑战,应正确把握社会主义发展多样性特点,总结共产党执政的经验教训,不断推进世界社会主义运动向前发展。

共产党是工人阶级和劳动大众的先进部队,其根本任务是为实现广大劳动人民的利益而斗争,共产党的理论政策可以与时俱进,不断调整,但共产党的本色不能丢。经过冷战后的政策调整和理论反思,特别是在国际金融危机后,国外一些共产党更加坚定了社会主义信念,以维护劳动大众利益为工作重点,积极开展反对资本主义的斗争,并

---

① 中共中央马克思恩格斯列宁斯大林著作编译局编:《列宁选集》(第二卷),北京:人民出版社,1995年版,第777页。

在斗争中突出共产党特色。目前，社会主义替代资本主义成为当今国外共产党和左翼力量的普遍诉求，多数共产党坚定社会主义信念，保持为工人和劳动人民利益代言的本性，在反资本主义的斗争中突出共产党特色，其力量有一定程度的发展。

发达国家和发展中国家非执政的共产党在多党民主制度下，要争取生存和发展，必须要调整传统思维方式和实践模式，通过运用信息网络技术加强与民众联系，争取更多选民支持。日本共产党、南非共产党、哥伦比亚共产党等党的章程明确规定：党的基层支部应承担宣传、贯彻党的路线方针和政策主张及了解反馈民意的任务；党的高层干部要密切联系群众，要为劳动人民代言；普通党员要积极参加基层组织活动，完成党组织分配的工作任务。不少党注重以党章、党纲和政治决议等明确基层组织的地位、功能和作用，对基层党组织基本任务、目标职能和运作方式都作了细致规定。印共（马）吸取地方执政失败教训，强调要采取有力措施，克服党内腐败和党的基层组织涣散等弊端。

随着科技进步和生产力发展，发达国家的社会和阶级结构出现新变化，以白领和金领为主体的中产阶层远超过蓝领阶层，传统工人阶级日益缩小，社会结构橄榄型化。当今，西方发达国家无产阶级和资产阶级的阶级矛盾多元化，除有产者与无产者对立外，还表现为精英统治阶层与中下层民众之间、经济全球化受益者与边缘化群体之间、新兴产业创业者与传统产业工人之间等各种错综复杂的矛盾；与过去以激烈争夺政权的斗争形式不同，无产阶级同资产阶级的斗争也呈现复杂情形，各种左翼力量以开展新兴社会运动的斗争方式，反对资本主义发展模式，要求建立公平正义、生态友好、经济社会可持续发展的制度模式。国际金融危机后，资本主义经济、政治、社会矛盾更加尖锐，贫富差别和社会不公引发各种抗议风潮，反新自由主义全球化运动方兴未艾，得到民众的广泛响应和支持，众多左翼力量、非政府组织和新兴社会运动投入其中。一些环保主义政党如绿党等在各国政坛独树一帜，并成为重要的参政党。各种左翼力量和新兴社会运动开展维护中下层民众利益及反资本主义、推动历史进步的斗争，不仅为共产党扩大生存和发展空间提供了机遇，也是共产党可以借重和合作的重要力量。多数共产党已认识到，在反对新自由主义及其全球化进程中，必须加强共产党与各种左翼力量及各种新社会运动之间的联合与合作，将各种反资本主义的力量团结起来，形成合力，建立一个替代资本主义的广泛阵线。

## 第三节　社会主义与资本主义两制关系格局出现新变化

当前，社会主义国家稳中有进，各国共产党组织力量、活动方式出现新变化，中国特色社会主义处于新的历史方位，对未来世界社会主义将产生重要引领作用。社会主义国家和资本主义国家、发展中国家和发达国家、新兴大国和传统大国之间，围绕发展道路和发展模式展开激烈较量，各种左翼力量和新兴社会运动开展维护中下层民众利益及反资本主义、推动历史进步的斗争，这一较量本质上虽不是社会主义和资本主义的较量，但不同道路制度模式之争贯穿其中，充满不同价值观念和不同社会制度之争，社会主义与资本主义两制关系格局出现新变化。

### 一、世纪疫情加剧不同意识形态和社会制度竞争

百年大变局引发不同文明和不同思想文化相互激荡。社会主义国家和资本主义国家、发展中国家和发达国家、新兴大国和传统大国之间，围绕发展道路和发展模式展开激烈较量，其中充满不同价值观念和不同社会制度之争。以 2017 年 1 月美国总统特朗普首次发布《国情咨文》将中国定义为"战略竞争对手"为标志，中美关系发生深刻变化，中美关系中的意识形态因素显著上升，美国对中国全面发起意识

形态围剿,意识形态和制度模式开始成为中美之争的最后高地。在美国极端人士看来,中美贸易战的背后实际上是不同意识形态和不同文明之战,如美国国务院前政策规划司主任斯金纳声称美中博弈是长期的"有关信仰、意识形态和文明之间的较量"。疫情进一步加剧了中美战略博弈和意识形态斗争,西方舆论上对中国全面污名化,法律上鼓动滥诉,政治上推动反华提案。美国还以所谓相同价值观为幌子,推动七国集团和澳、韩、印组建所谓"民主十国俱乐部",将其盟友重新整合在反华大旗之下,拉帮结派,全力拼凑意识形态和价值观反华联盟。为了保护基督教自由主义和西方资本主义,抵消东方软硬实力崛起后的冲击,中美意识形态和制度博弈将更加激烈,这一博弈结果如何将是社会主义与资本主义两制关系演变最大的变数。

然而,国际关系民主化和社会制度多样化是世界潮流,广大非西方国家普遍根据自身传统优势,选择并发展本民族特点的政治制度,世界发展道路与发展模式将更加多样化,这是美西方国家阻挡不了的历史大趋势。长期以来,西式价值观是按美国的"叙事方式"作解读,将视为"政治正确"的金科玉律强推到发展中国家,尽管"水土不服",但敢怒不敢言,当他们看到美国新冠肺炎感染数和死亡人数世界第一的情况时,对中美力量对比的趋势有自己的判断,丢弃对美西方幻想,顺势而动,是这些旁观者的自然选择。

**二、西方自由民主制度对发展中国家的吸引力弱化**

以美国为首的西方国家在非洲普及多党制民主,结果引发一些国家政权更迭和政治动荡;在拉美推行新自由主义改革,却带来新的贫富差距扩大和社会矛盾激化;在东欧中亚频繁制造颜色革命,完成民主化转型,导致一些国家解体和民族分裂;在西亚北非推出"大中东民主计划",发动伊拉克战争和一系列"街头革命",结果"阿拉伯之春"变成"阿拉伯之冬",很多国家并没有因政治转型而变得更好,相反却引发伊拉克、利比亚、叙利亚、也门等国长期内战,战争至今没有结束。阿尔及利亚、苏丹、利比亚等北非国家陷入新一轮动荡，阿总统布特弗利卡、苏总统巴希尔下台，凸显地区国家转型困境。美西方还以民主失范、选举不公为借口，大肆对伊朗、委内瑞拉等进行干涉和武力威胁，充分暴露其假民主、真霸权面目。目前，美西方敌视社会主义的本性不但没有改变，反而表现得更为露骨。特朗普甚至在联合国讲坛上指责"社会主义带来深重灾难"，呼吁世界各国起来"抵制社会主义"。然而，美西方鼓噪的自由民主并不是解决广大发展中国家问题的灵丹妙药，与冷战结束初期许多国家改行资本主义道路的浪潮相比，西方长期引以为傲、并不遗余力向别国推销的制度光环黯淡，吸引力越来越小。相反，经过疫情洗礼的中国特色社会主义的感召力和影响力明显上升。在美国疫情治理不力、"甩锅"推责、感染及死亡人数世界第一的事实面前，越来越多的发展中国家对奉为圭臬的西方制度产生怀疑，对中美战略博弈和世界发展大势的认识更加清晰，普遍认识到中国模式在全球的吸引力越来越强，值得发展中国家借鉴，期待分享和借鉴中国的发展经验，以探索符合自身实际的发展道路。各国共产党和左翼力量对中国抗击疫情行动表示赞赏，认为珍惜每一个人的生命价值，特别是保障劳动人民健康和生命安全，发挥政府在危机中的作用，这都是社会主义制度优势的体现。

### 三、西方制度遭世纪疫情重挫后进入衰退快车道

新冠肺炎疫情不仅反映出西方治理能力不过关，而且将其民主自由人权的道义标杆打落地面，西方引以为豪的普世价值加速崩塌。非裔病死率远高于白人，穷人病死率远高于富人。"吹哨人"因言获罪，许多医务人员因曝光抗疫医疗物资缺乏而被解雇，"罗斯福"号航母的舰长布雷特·克罗泽因为一封拯救数千条生命的信件被撤职。血淋淋的事实无情撕掉了美西方自诩"自由民主灯塔""种族平等""多元文化"的遮羞布。美西方应对疫情一错再错的表现击穿西方民主优越论，西方政府权威不足、效率和动员力低下等弱点暴露无遗。特朗普为发

泄对大选结果的不满，煽动极右翼攻陷国会山，引发更大范围、更深层次、更为持续的社会动荡，将会对西方制度模式产生深远影响。

由于美国"毁约退群"，大搞单边主义和霸凌政治，美国的对外感召力、同盟体系凝聚力、国际行动力及国际形象将持续走低。疫情中，特朗普奉行美国优先践踏盟友伙伴利益，"抗疫"中抢夺盟友物资，以邻为壑，引发众怒。拥有共产党坚强领导的政治体系和强大自我更新能力的中国，已在经济和价值观两方面被看作是对西方的全面挑战。全球抗疫斗争是对各国政治制度优劣、政府组织力、动员力及效率的试金石。中国提出人类命运共同体与美国奉行的"美国优先主义"、东方之治与西方之乱在疫情全球大流行时期形成鲜明对比，高下立判，"向东看"已成潮流，"东升西降"趋势明显。

**四、中国特色社会主义成为振兴世界社会主义的中流砥柱**

东欧剧变、苏联解体一度使"社会主义失败论""历史终结论"甚嚣尘上，"中国崩溃论"不绝于耳，但中国没有在这场"多米诺骨牌"式的剧变中倒下，坚守和捍卫了社会主义，并以中国式道路挽救了世界社会主义。邓小平指出："社会主义经历一个长过程发展后必然代替资本主义。这是社会历史发展不可逆转的总趋势，但道路是曲折的。""一些国家出现严重曲折，社会主义好像被削弱了，但人民经受锻炼，从中吸收教训，将促使社会主义向着更加健康的方向发展。"[①] 他在肯定社会主义代替资本主义的必然性的同时，也充分认识到，这是一个长期历史过程，是否最终能代替，关键要看社会主义自身发展得如何，社会主义是否优于资本主义。邓小平强调："社会主义要表现出它的优越性，哪能像现在这样，搞了二十多年还这么穷，那要

---

① 邓小平：《邓小平文选》（第三卷），北京：人民出版社，1993年版，第382—383页。

社会主义干什么?"①"我们中国要用本世纪末期的二十年,再加上下个世纪的五十年,共七十年的时间,努力向世界证明社会主义优于资本主义。我们要用发展生产力和科学技术的实践,用精神文明、物质文明建设的实践,证明社会主义制度优于资本主义制度,让发达的资本主义国家的人民认识到,社会主义确实比资本主义好。"②在邓小平看来,"讲社会主义,首先就要使生产力发展,这是主要的。只有这样,才能表明社会主义的优越性。社会主义经济政策对不对,归根到底要看生产力是否发展,人民收入是否增加。这是压倒一切的标准。空讲社会主义不行,人民不相信"③。

当今世界社会主义出现了许多变化,这个变化可概括为:从东欧剧变和苏联解体后世界社会主义运动长期陷入力量严重下降、思想彷徨迷惘、探索变动不居、目标多变不明的低潮困境中开始进入力量重兴的新阶段,一个不同于冷战前两极对立、冷战结束后一度"历史终结"和世纪之交左翼彷徨的世界社会主义运动新格局正在形成。德国左翼党智库卢森堡基金会的理论家布里称"社会主义进入3.0"④。他还认为"社会主义3.0"是从中国特色社会主义开始的。通过改革开放,中国经济发展和综合国力发生翻天覆地的变化,在生产力水平快速跃升的同时,中国经济社会走上可持续发展之路,中国特色社会主义制度优势不断显现。中国特色社会主义制度模式既顾及社会差距的客观性和现实性,把追求效率、提高效率放在重要位置;又顾及社会公平与公正的必然性和目标性,在发展过程中着力实现效率与公平的有机统一。事实证明,中国特色社会主义实践使科学社会主义在中国

---

① 冷溶、汪作玲主编:《邓小平年谱(1975—1997)》(上),北京:中央文献出版社,2004年版,第384页。
② 冷溶、汪作玲主编:《邓小平年谱(1975—1997)》(下),北京:中央文献出版社,2004年版,第1255页。
③ 同上书,第629页。
④ M. 布里:《社会主义的第三次浪潮》,载《科学社会主义》,2016年第1期,第123页。

焕发出强大生机活力,"只要中国社会主义不倒,社会主义在世界将始终站得住"。从未来趋势看,制度更替最终取决于谁在竞争中占优势,优胜劣汰。"随着中国特色社会主义不断发展,我们的制度必将越来越成熟,我国社会主义制度的优越性必将进一步显现,我们的道路必将越走越宽广,我国发展道路对世界的影响必将越来越大。"①

作为一种实现现代化的发展模式,中国特色社会主义既有其特殊性,也有其一般性,它在回答和解决中国问题的探索中,为其他经济文化相对落后国家如何实现现代化、如何发展积累了经验,提供了选择。中国特色并不是中国特有,中国特色社会主义在实践中显示出的个性和特色,通过经验总结和理论升华可变成可复制、可分享的共同经验而得到普遍认可。新时代中国特色社会主义具有东方文化的历史底蕴和马克思主义的基因特质,在引领中国不断走向世界的征程中必将推进世界社会主义进入新阶段。

---

① 《习近平在新进中央委员会的委员、候补委员学习贯彻党的十八大精神研讨班上发表重要讲话》,载《人民日报》,2013年1月6日,第1版。

# 第九章 当今国外共产党发展新态势

随着西方发达国家资本主义制度弊端和中国特色社会主义制度优势越来越凸显,各国共产党和左翼力量的发展变化呈现出新的特点。社会主义国家执政党加强自身建设,打造社会主义国家战略共同体。发展中国家共产党开始恢复活力,其探索社会主义的纲领主张得到劳动人民拥护和支持。发达国家共产党推进左翼结盟政策,在联合反对资本主义的斗争中重塑传统优势。中国特色社会主义在21世纪的中国焕发出强大生机活力,开辟了世界社会主义运动新前景。随着中国特色社会主义影响不断扩大,共产党对世界社会主义运动的引领作用开始显现,将成为振兴世界社会主义的中流砥柱。

## 第一节 执政共产党守正创新打造命运共同体

越南、老挝、古巴、朝鲜迄今仍宣称坚持走社会主义道路。作为政治制度相同、发展道路相近的社会主义国家,面对复杂多变的国际环境,党和国家的前途命运紧密相连,维护共产党执政地位,确保国家政治安全,推动社会主义事业不断发展仍是现存社会主义国家当今面临的共性问题和头等大事。

## 一、重视理论建设和理想信念教育

美西方攻击共产党执政为"极权",不断变换手段打压现存社会主义国家,甚至扬言不惜动用武力制裁"极权"、铲除"异端"。为对抗美西方制裁、打压和思想渗透,越、朝、老、古四国纷纷采取立法和行政措施,加强对国内互联网管控,加强对非政府组织管理,加强意识形态工作和对青年学生的思想政治教育,注重树立共产主义理想信念和社会主义道德规范。

越南共产党根据越南实践创造性地运用了马克思主义理论,马列主义和胡志明思想成为越南共产党的思想基础,也是越南革命的指南。越南革命取得的一系列巨大成就再次证明,越南在建设具有越南特色的社会主义、推动越南到21世纪中叶成为现代化繁荣的国家过程中创造性的、正确地运用了马克思主义。在现实运用中,需要与具体的历史条件相结合,符合实际并且灵活运用,在创造性应用中得以创新和发展,就越南而言,胡志明主席吸引、运用和发展了马克思列宁主义,产生了胡志明思想。

朝鲜劳动党强调要永远继承金日成、金正日的先军之路、自主之路、社会主义之路。2017年年底,朝鲜劳动党时隔五年召开党支部委员长大会,金正恩全程出席会议,致开、闭幕词并发表重要讲话,要求大敌当前,朝鲜劳动党必须重视意识形态斗争,要对非社会主义现象保持高度警惕,开展高强度的歼灭战,彻底根除反社会主义行为和非社会主义现象。同时,要提升党的支部委员长能力,强化发挥基层支部的堡垒作用,强化思想管控,扭转社会风气,维护社会稳定。

古巴强调必须坚持以马列主义、马蒂思想和菲德尔理论为指导。古巴决定成立菲德尔·卡斯特罗思想和文献研究中心,古共中央政治局委员、国务委员会第一副主席兼部长会议第一副主席迪亚斯-卡内尔负责该中心的筹建工作,主要任务是收集整理菲德尔的讲话、演讲、文章等,归纳总结相关精神,并负责向古巴人民进行宣传。目前,古共高层对社会主义传统的基本理念没有变化，仍强调坚持社会主义计划经济和公有制。古巴虽提个体经济、非国有经营方式等概念，也重视私营经济作用，但不接受"私营经济"概念。古共七大对古巴过去经济模式更新和社会主义经济建设进行了理论总结，引入"中小私营企业"概念，强调"能者多劳，多劳多得"分配原则，首次提出了古巴社会经济发展模式理论。在2018年4月召开的古巴第九届全国人民政权代表大会上，吸收了古共六大以来对个体经济、外资企业及经济社会模式更新等新理念新认识，如将限制财产私有改为限制生产资料的产权私有，提出要对宪法进行修改。

## 二、加强党的组织和廉政建设

作为政治制度相同、发展道路相近的社会主义国家，党和国家的前途命运紧密相连，维护共产党执政地位，确保国家政治安全，加快经济发展仍是现存社会主义国家当今面临的共性问题和头等大事。

越南共产党大力进行反腐败斗争，净化党内政治生态，巩固党的领导地位。越共十二大以来，越共中央总书记阮富仲强调加强党的集中统一领导，高度重视党建和反腐工作，对越南政治体系进行了系统全面的整顿和纠偏，清理党的队伍，反腐工作取得突破性进展。2021年1月，越共举行十三大，重申越共在越南政治体系中的领导地位和作用，提出要在党和国家一切工作中始终坚持"民本"思想，发挥人民当家作主权，信任和尊重人民群众，坚持共产党领导和社会主义道路不改向。越共十三大正式提出两个百年目标，到2030年建党100周年时越南建成具有现代工业、中等偏上收入的发展中国家，到2045年建国100周年时越南建成以社会主义定向的高收入发达国家。

朝鲜在政治体制上强化"党的唯一领导体系"。最新修改后的朝鲜宪法规定，国家在朝鲜劳动党领导下进行一切活动，国防委员会是国家权力的最高军事领导机关。所有国家机关均根据民主集中制原则组成并进行活动。朝鲜劳动党七大和朝鲜最高人民会议第十三届四次会议先后推举金正恩任朝鲜劳动党委员长和国务委员长，朝鲜党和国家唯一领导体系得到巩固完善。近年，朝鲜劳动党加强各级党组织建设，特别重视发挥基层支部的堡垒作用。2021年1月召开的朝鲜劳动党第八次全国代表大会，将"人民大众第一主义"作为党的政治理念，认为这是朝鲜劳动党始终坚持的使命和任务。金正恩还强调要"以党治国"，要求全党全国人民绝对拥护党中央权威，紧扣党中央唯一领导体系的工作主线。同时加强党的建设工作，改进党的工作体系和方法，建立新的党的纪监体系，严格党的纪律，根除党内官僚主义和贪污腐败现象。近年来，朝鲜将外部压力转化为内部动力，集中力量抓民生，继续推进经济调整，重点发展农业以保证人民粮食稳定供应，维护社会稳定。

老挝人革党十大以来，高度重视党的思想理论建设和组织建设，出台了一系列党内规章制度，对党员思想教育、干部培训、党内纪律检查和监察等都提出了明确要求，特别重视党内反腐败工作，对党员干部、国家公务人员和军人警察队伍中出现的腐败问题保持高压态势。通过加强党的建设，不断促进老挝经济社会稳定发展。老挝人革党于2021年1月召开十一大，大会主题是"深入贯彻革新路线，促进团结和谐，确保政治稳定，推动经济社会发展方式转变，不断提高人民生活水平，领导国家朝着社会主义目标稳步前进。"按照十一大确定的政治路线，老挝人革党将继续加强党的自身建设，不断提高党员干部素质，保持干部队伍清正廉洁，为老挝经济社会发展注入新的活力。

古巴在模式革新中不放弃党的领导。古巴革命领袖菲德尔·卡斯特罗曾说过："革命成败关键在于党。"古共中央强调，古巴当前进行的经济社会模式更新的目标是努力探索符合古巴国情的社会主义发展模式，在模式更新进程中必须坚持古巴共产党领导作用。古共钦佩中共全面从严治党的举措和成效，愿学习与借鉴中共经验，加强古巴共产党自身建设，不断提高党的执政能力和执政水平。2021年4月16至19日，古共召开八大，迪亚斯-卡内尔当选为古共中央第一书记，大会强调古巴正处在社会主义建设历史阶段，主要任务是建设主权完整、独立民主、繁荣可持续的社会主义，继续坚持卡斯特罗时代的路线方针政策。

### 三、打造社会主义国家命运共同体

社会主义作为一种超越资本主义的先进思想，它所追求的消灭剥削、实现社会公正平等、实现每个人自由而全面的发展，实现人类彻底解放，从必然王国到自由王国的飞跃等理念和价值，永远占据人类道义的制高点，这是社会主义具有不可遏止的吸引力的根本原因。历史上，社会主义国家具有无产阶级国际主义传统，在当前国际形势深刻复杂演变、世界社会主义发展面临新的历史条件背景下，坚持共产党领导和社会主义道路是现存社会主义国家最大的利益交汇点。尽管今天的社会主义各具特色，各国改革进程和经济发展水平不一样，但都有相似的价值目标和经济社会基础。共产党执政国家理想信念相通、发展道路相近、前途命运相关，打造社会主义国家命运共同体成为共识。

古巴在美国鼻子底下搞社会主义，长期受美西方国家封锁和打压。古巴人口1123万，华人数量占1%，黑人数量占11%，城市人口占75%，距佛罗里达最南端仅217千米。菲德尔·卡斯特罗和劳尔·卡斯特罗是具有坚定信仰的共产主义者，将支援世界社会主义事业当作自己应尽的国际义务。同时，积极呼吁世界进步力量特别是拉美左翼联合起来，支持古巴社会主义，打破美国制裁和封锁。2018年11月1日至12日，古巴新任领导人卡内尔访问俄罗斯、中国、越南、朝鲜和老挝。在访华期间，他出席了首届中国国际进口博览会，双方在经贸、旅游、科技等领域达成合作协议；在访朝期间，双方举行高层政治对话，讨论双边及国际议题，凸显双方共同坚守社会主义阵营、反对美西方霸权封锁与制裁的强烈意志，展示两国在国际上并不孤立并有铁杆支持的形象。朝方近年也多次派出高访团出访古巴。古巴领导人此次出访意在向世界明确宣示，古巴坚持共产党领导和社会主义道路的政治取向不会变，同时也借机交流和借鉴社会主义国家治国理政经验。

在新冠肺炎疫情给世界各国带来严重影响的同时，美国特朗普政府不仅不采取措施应对疫情，反而乘人之危，对美国眼中的所谓"无赖国家"加大制裁，对朝鲜、古巴、委内瑞拉等国勒紧制裁绳索，加重了无辜平民的苦难和人道主义危机。特朗普在自己即将下台之际，不忘将古巴列入支持恐怖主义黑名单，延长《对敌国贸易法》框架下对古制裁有效期，强化对古制裁，阻止古巴进口石油，切断古巴医疗服务输出、旅游和侨汇等主要创汇来源，使新冠肺炎疫情下的古巴雪上加霜。受美国长期制裁和封锁的影响，古巴经济民生陷入困境。自1992年至今，联合国大会已经29次高票通过解除对古巴制裁的决议，"一直以来，中国共产党都坚定支持古巴，反对美国对古巴实施的经济、商业和金融封锁，支持古巴人民反对美国干涉和制裁的正义斗争。"①

朝鲜劳动党召开八大，中共致电祝贺，朝鲜劳动党以八大名义复电中共中央，称朝中关系是以社会主义为核心的友好关系。2021年7月11日，朝鲜劳动党中央机关报《劳动新闻》为纪念《中朝友好合作互助条约》签订60周年刊发评论文章，称朝中友谊在社会主义之路上不断强化，朝鲜人民对于中国人民在社会主义建设中取得的一切成果就像自己的事一样感到高兴，继续大力加强和发展以社会主义为核心的朝中友好关系，是朝鲜党和政府坚定不移的立场。

老挝是最早认同中国构建命运共同体的周边国家，近年两国领导人就命运共同体进行了深入沟通，达成共识，将"中老是具有战略意义的命运共同体"的表述写入联合声明。

随着中国日益走近世界舞台中央，中国作为世界社会主义运动定盘星和压舱石的作用更加突出，中国倡导的构建人类命运共同体理念

---

① 姜辉主编：《共同见证百年大党——百位国外共产党人的述说》（上册），北京：当代中国出版社，2021年版，第10页。

受到越来越多国家的认同,越共中央总书记阮富仲称习近平总书记提出的构建人类命运共同体主张体现了中国的全球视野和大国担当。古巴赞赏中国提出的构建人类命运共同体的理念,强调古巴坚持在和平、正义、关注人类命运、尊重人民自主权原则的基础上发展对外关系。2021年7月,越共中央总书记阮富仲、古共中央第一书记卡内尔应邀出席中国共产党与世界政党领导人峰会。他们在峰会致辞中表示,"中国共产党坚持以人民为中心的发展思想为世界提供重要启示和借鉴,愿与中国共产党加强交流合作,携手建设一个更加美好的世界"①。

近年,受新冠肺炎疫情影响,世界共产党和工人党国际会议没能如期举行,共产党之间直接交往受阻。但中共与越共、古共、朝鲜劳动党、老挝人革党之间云端交流不断,执政党相互开展治国理政经验交流,进一步提升了相互之间在政治、经贸、投资、文化、教育培训、卫生、科技等领域的合作成效,密切了社会主义国家之间传统友谊。

## 第二节　发展中国家共产党积极作为

在世界现存的130多个共产党中,发展中国家占了大多数,其中不乏像印度共产党(1920年成立)、南非共产党(1921年成立)、阿根廷共产党(1918年成立)、智利共产党(前身是1912年成立的智利社会主义工人党,1922年1月改名为智利共产党)、巴西共产党(1922年成立)、埃及共产党(1919年成立)、伊朗共产党(1920年成立)、巴勒斯坦共产党(1919年成立)、保加利亚共产党(1919年成立)等百年老党。在经过20世纪90年代初一段时间的组织分裂和思想混乱后,发展中国家共产党大部分党的力量基本保存下来。南非、南美、南亚国家的共产党开展社会主义斗争取得一定成就,有的国家

---

① 《愿加强交流合作　共建更加美好的世界——多国政党领导人在中国共产党与世界政党领导人峰会上致辞》,http://www.xinhuanet.con/2021-07/07/c_1127629048.html?ivk_sa=1023197a。

甚至出现了共产党通过议会斗争上台执政的现象。目前，亚非拉发展中国家许多共产党在探索本国社会主义的斗争中积极作为，呈现良好的发展势头。

## 一、南亚各国共产党仍活跃在政治舞台

南亚是共产党和左翼政党比较活跃的地区之一，近年来，印度、孟加拉国、尼泊尔、斯里兰卡等国的共产主义力量出现一些新变化。印度共产党（马克思主义）虽失去在印度西孟加拉邦和特里普拉邦的执政地位，在印度人民院的议席减少，但党员人数不减反增，已突破100万，是世界上党员人数最多的非执政共产党。印共（马）还领导着拥有人数达几千万的工会、农民协会、青年和学生联合会、妇女联合会等群众组织。印度另一个力量较大的共产党是印度共产党，现有党员60多万人，也领导一批群众团体组织。印共（马）同印度共产党、印度共产党（马列）解放派、印度前进同盟、革命社会党等左翼政党组成左翼阵线，共同开展反对资本主义的斗争。印共和印共（马）现仍在印度喀拉拉邦联合执政。孟加拉国共产党与印度共产党同根同源，印巴分治后，印度共产党于1948年2月召开全国第二次代表大会，决定组建巴基斯坦共产党。1948年3月，巴基斯坦共产党在东、西巴基斯坦分别建立党中央，独立进行地下活动。1971年，孟加拉国独立后，东巴基斯坦的共产党地区组织改名为孟加拉国共产党。不久，孟加拉国共产党内部分裂出多个派别组织，其中，坚持马克思列宁主义和共产主义信仰的一派以孟加拉国共产党（马克思列宁主义）自称。目前，孟共（马列）积极参与左翼进步活动，捍卫劳动人民利益。2021年7月，该党总书记巴鲁阿在中国共产党与世界政党领导人峰会上发表书面发言，称赞中国共产党百年来取得的辉煌成就。孟加拉国工人党于1980年由孟加拉国工人党（列宁主义）、革命共产主义同盟和 MAJDUR 党合并成立的，自称是工人阶级政党，代表工人和农民利益，信仰马列主义，主张通过工人和农民阶级运动来扩大群众基础，

建立统一的左翼和进步力量联盟。孟加拉国工人党现是孟加拉国主要左翼政党、孟左翼政党联盟重要成员，在孟加拉国政治生活和社会主义运动中发挥着重要作用。2000年，该党与孟共、孟共（马列）等11个左翼政党联合成立左翼政党联盟，并在其中发挥领导和骨干作用。2008年，工人党参加人民联盟领导的14党"大竞选联盟"，并加入政府。2014年、2018年大选中，工人党继续与人民联盟结盟，赢得议会选举。2019年11月，孟加拉国工人党举行第十次全国代表大会，党主席梅农、总书记巴德沙再次当选为党的主要领导人。该党在中央层面设有政治局、中央委员会，地区有市、县、村级委员会以及农民、青年、妇女、工会等组织共约60个。目前，该党在国民议会中有4个席位，为国民议会中席位最多的左翼政党。斯里兰卡共产党（成立于1943年，原名为锡兰共产党）坚持以马克思主义为指导思想，以社会主义为奋斗目标，自称是代表工人、农民、自由职业者、知识分子、小商人等所有劳动人民的政党，主张利用议会等各种民主机制实现社会变革。曾多次同斯自由党、兰卡平等社会党等组成联合阵线参与议会选举，并参加联合政府。斯共现有党员5000多人，设有工会、青年和妇女等群众组织。斯共于2020年8月积极参加斯议会选举，虽在斯南部地区有一定影响，但未赢得足够选票进入国家议会。尼泊尔两大共产党——尼共（联合马列）同尼共（毛中心）经过多年努力于2018年5月合并成为统一的尼泊尔共产党，但由于两党在新领导机构成员分配比例问题上诉求不一，特别是奥利和普拉昌达两位领导人权力划分争端不下，导致党内事实上分裂。目前尼泊尔共产主义力量发展出现挫折，但尼泊尔共产党在尼泊尔政坛上仍扮演重要角色，党的基层组织比较稳固，党的新生力量开始成长，发展前景可期。

## 二、非洲国家共产党及左翼力量影响不断扩大

有着百年历史的南非共产党自成立后即以非暴力的、合法的形式开展争取工人权益和经济社会平等权利的斗争，20世纪50年代被宣布

非法，1990年恢复合法地位，之后一直与南非非洲国民大会（简称"非国大"）结盟，坚定支持非国大的政策主张，继续和非国大一起参与执政。近年来，南非共在发展理念上与非国大的分歧逐步扩大，南非共在政策主张上坚持独立自主，突出共产党的特色，强调公平优先，要求采取更激进政策维护穷人利益。2007年，南非共举行十二大，通过了《南非社会主义之路》的行动纲领，重申要努力"在国家权力、工厂、社区及经济、意识形态和国际领域等方面确立工人阶级的领导权"、呼吁重启国有化，使分配向工人阶级和穷人倾斜，实施免费义务教育等。会议虽强调执政联盟的重要性，但要求联盟各方独立发挥作用。南非共不会把社会主义"强加"给非国大，但希望非国大重视南非共的社会主义议题。呼吁改革执政联盟，重新审视南非共在联盟中的作用，使之符合当前民族民主革命斗争需要。本次大会进一步表明南非共坚持党的独立自主的意愿，也显示了其与非国大中右翼在观点政策上的重大分歧。在2008年年底举行的南非共政策会议上，多数领导人再次呼吁要提升南非共在执政联盟中的地位，使南非共真正成为有决策权的政党，进一步表明南非共保持独立自主、突出共产党特色、尽快进入执政和决策核心舞台的意愿。南非共这一做法提升了自己在2009年年初大选中的形象，巩固了在执政联盟中的地位。南非共始终坚持与非国大、南非工会大会结成政治同盟，在争取民族独立和人民解放斗争中不断发展壮大。近年来党员人数迅速增加，由10年前的几万人增加到现在30多万人，在非国大和南非各级政府中任职的南非共党员明显增多。

历史上，撒哈拉以南非洲马克思主义政党不多，除了南非共外，还有留尼汪共产党等坚守党的性质和社会主义目标不变。值得一提的是，2011年成立的肯尼亚共产党于2019年通过了《肯尼亚共产党宣言》，宣称肯尼亚共产党是以马克思列宁主义为指导思想的先锋政党，其最高纲领是在肯尼亚、东非共同体、非洲和全世界建立社会主义，最终实现共产主义。2021年4月，肯尼亚共产党在其官网上刊登了以该党全国主席署名的庆祝中国共产党成立100周年的贺信。不过，该党在实际斗争中的影响力并不大。

当今，撒哈拉以南非洲的一些国家跳出西式民主模式寻求国家治理出路，出现了一股股新社会主义思潮。坦桑尼亚革命党主席马古富力自2015年当选总统后，以尼雷尔的学生和坚定追随者自居，在"乌贾马社会主义"思想基础上，融入西式多党人权理念、强人政治、民粹主义等要素，以巩固和壮大坦革命党的执政基础。在2020年10月选举中，马古富力以84.3%这一前所未有的得票率赢得选举，连任坦总统，革命党在国民议会选举中获得98%的席位。这次大胜不仅巩固了革命党主导的政治格局，还提振了非洲左翼进步政党阵线的士气。马古富力强人政治反映了当下非洲政治生态变化和思潮动向。当今，津巴布韦总统、津巴布韦非洲民族联盟-爱国阵线主席兼第一书记姆南加古瓦、纳米比亚人组党主席、总统根哥布等都是倾向社会主义的强势人物。

纳米比亚人组党（1960年成立时称西南非洲人民组织）是纳米比亚独立以来一直执政的民族主义政党。该党在非洲民族解放运动时期深受苏联共产党和中国共产党影响，宣称奉行科学社会主义。1976年，人组党政治纲领明确提出要"建立一个基于科学社会主义理想和原则的无阶级、无剥削的社会"[①]。1990年，人组党领导人民取得国家独立。受当时国际形势影响，纳米比亚走上了民主社会主义道路，但并没有放弃科学社会主义的目标志向。人组党在执政过程中，越来越认识到民主社会主义实际上是资本主义的一个流派，虽然可以带来政治民主自由，但不能根本解决人组党革命和纳民众急盼的土地分配、经济平权等问题，已影响到人组党的执政地位。因此，人组党必须重新审视和改革当前发展模式，选择过去想实行而未能实行的科学社会主义道路。执政27年的人组党在2017年召开的六大上再次提出建设

---

① 中共中央对外联络部编：《各国民族民主政党手册》，北京：人民出版社，1995年版，第682页。

"纳米比亚特色社会主义"的设想，并在 2018 年党的特别代表大会上正式将此确立为党的奋斗目标并写入党章。这是自 20 世纪 90 年代以来，首个提出要将社会主义作为奋斗目标的非洲执政党。2020 年，在人组党执政 30 年全党总结大会上，党主席根哥布总统表示，人组党要实现长期执政，必须适应新形势，深化改革，建设"纳米比亚特色社会主义"。人组党领导人表示，要立足纳米比亚国情实际，借鉴中国、古巴等国探索社会主义道路的成功实践，进一步完善"纳米比亚特色社会主义"的独特内涵。纳米比亚人组党提出建设"特色社会主义"在非洲并非个例，近年来，津巴布韦与安哥拉执政党也提出了建设本国特色社会主义或特色民主社会主义的想法，反映出新时期非洲政党渴望探索自主发展道路的强烈意愿，再次证明世界上相信社会主义的人多了起来。

### 三、拉美国家共产党在同拉美左翼联合中不断前行

有着悠久共产主义运动历史的拉美地区，现有 20 多个共产党，除古巴外，巴西、智利、委内瑞拉、厄瓜多尔、秘鲁等国共产党都保持稳定发展，均是本国政坛中的一支重要力量。在传统政党力量衰退、年轻人反感政党不愿参与政党政治的形势下，有百年历史的智利共产党党员人数不降反升，党员增至 4.7 万人。巴西共产党也是百年老党，多年来始终坚持探索适合巴西国情的社会主义道路，不断发展和壮大同左翼力量结成广泛统一战线。巴西劳工党执政期间，在巴西政府部门和一些市镇都有巴西共产党员担任部长、市长职务。2021 年 3 月 8 日，巴西联邦最高法院法官裁决，前总统卢拉因涉嫌贪腐所获的所有判决"均无效"。卢拉能无罪释放，表明受巴西现右翼政府打压的劳工党、巴西共产党处境有所缓和，党员队伍稳定发展，现有党员 41 万人。委内瑞拉共产党自 20 世纪 70 年代起，主动调整政策和斗争方式，积极开展议会斗争。在查韦斯执政期间，加入执政党联盟，参与执政，在众议院和参议院中均有席位。当前，在委内瑞拉共产党等左翼力量

支持下，委内瑞拉马杜罗政府较过去一年相对稳定，委反对派领导人胡安·瓜伊多尽管得到美国和境外反左势力庇护，但在国内掀不起大浪。2021年，墨西哥、智利、秘鲁、厄瓜多尔等国大选，共产党和中左翼政党结盟的联合阵线均获胜，厄瓜多尔共产党加入希望联盟参加选举，获得1个国会议席。

### 四、俄罗斯东欧中亚地区共产党发展有得有失

东欧剧变、苏联解体后俄罗斯东欧中亚地区重建的共产党，多数声称是前共产党的继承者，其中力量较大主要有俄罗斯联邦共产党，现有党员16万多人，有2384个地方党组织和13845个基层党组织。2016年9月，在第七届国家杜马选举中赢得92席（现有43席），为杜马第二大党。2020年11月，俄罗斯联邦共产党召开了第十一次中央全会，讨论了俄共建立国内人民阵线、维护劳动人民权利和国家利益等问题，认为只有社会主义才能取代资本主义，要想取得社会主义胜利，就必须在俄国内建立广泛的左翼爱国统一人民阵线，俄共能够成为左翼阵线的核心，通过与人民阵线共同行动，更多地维护劳动者权益。2021年4月24日，俄共举行第十八次代表大会第一阶段会议，来自全国各地的211名代表参会，根纳季·安德列耶维奇·久加诺夫以全票再次当选为俄共主席。俄共利用《真理报》及俄共网站的宣传作用，通过议会内外工作相结合的方式，维护工人阶级的利益，提升俄共在工人阶级中的影响力。俄共全党上下目前正全力准备第八届国家杜马选举。2021年7月，摩尔多瓦举行第十届议会选举，摩尔多瓦共产党人党与社会主义者党结成竞选联盟参选，获27.42%选票。白俄罗斯共产党现有党员6500多人，2016年11月，在第六届国民议会选举中获得8个席位，在2019年11月第七届国民议会选举中获得11席，是白俄罗斯参选政党中获得议会席位最多的政党。中亚的哈萨克共产人民党现有党员约10万人，在议会下院拥有7个席位，塔吉克斯坦共产党和吉尔吉斯共产党人党发展势头看好，党员人数续有增长，

现有党员约4万人,在议会下院有1个席位。摩尔多瓦共产党人党曾执政8年,失去执政地位后,该党数次分裂,党的力量遭受重大损失。捷克-摩拉维亚共产党现有党员3.2万,基层组织3000多个,在2021年10月捷克议会选举中,仅获得3.6%选票,首次无缘进入议会门槛,该党发展现处于不确定状态。

## 第三节　发达国家共产党面临挑战艰难前行

目前,发达国家各国基本上都有共产主义性质的政党,有的国家甚至还有多个共产党或马克思主义的政治组织。欧美国家的共产党大多是百年老党,虽然都有百年历史,仍坚持党的名称不变,但党员人数少,年龄老化,缺乏新生力量。

### 一、西欧共产党继续探索社会主义道路

欧洲是共产主义思想和运动的发源地,也是共产主义政党比较多的地区,其现状基本反映了当今发达国家共产党的力量状况。从国别看,力量较大的党主要集中在南欧的西班牙、葡萄牙、希腊、塞浦路斯等国。西班牙有多个共产党,除了西班牙共产党外,还有西班牙人民共产党、西班牙共产党(马列主义)及西班牙工人共产党等。西班牙共产党约有党员5万多人,是西班牙力量最强的共产党,也是西班牙第三大政党。2008年,西班牙共产党发起抗议政府应对债务危机不力、削减社会福利保障等社会运动,成功扩大了影响,提升了西班牙联合左翼的民意支持率。近年来,西共对其政治方针和组织路线进行了重大调整:一是恢复马克思列宁主义政党性质。西共过去不提列宁主义,在该党合法化40年后重新恢复列宁主义标签,并在新党徽镰刀斧头上增加一个五角星,以此展示一个全新的西共形象。二是加强西共在国家政治生活中的存在感。自1986年西共推动组织旨在扩大社会阵营的"联合左翼"以来,西共渐渐失色。现在延续联合左翼路线、

扩大左翼联盟的同时,强化党组织对党员的组织要求,要求担任公职的西共党员要发挥西共角色作用,扩大西共的行动能力和影响。三是放弃了过去松散的联邦制组织形式,建立西共中央委员会集中领导制度,变联邦委员会为中央委员会。四是积极推动男女平等和养老金保障等社会运动。五是确立西共为国际主义、相互声援及阶级属性的政党。支持委内瑞拉玻利瓦尔共和国及其"21世纪社会主义"主张,反对西方对其攻击及反对派暴力行径。主张对华友好,在新冠肺炎疫情全球大流行之时,积极为中国发声,反对西方对中国抹黑。近年,西班牙共产党联合各方左翼力量,发动民众开展抗议政府抗疫不力等活动,党的影响力逐渐扩大。

葡萄牙共产党现有党员6万多人,在葡萄牙乃至欧洲都有一定影响力。目前,葡共参与左翼执政联盟,在国家议会占15席,欧洲议会议员3名,在全国308个市中的38个市执政,在其他一些市担任市政委员或市议员。葡共长期坚持把社会主义和共产主义作为党的最高目标。2016年12月,葡共召开第二十次全国代表大会,通过了联合左翼力量的"战略提案",确立以促进社会公平公正和改善民生为葡共当前的斗争目标。在2021年1月葡萄牙大选中,葡共欧洲议会议员若昂·费雷拉作为总统候选人参选,得票4.32%,位居第四。葡共连续举办45届《前进报》节,邀请左翼政党及其支持者参加,以报节为平台积极发声造势。

希腊共产党是俄国十月革命后于1918年在欧洲较早成立的共产党,二战后一度是希腊第一大党和欧洲共产党中首个执政党。东欧剧变、苏联解体后,希腊共产党顶住资产阶级的猛烈进攻,坚持以马克思主义为指导,坚持社会主义发展方向,认为社会主义制度的形成和成熟是一个渐进的过程,并致力于建设一个自由、开放、充满希望的社会主义社会。该党成立100多年来始终保持共产党传统立场观点不变,在希腊具有比较稳定的支持者,现有党员3万多人,属希腊第四大党。在2015年的议会选举中,希腊共产党获得5.47%的选票,占

15 个议席。在 2019 年 7 月议会选举中得票率为 5.38%，获 15 个议席，议会席位保持不变，同联合左翼中其他党席位急剧下降相比，这个结果来之不易。希共诞辰 100 周年之际，在雅典主办了第 20 次世界共产党和工人党国际会议，有 73 个国家的 91 个政党参会，这次建党 100 周年造势活动，扩大了希腊共的影响力。

法国共产党在二战后初期一度是法国第一大党，曾先后参加五届政府。20 世纪六七十年代，法共在法国掀起一波"红色浪潮"，在 1969 年法国总统大选时，法共候选人杜克罗获得 21.27% 的选票，在 1977 年法国市镇选举中夺得 1500 多个市镇执政权，1981 年，在社会党密特朗政府中拥有 4 名部长，1997 年，参加若斯潘领导的左翼联合政府。进入 21 世纪后，法共力量不断下滑，历次全国大选选票率不到 5%，2007 年全国选举时支持率仅 1.92%。法共现有党员 5 万多人，在国民议会和参议院中仍保有席位，在法国 600 多个市镇执政。法共在 2010 年 6 月召开的三十五大上提出，继续推进左翼阵线政策，联合其他反资本主义力量，以左翼阵线开展政治斗争，结盟竞选。在 2017 年法国大选时，法共是与法国左翼党——"不屈的法兰西"结盟，支持极左翼组织候选人让－吕克·梅朗雄参选，首轮投票获得 19.2% 的有效选票，远高出社会党候选人伯努瓦·阿蒙获得的 6.3% 的有效选票。2018 年法共三十八大取消了党徽上传统的镰刀斧头图案而代之以欧洲左翼党的五角星标志，并通过了题为《21 世纪共产党宣言》的文件，重担共产主义的未来目标，呼吁增强党的团结和战斗精神，开展以捍卫购买力、打击避税、推动生态变革为主题的积极行动，开启了发展新征程。①

意大利目前存在三个以共产党冠名的政党（党员人数均过万），分别是意大利重建共产党、意大利共产党（2016 年意大利共产党人党更名为意大利共产党）和共产党（意大利）；意大利重建共产党和意大

---

① 于海青：《2018 年国外共产党的新发展与新态势》，载《当代世界》，2019 年第 2 期，第 68 页。

利共产党与其他一些左翼小党和政治运动组织共同组建"权力属于人民"联盟,参加2018年3月举行的全国大选仅获得1.1%的支持率。意大利新兴政党和民粹政党如五星运动、绿党等得势,赢得2018年选举胜利获得执政地位。意大利共产党于2018年7月举行第一次全国代表大会,约500名代表出席。大会突出反帝、反种族主义,坚持和平环保等政策主张,号召认同共产主义、社会主义的意大利各界人士团结起来,成为引领意大利走出困境、恢复国家发展的先锋队。大会聚焦中国,表示要深刻吸取意大利共产党不断分裂衰落的教训,学习借鉴中共成功经验。

英国现有英国共产党、新英国共产党、英国共产党(马列)等共产党组织。英共约800人,半数以上是退休的老人。为增加党的新鲜血液,英共重视做青年人工作,为青年人打造职业规划,定期沟通思想,促其成为领导骨干。英共(马列)是1968年从英共分裂出来的派别,成员基本上都是老年人,很少开展党的活动,但该党主席埃拉·鲁尔(Ella Rule)在涉港、涉疆问题上,公开站出来揭露美英帝国主义干涉中国内政的实质,向中国驻英大使表示"我们对香港特别行政区政府和中华人民共和国政府的持续声援表示完全支持。"[①] 英国共产党、德国的共产党于2020年11月在线上共同举办纪念恩格斯诞辰200周年活动,本次活动由英共曼彻斯特大区支部承办,英国共产党中央主席佩恩与德国的共产党国际书记科佩联合主持,全英各地党员及德国、委内瑞拉等国共产党代表130多人与会,并通过社交网络直播,英共《晨星报》、英共青盟刊物及德《我们的时代》对这次活动进行了报道。

德国共产党最早是由李卜克内西和卢森堡于1918年创立的,是世界上成立最早的共产党之一,1956年被西德阿登纳政府取缔。苏东剧变后德国出现德共(红旗)、德共(布尔什维克)等组织,但都很小。

---

① Ella Rule, "Hands off Hong Kong", https://www.cpgb-ml.org/2019/08/18/news/hands-off-hong-kong/.

德国的共产党成立于1968年，以马列主义为指导，以实现共产主义为目标，现有党员约3000人，在历次联邦议会选举中都有少量的得票率（不到1%）。目前参与部分左翼社会运动、反全球化和工会组织运动。2018年，在法兰克福举行了第22次全国代表大会，科伯勒当选党主席。该党与卢森堡共、荷兰共、比利时劳动党联系密切。

塞浦路斯劳动人民进步党是马克思主义政党，现有1.4万党员和16名议员，是塞浦路斯国家议会第二大党和欧洲左翼党观察成员党。2008年2月24日，塞劳进党中央总书记、议会议长季米特里斯·赫里斯托菲亚斯在大选中获得53.36%的得票率，当选为欧盟首个共产党人出任的总统，上台执政5年。

近年来，欧洲许多共产党为保持力量，寻机发展，纷纷加入欧洲左翼党。欧洲左翼党是2004年5月由欧洲的共产党、工人党、左翼社会党、红色绿党及其他民主左翼政党组成的政党联合体。该党宣称"回归马克思主义的本源"，坚持社会主义、共产主义和工人运动的价值观和传统，以民主的力量与当今的资本主义社会关系作斗争，把人类从各种形式的压迫、剥削和排斥中解放出来，建立一个没有剥削和战争的新世界。欧洲左翼党在经济政策上反对新自由主义，抵制各国政府的紧缩政策，要求对欧洲经济的战略性行业实行公共和民主控制，建立能满足社会需求而非资本主义利益的全新经济模式，强调坚持社会公正、男女平等、生态主义、人道主义等价值原则，为反对资本主义、新自由主义的各项紧缩政策而不懈努力。① 欧洲左翼党现有27个正式成员党、8个观察员党和3个伙伴党。在2019年5月欧洲议会选举中，左翼联盟党团为欧洲议会第六大党团，赢得5.19%选票，获52个议席。当今欧洲左翼力量在欧洲左翼党统一框架内得到一定程度的整合和发展。欧洲左翼党中有一定影响的共产党主要是西班牙、葡萄牙、希腊、法国等国的共产党。面对英国"脱欧"、难民移民危机、民

---

① 王家瑞主编：《当代国外政党概览》，北京：当代世界出版社，2009年版，第1115—1117页。

粹主义思潮泛滥等挑战,欧洲左翼党主张寻求一种开放且进步的解决方案来扭转欧洲的不利局面。

## 二、北欧、北美、大洋洲共产党求生存争发展

发达国家的共产党大多是百年老党,大多数是在共产国际的推动和帮助下建立的。1919年共产国际刚成立,就把帮助各国无产阶级建立共产党组织作为一项重要任务,在短短几年时间内,在世界各大洲建立起一批共产党组织。除在西欧各国建立了共产党和工人党外,在北欧的芬兰、丹麦、瑞典、挪威等国也建立了共产主义组织。在北美建立的共产党有美国共产党(1919年)、加拿大共产党(1921年);在大洋洲建立了澳大利亚共产党(1920年)和新西兰共产党(1921年建立,后自行解散,近年恢复重建)。发达国家的共产党建立之后便成了共产国际的一个支部,接受共产国际的领导和指示,掀开了各国共产主义运动的序幕。[①]

目前,北欧仍有多个共产党组织,但是这些党的党员数量有限,多则几千人,少则几百人。美国和加拿大各自都有数个共产党和工人党。美国共产党在东欧剧变、苏联解体后开始独立自主地探索社会主义道路,并将其所追求的社会主义界定为"权利法案社会主义"。近年来,美国共产党召开全国代表大会及各委员会会议,制定应对资本主义统治阶级和极右翼势力进攻的斗争策略和措施。2019年6月召开的美国共产党三十一大,对当前资本主义的剥削与压迫,工人阶级及其斗争、社会进步力量及运动进行了详细分析,并在此基础上提出了美国共产党在新时期开展斗争的具体策略,制定了美国实现社会主义、共产主义必须要经历的斗争阶段和步骤。自2015年以来,美共党员人数持续稳定增长,党的影响力也有所提升,现有近万名党员。加拿大共产党历史悠久,与工会关系比较好,现在自称党员有近万名。澳大

---

[①] 马克思主义研究和建设工程教材编写组:《国际共产主义运动史》,北京:人民出版社、高等教育出版社,2012年版,第160—161页。

利亚、新西兰等大洋洲国家的共产党,虽然人数不多,均不超过千人,但顶住各种压力,顽强地生存下来。

### 三、日本共产党扩大左翼阵线

日本共产党(1922年)也是在共产国际的直接指导下建立的,经过百年发展,日共是当今发达国家人数最多、组织程度最高和影响较大的共产党。2004年,日共二十三大提出了"在资本主义框架内进行民主改革"的路线,主张建立"民主而富裕的社会主义日本"。国际金融危机爆发后,日本国民特别是年轻人对现状日益不满,对马克思主义和日本共产党的关注日渐升温。日共以各种方式为劳动者和社会弱者说话,中央政治局委员长志位和夫在电视上宣讲马克思《资本论》,大力抨击资本家剥削年轻劳动力。日共在日本政坛中独树一帜,拒绝政府补贴,拒绝与其他大党结盟,始终保持共产党特性,吸引许多年轻人入党,力量稳中有升。在2014年12月日本第47届众议院选举中,日共获21席,在议院有单独提出决案的权利,是日本众参两院的第三大政党。在2016年7月日本第24届参议院选举中,日共通过与社民党、民进党等在野党建立统一战线,获得6席,加上没有改选的8席,在参议院中共占有14席。2017年1月召开的日共第二十六次代表大会,明确提出扩大"在野党统一战线",以争取在各个选区中增加议席。2020年年初召开的日共二十八大改变了过去一直实行的不结盟策略,把建立"在野党联合政权"即联合其他在野党推翻自民党-公民党执政作为振兴日共的主要政策,日共主张的联合政权面临的选择不是资本主义还是社会主义的问题,而是要在资本主义框架内进行体制和机制改革。日本共产党目前有党员30多万。

## 第四节 共产党对世界社会主义运动的引领作用渐显

以马克思主义为指导的各国共产党和工人党领导劳动人民争取社

会主义，是共产党初心与使命所然。与其他中左翼和社会运动相比，共产党重视思想理论和组织建设，有明确的指导思想和行动纲领，其存在和发展对世界社会主义运动具有重要的引领作用，它们作为主体力量是世界社会主义运动区别于其他社会运动的主要标志。

### 一、共产党传统优势重现

东欧剧变、苏联解体后，一些共产党改名或转型，传统优势丧失，力量遭受重大损失。由于放弃马克思主义指导思想和民主集中制原则，实行组织形式"扁平化"、活动方式"民主化"等做法，导致一些共产党派别林立，纷争分裂不断，传统选民持续流失，党员人数不断减少，各级党组织名存实亡。进入21世纪以来，各国共产党根据资本主义全球化的新情况新问题，反思和调整党纲、党章和理论政策，注重发挥党的思想理论方面的传统优势，遏止住了党的力量不断下滑局面，党的政治影响力有了一定程度的提升。国际金融危机后，面对传统右翼和民粹政党夹击，多数共产党在谴责批判资本主义制度、坚守社会主义核心价值的基础上，加强党的自身建设，扩大党的群众基础，不断提升党的战斗力。在新时代重塑共产党组织优势，对推动和引领当今世界社会主义运动走向振兴之路将具有重要意义。

近年来，许多共产党清醒地认识到"民主化"弊端，认为思想分歧和组织分裂是世界社会主义力量振兴的最大障碍，纷纷吸取教训，注重以党章、党纲和政治决议等明确基层组织的地位、功能和作用，对基层党组织基本任务、目标职能和运作方式都作了细致规定，强调要通过加强党的建设，重振共产党的传统优势特别是党的组织优势。越南共产党以前所未有的力度加强党的建设和反腐工作，明确指出党内存在的政治思想、道德作风蜕化以及"自我演变""自我转化"的各种表现，要求全体党员对照检查，改正自身存在的问题；越共着力开展干部队伍特别是能力优秀、品质高尚、德高望重、堪当大任的战略级领导干部队伍建设。严把干部选拔任用关，注意民意评价，突出以德为先。对各级领导干部职务评价标准作出了具体规定，做到有章可循，便于监督。加大干部工作的巡视力度，查处用人不正之风。要求各级党组织努力建设纯洁、稳固的党，不断提升越共领导力与战斗力。朝鲜在政治体制上开始将"先军政治"体制转变为"党的唯一领导体系"，强化朝鲜劳动党的核心领导作用，重视发挥基层支部的堡垒作用。日本共产党、南非共产党、哥伦比亚共产党等党的章程明确规定：党的基层支部应承担宣传、贯彻党的路线方针和政策主张及了解反馈民意的任务；党的高层干部要密切联系群众，要为劳动人民代言；普通党员要积极参加基层组织活动，完成党组织分配的工作任务。为突破发展困境，法国共产党改变以往偏重上层控制的党建模式，重新回归支部堡垒作用，把法共的集体行动建立在充分发挥基层作用的基础上，让基层组织成为党的思想的传播者和主要行动者。西班牙共产党等恢复和加强民主集中制，健全党的组织结构，通过强化党的组织建设，保持共产党的先进性和纯洁性。最近召开的西班牙共产党代表大会重提列宁主义，强调马克思列宁主义政党性质不能改变，强烈要求恢复民主集中制，建立集中领导制度，变联邦委员会为中央委员会。认为西班牙共产党恢复列宁主义并不意味着放弃通过竞选方式赢得政权的方针，"需要结合具体情况来制定战略"，仿效委内瑞拉的做法，"通过选举方式建设社会主义"。未来西共将在延续联合左翼路线、扩大左翼联盟的同时，要求担任公职的西班牙共产党党员增加本党的角色作用，同时扩大党的行动能力，强化党组织对党员的组织要求，在左翼联合阵线中发挥出了核心和引领作用。

## 二、率先探索"超越资本主义"之路

国际金融危机以来，世界格局正处在加快演变的历史进程之中，产生了大量深刻复杂的现实问题，西方资本主义发生了阶段性变化，西方国家社会思潮、社会矛盾出现新的变化，贫富差别和社会不公引发民粹主义和极端思潮崛起。发达国家共产党和左翼人士对资本主义结构性矛盾，以及生产方式矛盾、阶级矛盾、社会矛盾等进行了批判性揭示，对资本主义危机、资本主义演进过程、资本主义新形态及本质进行了深入分析，进一步坚定了资本主义必然灭亡的信心。同时，也认识到在资本主义全球化背景下，共产党生存发展环境也发生了变化，除了继续受右翼的排斥打压外，现在还受到来自民粹主义的挑战。面对新冠肺炎疫情，欧美国家政府束手无策，表现不佳。过去几年得势的民粹政党因无所作为，支持率迅速下降。然而，发达国家的共产党积极发声，纷纷提出了自己的疫后重建计划，获得不少选民支持。

发达国家共产党继续探索如何在资本主义社会中生存和发展，并将关注的重点转向资本主义社会的各种现实问题，主张革新和发展马克思主义，"超越"资本主义，最终实现社会主义。其中西欧、北美的共产党普遍认为，必须从实际出发，丰富、深化和发展马克思主义，主张通过民主变革，改造现行资本主义社会。大多数西欧共产党在理论和政策上进行了较大的政策调整，积极探索"超越资本主义"的发展道路，主张按多元化理念来探索21世纪共产党的发展模式，主张共产党要与各种反对资本主义的力量和运动联合，向所有人开放，以扩大党的群众基础。

以发展的马克思主义理论指导当今争取社会主义的斗争实践，有利于制定正确的路线方针政策，凝聚共识。由于多年来推行革新调整，一些党过于多元化，缺乏明确的、有凝聚力的纲领目标，在许多重大问题上分歧严重，不能形成统一的观点。一些共产党政策措施与社会党趋同，特色不明显，缺乏吸引力。还有极少数党认识不到资本主义的新发展和新变化，固守阶级对立和街头斗争立场，在本国政治格局中日益边缘化。应看到，许多党面对挫折能及时总结经验教训，注重马克思主义理论建设，与时俱进，适时调整方针政策，在社会主义的长期探索中开始形成适合自己的观点主张。发达国家共产党虽然在政策主张上存在分歧，但普遍认同马克思主义理论不是教条，而是行动指南，必须随着实践的变化而发展。这些认识成为凝聚国外共产党的

"最大公约数"。在纪念马克思恩格斯诞辰 200 周年、列宁诞辰 150 周年等活动中,许多共产党强调,马克思主义不仅是科学的理论,而且是不断发展的开放的理论。必须从实际出发,革新和发展马克思主义。以中国共产党为代表的社会主义国家执政党始终坚持马克思主义指导地位,重视党的理论建设,形成了具有本国特色的社会主义理论主张,不仅对本国社会主义建设具有指导作用,也对其他国家的社会主义探索具有启示意义。

### 三、推动世界左翼团结与合作

百年大变局引发不同文明和社会思潮相互激荡。西方国家各种反对资本主义、主张社会主义价值取向的政治组织和人士,在批判当今资本主义弊端和反思苏联社会主义教训的基础上,对社会主义的目标、特征、道路等进行了有益探索,提出各自"新社会主义"主张。欧美国家的千禧一代深感资本主义危机四伏,更倾向于接受社会主义。美国许多左翼民粹分子为了同"精英政治"划清界限,往往自称为社会主义者。

国际金融危机爆发以来,反新自由主义全球化运动方兴未艾,许多左翼力量、非政府组织投身其中,并得到民众的广泛响应和支持。一些有利民生、推动历史进步的新兴社会运动拓宽了当今政治实践领域,不仅为共产党扩大生存和发展空间提供了机遇,也是共产党可以借重和合作的生力军。

如今,许多共产党除了继续受右翼的排斥打压外,还受到来自民粹主义的挑战。这些共产党认识到,在这种复杂形势下必须加强与各种新兴社会运动的团结与合作,在实现广泛的左翼联合中抢占国际话语权,树立新形象,争取世界社会主义运动新优势和新发展。许多共产党积极呼应各种新兴社会运动和进步力量反对霸权政治、反对野蛮资本主义、建立公正合理的世界秩序、建立一个不同于资本主义的"另一个世界"等正义要求,制定正确的战略与策略,调动和利用各种积极因素，扩大左翼统一战线，以达到凝聚队伍和争取自身发展的目的。2015年，葡共领导的"民族团结联盟"与社会党达成协议，形成大左翼联盟（社会党单独执政，其他左翼政党如共产党、绿党、激进左翼集团在议会中支持其执政的大左翼联盟模式），在议会中形成稳定的多数，成功终结了社民党领导的右翼政权。该模式主要有两个特点：一是由大左翼联盟联合执政组成政府，而非左、右共治；二是左翼特色明显，将多年迷失的社会政策向左回调，在市场经济基础上更重视民生发展和福利社会建设。

20世纪七八十年代各国共产党没有大范围的国际联系。进入21世纪后，许多共产党呼吁加强国际联合与团结，纷纷举行各种地区性和国际性会议，渐渐恢复一度中断的世界共产党、工人党及其他左翼政党的国际性交往和联系。许多左翼人士和社会主义者频频举行各种国际研讨会，如在法国巴黎召开过多届马克思大会，在美国纽约连续举办世界社会主义学者大会，一致谴责和批判资本主义，主张未来世界属于社会主义。各国共产党和工人党国际会议迄今已举行22次（2020年、2021年因全球新冠肺炎疫情暂时中断）。中共、越共、古共、朝鲜劳动党和老挝人革党均派高级代表团多次出席了世界共产党和工人党国际会议，越南共产党还举办了第18次世界共产党和工人党国际会议，借此向各国共产党宣示越南继续走社会主义道路的决心和意志。

拉美左翼圣保罗论坛、美洲玻利瓦尔联盟峰会等地区性左翼团结和合作平台克服新冠肺炎疫情等不利影响，始终保持活跃状态。2018年，第24届圣保罗论坛在古巴哈瓦那举行，这是古巴继1993年和2001年后第三次主办该论坛。来自拉美及加勒比地区和中国、老挝、叙利亚等世界其他国家的400多名政党和社会运动代表参加了会议。此次论坛旨在加强在西蒙·玻利瓦尔、何塞·马蒂、菲德尔·卡斯特罗及乌戈·查韦斯精神指引下的地区团结与一体化，反对新自由主义和帝国主义，并向创立该左翼政党和社会运动团结阵线的巴西前总统卢拉和古巴前领导人菲德尔·卡斯特罗表示敬意和怀念。会议还通过了《最终宣言》和《行动计划》。2019 年,第 25 届圣保罗论坛在委内瑞拉首都加拉加斯举行,来自拉美、欧洲、亚洲和非洲的 124 个国家近 500 名左翼政党领导人、社会运动代表、议员和知识分子与会。论坛通过了《最终声明》和多项决议。《最终声明》要求释放因政治原因被监禁的巴西前总统卢拉和其他左翼领导人,谴责美国对委内瑞拉、古巴等国政府的制裁,支持委内瑞拉朝野对话和哥伦比亚和平进程,主张拉美进步力量团结一致,积极推进拉美一体化进程。2021 年 9 月 9 日,中共中央对外联络部同圣保罗论坛以视频连线方式共同举办"尊重科学,拒绝政治化——新冠病毒溯源情况说明会"。来自 18 个拉美国家 34 个左翼政党的 40 多位领导人与会。2021 年 12 月,美洲玻利瓦尔联盟在古巴哈瓦那以线下方式举行第 20 届峰会暨联盟成立 17 周年纪念峰会。古共中央第一书记、国家主席迪亚斯-卡内尔、革命领袖劳尔·卡斯特罗、委内瑞拉总统马杜罗、尼加拉瓜总统奥尔特加、玻利维亚总统阿尔塞等左翼执政国家领导人与会。峰会重申团结和一体化是抵御帝国主义霸权的强大力量,鼓励左翼国家联合自强。

2019 年是共产国际成立 100 周年,美、英、法等许多发达国家共产党纷纷开展不同形式的纪念活动,呼吁各国共产党人发扬无产阶级国际主义传统,加强共产党之间的团结与合作,共同开展反对帝国主义、霸权主义的斗争,维护世界和平,争取社会主义胜利。6 月初,在莫斯科举行了纪念共产国际 100 周年的科学与实践会议,希腊共产党、西班牙工人共产党、法国革命共产党、共产党(意大利)、瑞典共产党、挪威共产党、芬兰共产主义工人党等出席纪念会。10 月 18—20 日,在土耳其伊兹密尔举行了第 21 届世界共产党和工人党国际会议,会议主题是"共产国际成立 100 周年,争取和平与社会主义的斗争仍在继续",共有 58 个国家 74 个共产党和工人党的 137 名代表参会。法国共产党《人道报》节、葡萄牙共产党《前进报》节也把庆祝共产国际 100 周年作为活动主要内容。共产国际百年纪念适逢美国共产党成立 100 周年,美共于 9 月开始在芝加哥、纽约、洛杉矶举办地区性庆祝活动，庆祝这两个具有历史意义的百年纪念日。英共等一些党也开展了丰富多彩的纪念活动，借机烘托气氛，扩大影响。

**四、中国特色社会主义开辟了成功之路**

许多外国共产党对百年中共的最深印象是中共能把马克思主义理论与中国实际相结合，走自己的路，认为中国特色社会主义是结合中国国情、历史传统所取得的伟大成果，也融入了对马克思主义的深刻理解。马克思主义与中国实际相结合是最值得其他共产党学习借鉴的重要经验。秘鲁共产党（红色祖国）主席莫雷诺说，中国共产党将马克思主义基本原理同自身实际充分结合，在不断实践、总结、反思、创新过程中，实现了马克思主义的中国化。"习近平新时代中国特色社会主义思想，不仅为新形势下发展中国特色社会主义提供了根本指导，也为世界社会主义事业作出重大贡献，其他国家的政党应学习借鉴。"[①]

2018年5月，在中国深圳举行了纪念马克思诞辰200周年专题研讨会，来自50个国家和地区的75个共产党和左翼政党的领导人参会，与会代表一致肯定中国共产党对人类文明进步和世界社会主义事业作出了重要贡献，呼吁中国应进一步利用自身优势和影响，在社会主义国际团结合作中发挥更大作用。2021年7月，习近平总书记在中国共产党与世界政党领导人峰会上发表重要讲话，从当今时代发展和全球高度，全面阐释了为人民谋幸福的政党责任，"进一步升华了对世界政党政治发展规律和人类社会发展规律的认识，为各国政党携手应对百年未有之大变局提供了重要参考，为各国政党推动构建人类命运共同体的伟大实践提供了行动指南。"[②] 许多与会的外国共产党领导人认为，习近平总书记讲话体现了中国共产党对人类前途命运担当负责的

---

[①] 《"中国共产党的全球视野和使命担当"（百名外国政党政要看中共）》，载《人民日报》，2021年6月4日，第3版。

[②] 宋涛：《引领前行方向 共创美好未来》，载《当代世界》，2021年第7期，第10页。

大党风范，给世界人民带来了新希望。

当今，社会主义国家和资本主义国家、发展中国家和发达国家、新兴大国和传统大国之间，围绕发展道路和发展模式展开激烈较量，其中充满不同价值观念和不同社会制度之争。在资本主义和社会主义意识形态及制度博弈日趋激烈的背景下，许多国家共产党领导人纷纷对中国特色社会主义道路和制度表示赞赏，积极为中国共产党发声。美国、英国、澳大利亚、挪威等反华盟国的共产党都挺身而出，反对西方借疫情污名化中国的恶劣做法。法共全国书记卢塞尔在疫情初期致函中共，高度赞扬中国抗疫努力，认为中国抗疫成功充分证明了国家和公共服务的重要性，也充分体现了社会主义和资本主义的区别。他还撰文高度赞赏中共建党百年历史成就和习近平新时代中国特色社会主义思想，认为中共理论创新对马克思主义在新形势下发挥普世价值有着重要意义。西共主席森特利亚频频通过镜头和文章为中国点赞，充分肯定中国共产党对世界社会主义的贡献和影响。在中国共产党成立100周年之际，170多个国家的600多个政党（其中有近百个共产党）和政治组织等发来1500多封贺电贺信，表达对中国共产党的友好情谊和美好祝愿。许多发展中国家对西方制度从"心仪"到"心疑"，开始"向东看""往中靠"，纷纷表示要向中国学习治国理政经验。中国特色社会主义正成为21世纪科学社会主义发展的旗帜，成为振兴世界社会主义的中流砥柱。

# 第十章　西亚北非地区社会主义演变与现状

西亚北非地区20多个国家均信奉伊斯兰教，通用阿拉伯语，因此该地区又称阿拉伯地区。近年来，在阿拉伯民族主义、政治伊斯兰力量式微的背景下，左翼政党开始走强，土耳其、伊拉克、埃及等国的共产党开始活跃起来，渐露头角，影响不断扩大。阿拉伯国家社会主义思潮保持活力，"向东看"已成潮流。

## 第一节　阿拉伯社会主义流行

在二战后国际共产主义运动处于高潮的形势下，阿拉伯国家民族主义政党普遍接受社会主义，掀起了一股阿拉伯社会主义思潮。阿拉伯社会主义与马克思、恩格斯开创的科学社会主义不同，与民主社会主义也有区别，它是一些阿拉伯国家奉行的以伊斯兰教为基础、以阿拉伯国家统一为目标的社会主义。

### 一、阿拉伯社会主义的兴起

阿拉伯社会主义最早出现于20世纪40年代，主要代表人物是阿拉伯复兴社会党创始人米·阿弗拉克，他在1944年和萨·比塔尔合著的《阿拉伯民族主义对共产主义的态度》一书中，第一次提出阿拉伯社会主义的理论观点，称社会主义是共产主义与资本主义之间的第三条道路，强调社会主义革命首先应该是民族的革命，民族革命必然导向社会主义，认为伊斯兰教义包含有社会主义，主张通过阶级合作实现社会平等。伊拉克复兴社会党理论家艾勒亚斯·法勒赫对阿拉伯社会主义进行了比较系统的阐述，他认为阿拉伯社会主义思想来源复杂，主要有伊斯兰主义、阿拉伯主义、马克思主义等，它面临问题的多样性和矛盾的复杂性（殖民主义、帝国主义、犹太复国主义、经济落后、社会不发达、分裂、石油等），导致社会主义是在民族解放斗争的总体范围内进行，阿拉伯民族主义包括民族解放、民族统一和社会主义内容，阿拉伯社会主义则把相互否定、冲突、竞争的传统宗教思想、守旧的民族主义和现代的社会主义思想融于一体，既扎根于民族和历史遗产中，又具有阶级的革命内容。阿拉伯社会主义摒弃了脱离阿拉伯实际的先验方案，又拒绝盲从唯一的社会主义模式，避免生搬硬套和绝对主义。

自 20 世纪 50 年代起，一些由民族主义政党掌握政权的阿拉伯国家开始宣称走一条不同于资本主义的发展道路，先后有埃及、叙利亚、伊拉克、阿尔及利亚、苏丹、利比亚、突尼斯等阿拉伯国家宣布实行社会主义。这些国家通过国有化、土地改革、合作化等措施，建立以国营经济为主体，国营、合作、私营经济并存的混合经济体制，同时对私营经济进行某些限制，以防止危害社会主义体制和国家利益，并注意改善社会福利，提高人民生活水平。代表人物有埃及的加·纳赛尔、阿尔及利亚的本·贝拉和胡·布迈丁、叙利亚的哈·阿萨德、伊拉克的萨·侯赛因、利比亚的穆·卡扎菲、突尼斯的哈·布尔吉巴等。

由于阿拉伯国家在殖民地时期受到宗国主的各种社会主义思潮影响，在二战后国际共产主义运动处于高潮的形势下，阿拉伯国家民族主义政党普遍接受社会主义，如阿拉伯复兴社会党、巴勒斯坦革命组织、阿尔及利亚民主阵线、也门社会党、黎巴嫩社会进步党、社会主义行动党等，一些靠政变上台的军人和武装组织也打着社会主义旗号，一些资产阶级政党也借用社会主义名称，如 1969 年卡扎菲通过政变上台后，立即宣称要"建设社会主义的利比亚"，实行"以伊斯兰和阿拉伯为基础"的"标准社会主义"。① 所以，阿拉伯社会主义各式各样，是个大杂烩。一些政党组织和政治人物声称信奉社会主义，但其旨意并不一样，其社会主义标签与现实差别很大，多以社会主义之名掩饰其内在的种族主义、民族主义和宗教主义实质。

## 二、阿拉伯社会主义各流派的共同点

虽然阿拉伯社会主义流派名目繁多，主张多样多元，但也有相似的思想基础和价值追求：

### （一）阿拉伯社会主义以实现阿拉伯民族解放和统一为重要目标

西亚北非国家历史上曾是英法等欧洲列强的殖民地。这些国家走上民族解放和独立道路之后，对帝国主义、资本主义十分痛恨，对社会主义青睐有加。苏伊士战争结束后，埃及总统纳赛尔坚定认为，帝国主义国家推行殖民政策，残酷剥削和压迫殖民地国家的人民，给阿拉伯国家带来贫穷和灾难。依靠资本主义体系，不可能实现经济和工业发展，"社会主义"是阿拉伯世界的必然。认为，为了避免再次落入被殖民的痛苦深渊，阿拉伯世界必须团结一心，反抗帝国主义侵略和战争，摒弃资本主义，走阿拉伯社会主义道路。基于这样的信念，纳赛尔坚决反对帝国主义、殖民主义、种族主义和犹太复国主义，支持巴勒斯坦人民的解放斗争，主张通过社会主义来实现阿拉伯和伊斯兰世界的统一。同时，政治上实行一党制，规定阿拉伯社会主义联盟为唯一合法政党，实现阿拉伯世界的统一是其主要政治目标。纳赛尔的社会主义主张先后在埃及、苏丹、利比亚付诸实践，对叙利亚、伊拉克等国推行复兴社会主义也产生了很大影响。

20世纪中叶以来，中东和平问题是阿拉伯社会主义的试金石，巴

---

① 吴志清、沈立邦、王庆功、李工青：《亚非拉各种社会主义》，北京：求实出版社，1983年版，第270页。

勒斯坦与以色列之间的矛盾冲突对各类社会主义追求者而言都是严峻考验。因为，阿拉伯社会主义的宗旨目标是实现阿拉伯民族统一和阿拉伯民族复兴，如何不反对犹太复国主义，不能让巴勒斯坦人回归家园，阿拉伯社会主义就是空谈。阿拉伯民族统一是阿拉伯复兴社会党追求的根本目标，由于民族主义的狭隘性，包括复兴社会党在内的民族主义政党并没有也不可能真正实现这一目标。1979年3月，埃及与以色列正式签订和平条约，导致阿拉伯民族主义受到质疑，以追求阿拉伯团结统一的阿拉伯社会主义也开始走下坡路，有的甚至销声匿迹。

在20世纪西亚北非国家政治舞台上，共产党和左翼政党曾发挥无可替代的作用，为实现民族独立解放作出了重要的贡献。"他们的重要性和影响力远远大于其所拥有的成员数量。"[①] 1956年10月，苏伊士战争爆发，埃及共产党及左派组织没有趁机起来推翻打压共产主义的纳赛尔政府，而是号召全国人民团结起来，反对英法入侵，共同保卫国家。由于共产党和独立左派在人民抵抗运动中起了主要的领导作用，纳赛尔逐渐缓和了同共产党的关系，释放了大部分的共产主义政治犯。

当前，阿拉伯国家左翼政党针对本地区错综复杂的局势，剖析中东问题根源，探寻实现地区和平和自身发展的对策。然而，阿拉伯国家左翼对社会主义探索主要是着眼于阿拉伯世界的团结与合作，共同反对美帝国主义的侵略和干涉，"当务之急是实现解放和统一"。"如果国家统一没有保障，实现社会主义就无从谈起。"[②]

## （二）阿拉伯社会主义具有强烈的民族主义倾向

无论是过去阿拉伯国家推行的社会主义还是当今阿拉伯国家左翼政党追求的社会主义，实际上都是以伊斯兰教和阿拉伯民族主义为基

---

① 赵丁琪：《埃及共产主义运动的百年历程及经验教训》，载《国外社会科学前沿》，2021年第3期，第51页。
② 曹倩：《阿拉伯地区社会主义的发展现状与前景——阿拉伯左翼政党考察团谈自身发展及左翼合作》，载《当代世界》，2016年第5期，第44页。

础的,民族主义是其不变的灵魂。在20世纪阿拉伯社会主义盛行时期,阿拉伯民族统一和复兴是首要任务,社会主义则是实现这一目标的手段。共产党和左翼政党在领导抵抗帝国主义、殖民主义的运动中发挥了先锋作用,在维护阿拉伯地区人民利益、建设和发展阿拉伯地区中也起到不可忽视的作用。

冷战结束后,美国一超独霸,以推行西式民主改造中东,犹太复国主义和极端宗教主义借助美国的支持不断侵扰阿拉伯地区,加剧了阿拉伯世界的宗教矛盾和地区冲突。"阿拉伯之春"不仅导致一些"威权国家"政权更迭,而且导致伊斯兰宗教激进主义极端思潮盛行和伊斯兰教政党迅速崛起。这些宗教性质的政党往往打着民族主义旗帜,只关心本部族或地区的利益和特权,对其他部族或地区采取排斥甚至敌视的态度,以至引发了部族、地区间的激烈冲突。随着西亚北非地区伊斯兰极端主义势力日益走强,阿拉伯地区左翼力量对社会主义的探索也开始进入新阶段,民族主义特点更加突出。

**(三)阿拉伯社会主义以伊斯兰教为基础,反对剥削,要求建立一个没有人剥削人的平等、公正、幸福的社会**

为了更好生存和发展,阿拉伯国家左翼政党普遍强调要从伊斯兰国家实际出发,尊重伊斯兰教信仰,要从伊斯兰教义中弘扬公平正义、人人平等的社会主义意识形态。阿拉伯国家的左翼政党大都认为伊斯兰教义中包含有社会主义,伊斯兰教经文中关于公平正义和惩恶扬善的说教,与社会主义坚持消灭阶级剥削压迫和人人平等的意识形态有共通之处。但长期以来,奉行阿拉伯社会主义的"世俗政权"大都推崇一党制和"威权政治",对坚持政教合一的原教旨伊斯兰运动都实行"高压"政策。阿拉伯国家的左翼政党尽管信仰伊斯兰,但对伊斯兰宗教激进主义和宗教极端政党持反对态度,阿拉伯社会主义也一直坚持反对伊斯兰原教旨主义的立场。这一宗教激进主义和世俗主义、政治伊斯兰和阿拉伯社会主义之间的矛盾不仅长期存在,有时还产生激烈冲突。

由于阿拉伯地区有的国家认为共产主义是一种外来思想，不符合本国国情，也不合乎阿拉伯人的性格，因而严令禁止共产主义活动，因此一些左翼政党不提马克思主义，认为马克思主义坚持无神论，不切合阿拉伯实际，只有适应伊斯兰，才能更好实行社会主义。在当今阿拉伯国家政治转型动荡时期，左翼政党这一选择有其必然性，不能因此而否定其社会主义探索实践。

## 第二节 阿拉伯国家左翼政党的发展演变

阿拉伯国家的左翼政党大致可分共产党、社会主义政党和民族主义政党三类。因受深厚的宗教传统和复杂的民族关系影响，共产党和左翼政党在该地区长期饱受政府的排斥和打压，社会主义探索道路曲折坎坷，始终难以成为国家政治的主导力量。阿拉伯地区的共产主义运动具有悠久历史。20 世纪 20 年代后，在苏共影响和支持下，埃及、黎巴嫩、叙利亚、伊拉克、巴勒斯坦等国共产党相继成立，一些国家出现共产主义团体。他们是反帝反殖斗争先锋，在本国民族解放斗争中曾发挥重要作用。阿拉伯地区共产党建立历史虽然比较早，但多年处于非法地位，力量普遍弱小。

### 一、马克思主义政党的发展演变

受俄国十月革命的影响，一些伊斯兰国家先进的知识分子在寻找民族解放和国家独立的斗争中开始接受社会主义，并效仿俄国无产阶级政党模式成立政党。1919 年 10 月，共产国际通过了一项决议，要求在伊斯兰世界建立共产党。同时，共产国际开始积极推动殖民地国家的共产主义运动。1919 年 3 月，由巴勒斯坦犹太人工人党分裂出的来的左翼人士成立以色列共产党（原名为巴勒斯坦社会主义工人党）[①]，

---

[①] 中共中央对外联络部《各国共产党总览》编辑委员会编：《各国共产党总览》，北京：当代世界出版社，2000 年版，第 247 页。

第十章　西亚北非地区社会主义演变与现状

1921年4月，该党改称巴勒斯坦共产党，并加入共产国际。以共自称是以马列主义为指导思想的、具有爱国主义和国际主义的犹太-阿拉伯两族人的政党。在共产国际的影响下，1920年前后，埃及一些知识分子在探索埃及救亡之路中，成立了一个致力于研究各种形式的社会主义意识形态的进步团体，并在此基础上于1922年7月成立了埃及共产党。但埃及共产党主张通过民族民主革命实现社会主义，因此很快被当局宣布为非法，并长期处于地下状态。二战期间，该党分裂为多个派别，后来又合并为埃及共产党、埃及统一共产党、工农共产党。1957年12月，三党合并为埃及共产党，公开声明支持纳赛尔政府。1964年7月，该党宣布自行解散，党员以个人身份加入当时执政的阿拉伯社会主义联盟。1975年该党重新成立，但是在萨达特和随后的穆巴拉克政权的镇压下，其活动一直处于地下状态，被禁止参与公开的政治活动和选举。2011年2月11日，穆巴拉克政权被推翻后，埃及共产党得以重新公开活动，多次参加国家议会选举，但没有赢得席位。2011年5月10日，埃共和四个埃及左翼团体（革命社会党、人民民主联盟党、埃及社会党、工人民主党）组成了"社会主义力量联盟"。该党与中共建立了正式关系。除了埃及共产党外，埃及还存在着一些分散的共产主义小派别，如受第四国际影响的托派团体和在中苏论战中产生的毛派团体等。

20世纪二三十年代，还有一些阿拉伯国家出现了共产主义政党，如伊朗共产党（1920年6月成立，1931年被国王取缔，1941年9月恢复并改名为伊朗人民党）、塞浦路斯共产党（1926年8月成立，不久改名为塞浦路斯劳动人民进步党）、黎巴嫩共产党（1924年10月成立）、叙利亚共产党（1924年10月成立）、伊拉克共产党[①]等。在当时

---

① 1934年3月成立，曾多次遭到镇压，大部分时间都处于非法状态，党的领导人长期流亡国外。20世纪70年代中期，共产党和复兴党之间的关系却有所升温，萨达姆·侯赛因上台后，共产党人起初对他持积极态度，甚至在国有化运动结束后将他誉为伊拉克的菲德尔·卡斯特罗。伊拉克共产党在1975年加入了叙利亚复兴社会党主导的民族进步阵线，接受了复兴党对伊拉克政治生活的主导地位。但复兴党的阿拉伯民族主义不能容忍库尔德人，激化两党矛盾，导致伊拉克共产党再次被取缔。

这些共产党都主张反对帝国主义和殖民主义，支持民族解放斗争，都同苏联共产党保持密切关系。

二战后大批发展中国家摆脱殖民统治获得独立，这一时期这些国家的政党体制不是模仿西方多党制，就是模仿苏联一党制。在多党制国家，各类政党都获得一定的生存空间，信奉社会主义的各左翼政党开始发展起来，即使在君主制国家也有共产党或左翼政党成立。约旦是世袭君主制国家，国王是国家元首、三军统帅，权力高度集中。约旦自1946年独立后一直禁止政党活动，1991年开始宣布解除党禁，实行多党制，目前约有18个政党。约旦共产党成立于1951年5月，长期处于非法状态。1993年1月成为合法政党，对内主张捍卫国家独立、坚持政治多元化，加强经济独立性；对外主张实现阿拉伯统一，加强同各国人民之间互助。目前，约共有1500名公开党员，主要由知识分子、工人农民、作家和工会人士构成，与中共保持友好交往。

土耳其工人党成立于1961年，自称是工人阶级、农村劳动者和社会主义知识分子的政党，指导思想是马列主义毛泽东思想，党的宗旨是通过民主革命建立人民民主政权，最终实现社会主义。1988年10月，土耳其工人党与土耳其共产党合并为土耳其联合共产党，1991年7月被土耳其宪法法院以"违反宪法有关条款"为由遭到取缔。

巴勒斯坦共产党成立于1982年2月，由约旦河西岸和加沙地带巴勒斯坦共产主义组织、约旦共产党国外组织中的巴勒斯坦共产党人及其他国家的巴勒斯坦共产党人合并组成。[①]

东欧剧变、苏联解体后，该地区共产党左翼政党实力下降，伊斯兰社会主义思潮式微，他们对如何坚守马克思主义、世界社会主义运动向何处去等问题感到迷茫。

---

① 中共中央对外联络部《各国共产党总览》编辑委员会编：《各国共产党总览》，北京：当代世界出版社，2000年版，第835页。

## 二、社会主义政党的发展演变

由于二战后一批社会主义国家纷纷建立及共产党在二战时期发挥了积极作用,西亚北非共产主义出现一波高潮,一些国家出现阿拉伯社会主义性质的民族主义政党和社会主义政党,共产党的生存环境得到改善。

摩洛哥进步与社会主义党成立于1943年,原摩洛哥共产党,1974年改为现名,该党的长期纲领是实现社会主义,当前宗旨是建设一个统一、繁荣、民主和法治的摩洛哥,是阿拉伯国家中具有一定政治影响的共产党,现系摩洛哥执政联盟成员,在众议院、参议院分别位居第八、第十。1956年与中共建立关系,1966年中断关系,1985年恢复关系,现保持良好交往。

摩洛哥人民力量社会主义联盟,成立于1975年,代表中小资产阶级和知识分子利益,在知识分子、青年学生和工人中颇有影响,纲领为"解放、民主和社会主义",是社会党国际成员,在2016年10月国会选举中获26席,居左翼政党之首。20世纪80年代初与中共建立交往关系。

巴勒斯坦人民党前身是1982年2月成立的巴勒斯坦共产党,1991年10月改为现名。曾参加巴民族联合政府,有少量武装力量。2005年与中共恢复关系。该党党纲自称是社会主义政党,致力于建设符合巴勒斯坦实际的社会主义。[1]

巴勒斯坦人民斗争阵线,1967年成立,1971年加入巴解组织,系巴重要的左翼政党,信奉马克思主义列宁主义。与中共保持长期友好交往。

黎巴嫩社会进步党,1949年5月成立,是具有伊斯兰教德鲁兹教派背景的社会民主主义政党,1980年该党加入社会党国际,在黎巴嫩

---

[1] 王家瑞主编:《当代外国政党概览》,北京:当代世界出版社,2008年版,第20页。

政坛中具有重要地位。该党创始人是卡迈勒·琼布拉特，现任党主席是其儿子瓦立德·琼布拉特，1983年4月在社会党国际十六大上当选为社会党国际副主席，十七、十八大又连续当选社会党国际副主席。该党宗旨是"用一切合法手段在真正民主的基础上建立一个安定、公正、幸福、自由与和平的社会"，社会主义是实现这一目标的手段。①

**三、民族主义政党的发展演变**

民族主义政党是一个复杂的概念，泛指所有发展中国家除共产党外的所有政党。民族主义政党多彩纷呈，既有西方民主政治的影响，又有科学社会主义的影响，既借鉴西方政党模式，又重视中国政党政治的经验；既有民主社会主义的影响，又有封建的种族的宗教的影响；即有经受几十年政治斗争考验的比较成熟的政党，又有新组成的政党；既有地区性特色，又有本国特点。民族主义政党在二战后初期迅速崛起，均以进一步摆脱殖民主义影响、建设独立的民族国家为主要目标。民族主义政党以纳赛尔主义为指导，致力于阿拉伯世界的统一与繁荣。

民族主义政党（左翼党）有：阿尔及利亚民族解放阵线党、巴勒斯坦人民斗争阵线（原隶属于解放巴勒斯坦人民阵线，1967年独立建党，1971年加入巴解组织，系巴勒斯坦重要左翼政党）、解放巴勒斯坦民主阵线（1968年从解放巴勒斯坦人民阵线中分裂出来，是巴解中的第三大政治组织，政治观点偏左偏激进，反对巴以"奥斯陆协议"）。

阿尔及利亚民族解放阵线党，成立于1954年8月，1962年7月，阿尔及利亚独立后成为执政党。1991年12月，该党在阿首次多党立法选举中落败，失去执政地位。在2002年5月立法选举中，该党获胜，重回执政。政治上主张伊斯兰教的国教地位，认为阿拉伯伊斯兰文化是阿尔及利亚建设和人民团结的思想基础，在语言、文化等各领

---

① 钟清清主编：《世界政党大全》，贵州：贵州教育出版社，1994年版，第363页。

域强调阿拉伯化，经济上反对土地私有化。①

突尼斯爱国民主人士统一党于1975年成立，前身是突尼斯左翼学生运动。2011年取得合法地位，改为爱国民主人士统一运动，2012年改为现名。信仰马列主义，参加突左翼政党联盟-人民阵线，是阵线内第二大政治力量。

摩洛哥民主力量阵线于1997年7月成立，主张捍卫摩洛哥国家和领土完整，强调摩洛哥的文化特性和开放性；呼吁承认柏柏尔语的合法地位，国家政治生活中适当采用希伯来语，呼吁政府确保海外公民参与国家政治生活的权利。

埃及民族进步统一集团党的前身是1975年成立的民族进步论坛，是持社会主义、共产主义、纳赛尔主义、民族主义、自由主义观点人士的左翼政治集团。1976年11月改用现名。长期处于反对党地位，多次参加议会选举。2015年议会选举时赢得1个席位。

阿拉伯民主纳赛尔党，1992年4月成立，为埃及纳赛尔民族主义左翼政党，主张走社会主义道路，建立独立国家经济体系，强调阿拉伯国家团结一致。

以上政党都提出要服务于劳动大众，维护社会公正，实现国家和平安全和可持续发展，但各党在指导思想、政策主张和斗争方式上有所不同。共产党信奉马克思列宁主义，但在党纲党章中很少论述本党对马克思主义的理解，有的甚至将马列主义教条化。各共产党对于传统的社会主义认识也存在分歧。长期无法摆脱苏联的控制，缺乏理论创新，意识形态僵化；对本国国情认识不足，在民族问题上立场摇摆，弄僵了与许多民族主义派别的关系，最终导致自身发展严重受阻。社会主义政党多信奉民主社会主义，如突尼斯宪政民主联盟，埃及民族民主党，加入过社会党国际，在"阿拉伯之春"中覆亡。

---

① 王家瑞主编：《当代国外政党概览》，北京：当代世界出版社，2008年版，第270页。

## 第三节 "阿拉伯之春"以来阿拉伯国家左翼政党的发展

冷战结束后,国际形势和政治力量格局深刻调整,在西方主导的"民主化"潮流冲击下,发展中国家的政党体制急剧变化,先后有近 80 个发展中国家放弃一党制或无党制,明确宣布改行西方多党制。此外,还有一些国家军政权"还政于民",恢复了多党制。在"阿拉伯之春"引起的"权力真空"中,阿拉伯地区的主要共产党和左翼政党也希望借此契机,声援革命、支持人民民主斗争,以此来提高影响力、同时发展和壮大自身力量,为参与或谋取政权、建设国家积蓄力量。

### 一、埃及左翼力量在后穆巴拉克时代发挥积极作用

2011 年埃及"一·二五"革命爆发后,埃及共产党、托派团体"革命社会主义者"与"四六青年运动"等左翼团体在抗议行动的动员过程中发挥了一定的作用。2011 年 2 月,穆巴拉克政权被推翻后,埃及共产党得以重新公开活动。2011 年 2 月 11 日,埃及共产党发表声明,提出了成立过渡时期的联合政府、召开制宪议会制定新宪法和惩办镇压人民的凶手等要求。2011 年 5 月 9 日,埃及共产党、工农民主党、社会主义党和革命社会主义者这 4 个共产主义组织合并组成了社会主义人民联盟,该政党联盟共有 5000 名成员,达到了埃及政府有关注册合法正当的条件,是埃及唯一合法注册的共产主义政党。2011—2012 年期间,社会主义人民联盟与埃及人民党、革命青年同盟等政治组织共同组成的竞选联盟"继续革命联盟"参加埃及议会选举,没有获得席位。2015 年参加议会选举,也未赢得席位。埃及共产主义者在推翻穆巴拉克政权统治的斗争中,并在后穆巴拉克时代的埃及政坛中发挥了积极作用。

2011 年成立的埃及社会主义党,信仰社会主义,维护民族独立,反对以色列犹太复国主义和对巴勒斯坦领土的占领。当代新马克思主

义代表人物萨米尔·阿明是该党创始人之一。党的现任总书记艾哈迈德·沙班多次参加中共主办的论坛会议，强调加强与中共关系，称中共是世界最大、历史最长、最有经验且执政能力最强的政党。

埃及民族进步统一集团的前身是1975年成立的民族进步论坛，是持社会主义、共产主义、纳赛尔主义、民族主义、自由主义观点的左翼政治集团，1976年11月改用现名。该党自成立以来长期处于反对党地位，多次参加议会选举，2015年议会选举中赢得1个席位。

## 二、突尼斯左翼政党迎来了发展契机

2010年年底，统治突尼斯30余年的本·阿里政权在民众抗议声中倒台，原执政党突尼斯宪政民主联盟被取缔，党禁全面解除，旧政权时期的反对党纷纷取得合法地位，各种政党和政治组织顺势崛起，突尼斯共产党等长期被禁的左翼政治力量借势复苏，各种新党大批涌现，突尼斯进入政治重建时期。突尼斯人民阵线全称"实现革命目标人民阵线"，成立于2012年10月，是突左翼政党联盟，包括左翼工人联盟党、爱国民主人士统一党、争取发展联盟等9个政党，宗旨是巩固突左翼力量，加强左翼政党在突大选中的整体实力，坚决反对宗教极端主义和恐怖主义，改革司法体制，充分保障人权。该联盟系突议会第四大政治力量（15个议席），议会最大反对党。突爱国民主人士统一党1975年成立，前身是突尼斯左翼学生运动。2011年取得合法地位，改为爱国民主人士统一运动，2012年改为现名。信仰马列主义，参加突左翼政党联盟——人民阵线，是阵线内第二大政治力量。突左翼工人联盟党前身为1985年成立的左翼工人运动组织"共产党人"，系突尼斯马列主义托派政党，2011年2月改为现名。主要成员为工人、民主人士、青年和女性进步人士，主张彻底消灭资本主义、威权主义和帝国主义及它们带来的剥削、压迫和歧视。该党于2012年10月加入人民阵线，有一名议员。人民潮流党系民族主义政党，2013年成立，信奉纳赛尔主义，口号是"自由、社会主义、团结"，该党于2014年加入人民阵线。

**三、伊拉克左翼政党积极参与战后政治重建**

伊拉克各个派别的左翼政党作为全国性多民族政党，主张团结各民族共同开展社会主义斗争，因而与狭隘阿拉伯民族主义政党阿拉伯复兴党产生矛盾，长期被视为非法政党。2003年萨达姆政权被推翻后，伊拉克共产党、伊拉克库尔德斯坦共产党、伊拉克库尔德斯坦工人和劳动人民党等左翼政党开始公开活动，并积极参与战后政治重建并得到较快发展。

伊拉克共产党通过参加国民议会选举等形式参与国家政治生活。该党与其他政党结盟，积极推动并参加议会选举，首届议会选举曾获得25个席位。在2018年5月举行的议会选举中，该党参与萨德尔运动主导的"行走者"联盟，赢得2个席位。党的领导人曾出任副外长等职务。伊拉克共产党现有近2万名党员，20多万名支持者，已经积累了参加竞选的丰富经验，在伊拉克新政府、库尔德地区政府中都有部长席位。不久前，伊拉克共产党根据新形势制定了新的党纲党章，强调要坚持社会主义方向，加强与其他爱国力量团结与合作，积极参与竞选活动，为早日实现伊拉克国家和平与稳定发挥重要作用。

伊拉克共产党库尔德斯坦地区分支于1993年成立库尔德斯坦共产党，倡导以和平方式解决伊拉克政治过渡进程中的各种问题，维护库尔德人利益，争取各种力量平等参与国家治理和建设，主张建立一个阿拉伯人和库尔德人都有充分权利的伊拉克国家。库尔德斯坦共产党与伊拉克及其他地区的共产党保持良好关系，与中共保持交往。库尔德斯坦共产党虽在议会只有一名议员，但该党的影响力和对该地区的重要性远远超过了其选举表现。

在伊拉克共产党、库尔德斯坦共产党等左翼力量的斗争和配合下，伊拉克现政府对"伊斯兰国"极端组织的反恐战争取得重大进展。2016年6月，伊拉克政府军发动解放摩苏尔的军事行动，收复了"伊斯兰国"极端组织的老巢摩苏尔努里清真寺；2017年7月，"完全解放"了"伊斯兰国"控制三年之久的战略重镇、伊拉克第二大城市摩苏尔。伊拉克反恐是全民战争，离不开左翼政党的支持和参与。在伊拉克未来政治重建中，左翼力量仍将发挥更大作用。

### 四、叙利亚共产党成为建设性反对党

叙利亚当今有两个共产党组织，统一叙利亚共产党和叙共（巴格达什），这两个党的前身都是1924年10月成立的叙利亚共产党。叙共副总书记尤素夫·费萨尔等部分领导人在六大选举问题上与总书记哈里德·巴格达什产生分歧而被排挤出新一届中央领导机构，费萨尔等人于1987年1月组建新党，延用叙共名称，并召开本党六大，费萨尔当选总书记。为区别叙共两派，习惯将费萨尔领导的叙共称叙共（费派），将巴格达什领导的叙共称为叙共（巴格达什派）。2011年3月，叙共（费派）召开第十一次代表大会，决定将党名变更为统一叙利亚共产党。2012年，在叙利亚的议会选举中，该党赢得了250个席位中的3个席位。2012年6月，费萨尔病逝，哈宁·尼姆尔接任党主席。尼姆尔于2016年3月应邀来华参加阿拉伯国家左翼政党考察团，曾多次在媒体发声，支持中国在涉港、涉疆和抗击新冠肺炎疫情的立场。

面对2014年美国等外部势力对叙利亚内战的干涉加剧，叙利亚共产党和统一叙利亚共产党都旗帜鲜明地反对"伊斯兰国"，抗议美国对叙利亚的干涉和侵略行为。在叙利亚共产党及其他政治力量的支持下，叙利亚战争形势向着有利于和平方向发展，叙利亚政府军收复阿勒颇及其他重要城市。叙利亚和平进程初现曙光。

### 五、黎巴嫩左翼政党在国内外具有一定影响

黎巴嫩共产党是中东地区创建较早的共产党之一，成立于1924年，历史上曾与叙利亚共产党合并，1964年正式与叙共分成两个独立政党，于1972年获得合法地位。作为主流政党，黎巴嫩共产党是黎巴

嫩唯一在18个教派中均有党员的政党，目前仍是地区国家中实力较强的共产党，现有党员约3万人并拥有自己的武装。该党曾多次参加黎议会选举，均没有获得席位。黎巴嫩共产党积极参加共产党和工人党国际会议、亚洲政党国际会议等，曾在2012年11月主办第14次共产党和工人党国际会议，展示了强大的组织能力和国际影响力。黎巴嫩共产党也是阿拉伯左翼论坛的发起者，为论坛的正常运转作出了重要贡献。

成立于2004年的黎巴嫩民主左翼运动，与黎巴嫩共产党有密切联系。该党推崇社会民主主义，反对教派主义，主张建设多样化、统一和民主的阿拉伯社会和世俗国家，反对美国入侵伊拉克和其他阿拉伯国家。该党多次参加黎巴嫩议会选举，在2005年和2009年各获得1个议席。

黎巴嫩社会进步党现在仍是社会党国际以及进步联盟的重要成员，黎巴嫩民族解放运动的重要成员党，是黎巴嫩主要执政党之一，2018年，在议会选举中赢得9个议席，在黎巴嫩社会发展和历史进程中发挥了重要作用，该党自创建以来积极为和平与世界社会主义作贡献，在国内外产生了一定的影响。

## 六、土耳其左翼政党发展势头上升

土耳其当今有多个左翼政党，有影响的主要有土耳其爱国党（从土耳其共产党演变而来）、土耳其联合共产党（1988年由土耳其共产党与土耳其工人党合并组成，简称"土共"）。土共于1920年9月成立，同年加入共产国际。土共参加过凯末尔领导的土耳其民族解放战争，二战期间投入反法西斯斗争，力量和影响迅速扩大。土共"党纲"规定，近期目标是建立民主的进步制度，长远目标是实现共产主义。土耳其建国后，土共长期遭政府打压，党的领导人流亡海外。1983年4月，土耳其颁布《政党法》，开放党禁，土共开始恢复政治活动，参与议会选举，但一直效果不彰，进展缓慢。近些年来，土共借助网络和国际会议平台,不断扩大自身影响。2015年10月,土共主办了第17届世界共产党和工人党国际会议。由于此次会议正值土耳其国内议会大选,土共专门举办了一场声势浩大的助选活动,该党参加竞选的3名候选人先后发表演讲,希腊共产党和叙利亚共产党代表上台致辞助威。会议期间,有关党还搞了一系列签名活动,声援土共参加土耳其大选。2019年10月,土耳其共产党还与希腊共产党联合主办第21次世界共产党和工人党国际会议。目前,土共有党员5000多名,在一些地方选举中取得较好战绩,甚至还有土共人士竞选市长并成功当选。

土耳其爱国党是近年来活跃在土耳其国内及西亚地区政治舞台上的一支重要的左翼力量,历史上先后四次更名:1919年成立时称土耳其工农社会主义党、1969年称工农革命党、1988年称社会党、1992年称工人党,2015年改为爱国党。爱国党在理论主张上具有科学社会主义、凯末尔主义、土耳其民族主义、民粹主义、反帝主义、欧亚主义等多元特征,该党在历史上进行过多次变革和转型,大致可以划分为马列主义政党时期和左翼民族主义政党时期。[①] 尽管土耳其爱国党仍然坚持科学社会主义理论,但是它在国内政治生活中刻意淡化自己的共产党身份和形象,对外注意展示其左翼民族主义政党形象。近年来,土耳其爱国党积极活跃在国内及西亚地区舞台上,党的影响不断扩大。2015年土耳其爱国党的党员人数约为22,647人。[②] 爱国党主席佩林切克对华友好,曾13次访华,受到毛泽东接见。近年来,他频频公开发声支持中国和中国特色社会主义。2021年7月中国共产党与世界政党领导人峰会举办时,佩林切克在土耳其各地设立了30个集体会场,组织爱国党全体党员听会。

---

① 余维海、唐志坚:《土耳其爱国党的历史演进、理论主张及实践活动》,载《世界社会主义研究》,2019年第6期,第29页。
② 同上,第31页。

## 第四节 当今西亚北非地区社会主义运动主要特点和发展趋势

目前西亚北非地区有20多个共产党和左翼政党。在一些国家强人政权垮台后,这些共产党和左翼政党积极拓展生存和发展空间,加强联动合作,总体而言力量处于上升阶段。囿于该地区特殊的政治环境和宗教氛围,共产党和左翼政党在地区政党格局中尚相对弱势,政治影响力相对有限。

### 一、当今西亚北非地区社会主义运动的主要特点

#### (一) 关照现实,参与本国政治斗争

面对"阿拉伯之春"之后阿拉伯地区陷入外部侵略、内部冲突、恐怖主义肆虐的混乱混战局面,该地区的共产党和左翼政党把捍卫国家主权、推动民族独立和国家统一、促进民主自由和社会公正作为头等任务,力图通过自己的努力,进一步推动阿拉伯革命,促进阿拉伯地区的内部变革,努力实现社会主义替代。伊拉克共产党、库尔德斯坦共产党等认为,当前迫切和首要的任务就是实现国家统一与和平稳定。[①] 为尽快结束战乱,伊拉克共产党联合土耳其、伊朗、叙利亚共产党、约旦等国共产党和左翼力量,积极开展反宗教极端势力的斗争,甚至直接组织武装力量,勇敢走向抵抗伊斯兰国战场,为伊拉克开启和平重建和民主进程作出了突出贡献,也扩大了左翼力量和影响。然而,由于历史和宗教原因,目前该地区的共产党和左翼力量发展空间有限。

---

[①] 韩晓明:《伊拉克期盼早日走出战乱泥潭》,载《人民日报》,2017年4月14日,第21版。

## （二）重视和加强左翼联合

西亚北非地区大部分左翼政党人数较少、力量单薄，处于威权政府、极端宗教势力及民粹思潮的多重夹击中，求生存是当前的首要任务。"我们所面临的各种挑战中，最严重的并非意识形态之争，而是每个群体都很焦虑，都在寻求自保。"① 因此，阿拉伯地区的共产党和左翼政党都迫切希望建立联合阵线，共同应对，联合自强。黎巴嫩共产党领导人对此指出，"社会主义建设不能仅限于一国，在当前局势下，各国左翼很难独善其身。左翼力量应该在相互支持、团结一致的基础上，形成能够保护各国左翼的有力整体，从而推动社会主义运动的复兴。"② 为适应左翼联合的共同需求，阿拉伯地区共产党和左翼政党间的会议性组织——阿拉伯左翼论坛应运而生，论坛主要围绕阿拉伯地区与国际形势、人民革命、恐怖主义、犹太复国主义、资本主义，以及左翼政治力量的发展等问题寻求共识和对策，已成为阿拉伯地区左翼政党团结合作的一种新形式。此外，阿拉伯国家的共产党也积极参加一年一度的"共产党和工人党国际会议"。在多边论坛会议上，该地区左翼政党都积极表达自己的主张和诉求，以争取更多国际支持。由于多数共产党国际影响力和政治能量有限，同时宗派主义情结与党派利益交织，不少共产党无论在本国内部，还是在地区及国际层面上，对一些重大问题上难以开展有效对话，多边交流往往不能达成共识。

## （三）重视加强与中共友好关系

20世纪50年代，伊拉克、黎巴嫩、摩洛哥、苏丹等国共产党与中共建立了联系，并应邀出席中共八大、新中国十周年庆典活动。20世纪80年代后，中共逐步恢复同该地区共产党的交往，与土耳其、以色

---

① 曹倩：《阿拉伯地区社会主义的发展现状与前景——阿拉伯左翼政党考察团谈自身发展及左翼合作》，载《当代世界》，2016年第5期，第45页。
② 同上。

列、叙利亚、巴勒斯坦、也门等国共产党、左翼政党恢复关系。"阿拉伯之春"后,中共循序渐进与埃及、突尼斯、伊拉克等国共产党建立关系,实现了与该地区共产党左翼政党交往全覆盖。阿拉伯国家左翼政党均对华友好,坚定支持中国政府在台湾、南海、新疆等问题上的立场,宣传中共理念,盛赞中国特色社会主义取得的伟大成就。阿拉伯国家左翼政党多次组织研修班和考察团访华,学习借鉴中共经验。2015年起,中共与该地区左翼政党每年举办阿拉伯国家左翼政党干部考察团和中共与阿拉伯国家左翼政党理论研讨会。2021年11月9日,第二届中国共产党与阿拉伯国家左翼政党干部网络研修班开班式暨"后疫情时代的'两个主义'"理论研讨会以视频方式举行,来自埃及、伊拉克、巴勒斯坦、叙利亚、黎巴嫩、约旦、也门、摩洛哥、突尼斯、毛里塔尼亚10个阿拉伯国家的23个左翼政党及阿拉伯左翼论坛的40余位领导人出席。此外,土耳其爱国党主席佩林切克,伊拉克库尔德斯坦共产党总书记马哈茂德等也在有关场合积极为中国发声,在涉疆、人权和病毒溯源等问题上公开发声支持中国。

## 二、西亚北非地区社会主义运动发展趋势

第一,根据形势的变化和本国本党的实际进行理论和政策调整,积极探索生存和发展新路径。百年大变局引发不同文明和不同思想文化相互激荡。在新冠肺炎疫情和大国竞争博弈等因素的影响下,当今世界不同制度文明和价值观的冲突趋于激烈。为了生存与发展,西亚北非大多数共产党和左翼政党对过去的传统理论普遍进行了广泛、深入的讨论与反思,对过去的目标和实践模式进行了程度不同的调整。总体上看,当前该地区共产党在坚持社会主义方向不变的前提下,实践中并不受传统教条束缚,积极调整政策,原则的坚定性和策略的灵活性结合得比较好,斗争方式比较灵活,逐渐探索出一条左翼政党生存、发展的新途径。

第二,左翼政党的社会主义特色将更加鲜明。世纪疫情危机彰显了社会主义珍惜每一个生命价值,特别是保障劳动人民人身权利的道义性和正确性。资本主义天生唯利是图,无论应对经济危机还是疫情,都是劫贫济富、转嫁矛盾。因而,每次危机过后都是贫者愈贫,富者更富。阿拉伯国家的共产党和左翼政党在意识形态方面对中国有天然亲近感,纷纷声援中国抗疫行动,赞赏中国的抗疫举措和成就。

第三,阿拉伯地区共产党和左翼力量整体崛起尚需一个过程。当前政治伊斯兰在阿拉伯地区实力强大,远比左翼力量强大得多,严重挤压了阿拉伯左翼的生存空间,短期内左翼力量难以摆脱发展困境。民粹主义加剧了民众身份认同的"碎片化",民众对现状的不满虽有所上升,但反抗与斗争意识多有情绪化成分,易为民粹力量所绑架。"在政治伊斯兰的敌视和打压下,左翼思想在一段时间内出现了一定程度的倒退和弱化。直到现在,阿拉伯左翼仍未就如何制定行动计划应对政治伊斯兰达成一致,而这是左翼迫切需要解决的一个问题。"[①]

---

[①] 曹倩:《阿拉伯地区社会主义的发展现状与前景——阿拉伯左翼政党考察团谈自身发展及左翼合作》,载《当代世界》,2016年第5期,第43页。

# 第十一章　世界社会主义发展面临的机遇、挑战和发展前景

社会主义的前途和命运同人类文明、时代潮流和世界大变局紧密联系在一起。百年大变局又遇世纪疫情，一切过往皆为序章。社会主义国家和资本主义国家、发展中国家和发达国家、新兴大国和传统大国之间发展模式的激烈较量，不同文明和不同思想文化的相互激荡，推动国际力量对比发生重大变化。新冠肺炎疫情加速百年大变局，世界社会主义面临新的发展机遇。

## 第一节　百年大变局与世界社会主义发展机遇

百年大变局，资本主义的基本矛盾在发展和深化，世界经济"中心地带"和"边缘地带"之间的矛盾不断激化。疫情危机成为西方国家怪象的照妖镜，也成为社会主义优势的试金石，世界社会主义发展势头强劲。百年大变局为世界社会主义发展拓展了空间，社会主义不仅没有像西方预测那样退出历史舞台，而且迎来了新的发展机遇。

### 一、西方的政治模式和发展经验的优势受到严峻挑战

2008年国际金融危机后，"民主赤字""治理赤字""发展陷阱"

此起彼伏，贫富分化、恐怖主义、气候变化问题层出不穷，新兴市场国家和发展中国家群体性崛起正在改变全球政治经济版图，资本主义主导的国际政治经济体系弊端丛生，长期由西方国家主导的全球治理体系正在发生变革，西方政治模式和发展经验的优势受到严峻挑战。

新冠肺炎疫情全球大流行充分暴露了新自由主义模式的弊端，西方社会不平等现象日趋严重。中国和欧美国家不同的抗疫表现及效果，催生了关于中西方价值观比较和讨论热潮。由非裔美国公民弗洛伊德遭白人警察暴力执法死亡事件引发的全国性抗议和骚乱再次撕开了美国和西方系统性种族歧视问题的伤疤。在席卷全美的"黑人的命也是命"的反"白人至人"抗议中，象征殖民历史的"英雄"雕塑纷纷被人推倒，这股挑战西方殖民主义历史根基的"文化革命"浪潮有明显的反"西方中心"色彩，西方文明自信受到空前打击。因黑人弗洛伊德之死而引发全美反压迫、求正义抗议浪潮，"社会主义"成为争人权、求变革的斗争旗帜。美国许多左翼民粹分子为了同"精英政治"划清界限，也自称为社会主义者。与美国建国"英雄"雕像被砸烂相对照的是，苏维埃政权创建者——列宁的塑像被抗议者竖立街头。事实表明，西方民主土壤中的社会主义有顽强生命力，美国没有孤立于"社会主义"之外。与冷战结束初期许多国家改行资本主义道路的浪潮相比，西方长期引以为傲、并不遗余力向别国推销的制度光环黯淡，吸引力越来越小。

新冠肺炎疫情在全球暴发以来，美西方国家将疫情政治化、民粹化，把虚伪的"人权"与"自由"置于人的性命之上，"民主"体制成疫情防控的最大羁绊，西方价值观和制度体系深陷困境不可自拔。在新冠肺炎病毒给各国人民生命健康带来巨大威胁时，美国无视联合国和世界卫生组织呼吁，拒不解除对有关国家的单边制裁，反而趁机对朝鲜、古巴、委内瑞拉、伊朗等国勒紧绞索，加剧人道主义危机，充分证明美西方人权至上的虚假本质。特朗普按"美国优先"原则行事，截抢盟友已购医用口罩、呼吸机等紧缺防疫物资，甚至宣布独家享用新冠病毒疫苗研发成果,赤裸裸的霸凌行为大大消解了美国"道义"形象和"盟主"凝聚力。

## 二、反资本主义全球化浪潮汹涌

20世纪出现了社会主义和资本主义两大社会制度,并形成了不同的发展模式。西方国家出现了以美英为代表的自由资本主义发展模式和以德国、北欧为代表的社会市场经济模式,日本、新加坡等亚洲国家形成了追赶型工业化发展模式。美英推行的新自由主义发展模式提倡大市场、小政府,自由放任,弱化政府作用,放松监管,结果是资本投机猖獗,市场无序发展,虚拟经济泡沫越来越大,最终演变成2008年国际金融危机。这次危机给世人的最大教训是,在发展模式的选择与创新中,要处理好国家与市场的关系,重视国家的作用,政府必须对市场进行严格的监管,不能由市场来决定社会的命运和发展方向。

当今世界,反新自由主义全球化运动方兴未艾,许多左翼力量、非政府组织投身其中,并得到民众的广泛响应和支持。一些环保主义政党如绿党等在各国政坛独树一帜,并成为重要的参政党。和平发展、合作共赢、共同进步是时代要求,也是各国人民共识。一些有利民生、推动历史进步的新兴社会运动拓宽了当今政治实践领域,不仅为共产党扩大生存和发展空间提供了机遇,也是共产党可以借重和合作的生力军。

疫情危机充分暴露了资本主义逐利和自私本性,加剧了国际体系中的固有矛盾,西方价值"政治正确"黯然失色,制度体系深陷危机困境。美西方国家的抗疫不是以人民为中心,而是以资本的利益和政党选票为中心,有钱人能得到优先救治,最终去世的大部分都是老人和穷人。与资本主义追逐个人利益本性不同,社会主义是广大人民集体利益的集中表达,珍惜每个人的生命和健康权利,保障人民群众平等享有医疗卫生等社会福利,是社会主义本质要求之一。在世纪疫情背景下，西方左翼力量借机加大对资本主义批判力度，认为疫情进一步放大了极端市场化、私有化和自由化的弊端，国家亟需在市场与政府、效率与公平、公有制与私有制之间进行纠偏，以维护中下层民众利益。各种左翼力量和新兴社会运动开展的反资本主义的斗争，推动了历史进步，对建立一个不同于资本主义的"另一个世界"具有重要意义。

### 三、社会主义制度优势日益彰显

新冠肺炎疫情全球大暴发，给各国国家制度和社会治理带来严峻挑战，也是对不同社会制度和国家治理能力差异的大检阅，是对西方民主制度和治理能力的重大挑战。面对突发新冠肺炎疫情，欧美一些国家政府效率低下，应对疫情失策，社会纠偏机制失灵，民众对西方制度运转和治理能力的失望和不满快速上升。抗击疫情是社会主义理念和制度优势的试金石，中国在疫情阻断、医疗救治、物资保障、复工复产等多线作战，展现了社会主义国家的制度优势，组织动员及执行能力是西方国家难以企及的。中国在这次疫情防控中的突出表现受到各国共产党和左翼人士的普遍肯定和赞扬，认为这是中国特色社会主义制度性优势的一次充分展现。许多国家共产党领导人撰文指出，共产党珍惜每个人的生命价值，特别是对劳动人民人身权利的保障，重视发挥政府在危机中的作用，这样价值观既具有道义性和正确性，也体现了社会主义优势。

从当今世界各种发展模式比较中我们可以看出，尽管资本主义发展模式不断调整，但很难实现发展生产力与共同富裕的有机统一、追求效率和维护公平的有机统一。相比较而言，社会主义制度优越性就在于能在不断解放和发展社会生产力的基础上，逐步消灭剥削，消除两极分化，最终达到共同富裕。东欧剧变、苏联解体后，社会主义国家执政党对本国国情重新认识，对社会主义理论和未来前景进行了探索，在政治经济方面也进行了政策调整。尽管这种调整和探索还只是初步的，而且在程度上彼此都有很大差别，但应看到，社会主义国家通过革新开放发生了巨大变化。中国特色社会主义制度模式既顾及社会差距的客观性和现实性，把追求效率、提高效率放在重要位置；又顾及社会公平与公正的必然性和目标性，在发展过程中着力实现效率与公平的有机统一。越南、老挝经济增长近年领先东南亚，越南人均国内生产总值由30年前的几十美元，增加到现在超4000美元，初步摆脱贫困状态。朝鲜、古巴尽管面对美国制裁封锁，经济社会发展极端困难，但始终坚持社会主义基本原则，尽力保障和改善人民群众基本生活需要，没有出现西方所预料的人道主义灾难。

这次新冠肺炎疫情是对整个人类社会的冲击，给全球公共卫生安全带来巨大挑战，没有任何一个国家可以独善其身，只有世界各国携手合作，有效开展联防联控，才能在世界范围内有效控制新冠肺炎疫情。人类命运休戚与共，只有树立共同体意识，才能共渡难关。新冠肺炎疫情发生以来，习近平总书记亲自推动开展国际合作，多次强调中国将秉持人类命运共同体理念，为全球疫情防控分享经验，提供力所能及的支持，同各国一道促进全球公共卫生事业发展，构建人类卫生健康共同体。构建人类卫生健康共同体，是构建人类命运共同体的有机组成部分，它超越了国别、党派和制度的异同，汇聚起各国都认同的最大公约数，蕴含着人类都接受的共同价值。中国理念和中国行动对坚定各国抗击疫情的信心、携手应对全球公共卫生危机发挥了重要引领作用。中国坚持以人民为中心和人类命运共同体理念，以集中力量办大事的制度优势，众志成城，全民防控，积极开展疫情国际合作，赢得各方赞誉。疫情西方之乱与中国之治对比鲜明，社会主义核心价值观和人类命运共同体理念愈益成为引领人类社会发展进步的旗帜。和平发展、合作共赢和构建人类命运共同体的时代潮流，为世界社会主义力量发展壮大提供了难得机遇。

## 第二节　当今世界社会主义面临的严峻挑战

在世界百年大变局的形势下，资本主义虽遭遇危机，但社会主义国家仍是在世界资本主义的包围之中生存发展，不断遭遇西方敌对势力的打压和围攻，"资强社弱"格局没有发生根本性转变。

### 一、美国和西方国家对社会主义打压变本加厉

百年大变局引发不同文明和不同思想文化相互激荡，新一轮"反社会主义"逆流横行，社会主义和资本主义两种意识形态、两种社会制度的博弈较量更加激烈。美国和西方国家虽遭遇新冠疫情重创，但敌视社会主义的本性并没有改变，反而表现得更加露骨。

中国是一个具有东方文明的国家，又是一个走社会主义道路的国家，不同意识形态和文明特性刺激了西方国家敏感神经。美西方攻击共产党执政为"极权"，不断变换手段打压现存社会主义国家，甚至扬言不惜动用武力制裁"极权"、铲除"异端"。当今，美国将中国确定为"战略竞争者"，将中美关系定性为"大国竞争关系"，诬称中国在经济、政治、价值观等多方面对美构成严重挑战。美国政府和一些政客对华焦虑和恐惧心理持续上升，对华强硬正在成为新的政治正确。新冠肺炎疫情把美国搅得天翻地覆，也加速了各种仇共反华情绪大暴发。美国不仅挥舞自由、民主、人权大棒，丑化污名中国，渲染中国制度威胁，挑起意识形态对抗，而且在疫情防控问题上"甩锅"中国，炮制"中国病毒"说，在涉港、涉疆、涉台问题上不断挑战中国底线，在中美经贸、科技、文化合作上扩大对华打压，实行"全政府""全社会"对华打压战略。

"后冷战时代并不是一个全球高唱《欢乐颂》的美好时代，而是一个意识形态斗争仍然深刻存在的艰难时代，是一个以文明冲突、社会

紧张、人权矛盾为表象的镀金时代。"① 美国和西方国家高举"民主和平"②的旗帜，凭借科技、经济优势，在输出资本的同时，不遗余力地输出西方价值理念和制度模式，在各地搞"颜色革命"，以"教师爷"身份鼓动发展中国家搞私有化、自由化，以各种各样的手段去遏制"非西方阵营"的国家的发展，甚至不惜发动一场又一场针对伊拉克、利比亚、叙利亚等国的战争，武力推翻一些国家的政权。特朗普甚至表示要加大对朝鲜、古巴、委内瑞拉的制裁封锁，对左翼政权勒紧绞索，彻底铲除冷战后共产主义遗产。欧洲一些国家遥相呼应，欧盟领导人声称要根据《里斯本条约》第七条，停止向违反西方共同价值观的成员国提供欧盟资金，使用包括政变在内的各种手段集体围攻古巴、委内瑞拉等左翼力量。拉美右翼在美国支持下，成立拉美右翼联盟，在巴西举行的首届"首届美洲右翼大会"，巴西右翼总统博索纳罗宣称要捍卫民主自由人权等意识形态，全力阻止马克思主义重返拉美，呼吁拉美右翼团结起来，对社会主义说不。

当今世界的物质技术水平已经发展到古人难以想象的地步，但发展不平衡不充分问题仍然普遍存在。发达国家利用不公正、不合理的国际经济旧秩序和在经济全球化趋势中的主导地位损害发展中国家利益的现象还很普遍，并非所有国家都能从经济全球化中受惠，一些国家和民族利益受损，南北发展差距依然巨大，全球财富不断向最发达的少数国家集中，发展中国家与发达国家之间的不平等经济地位和南北差距仍在不断扩大，很多国家贫困和饥饿依然严重，特别是很多老人、妇女、儿童饱受饥饿和贫穷的折磨。贫困化和社会不公激化社会矛盾，造成了一个贫富悬殊和更加不平等、不公正的世界。

当今，以美国为首的西方发达国家不仅把持着世界贸易组织、世

---

① Glenn J. Antizzo, *U. S. Military Intervention in the Post-cold War Era: How to Win America's Wars in the Twenty-first Century*, Louisiana State University Press, 2010, pp. 12—28.
② 张胜利:《理论与现实的双重困境——后冷战时代"民主和平论"再审视》，载《河南大学学报（社会科学版）》，2016年第5期，第36—43页。

界银行、国际货币基金组织等国际经济金融机构的话语权和规则制定权,从而获取了由规则制定权而带来的体制红利,而且凭借美联社、路透社、法新社等跨国通讯社及媒体优势,垄断国际新闻报道,按美西方的政治观点和价值观操纵舆论民意。美国和西方国家新闻媒体特别热衷于炒作中国、朝鲜等社会主义国家及伊朗、委内瑞拉等"异类"国家所谓抗议专制独裁等事件,往往以自由、客观、公正为幌子,掩盖其颂扬资本主义、贬抑社会主义、打压非西方国家的目的。许多国家的新闻媒介在收集、传播信息中都严重依赖西方媒体,只能作为被动的新闻信息收受者和附庸者。这种由规则制定、新闻舆论控制及文化娱乐所打造的软实力也是当前"资强社弱"的一个重要方面。

## 二、社会主义国家面临长期执政、改革开放和西方和平演变的严峻考验

在世界社会主义发展进程中,社会主义制度的巩固和发展是极为复杂、艰巨的长期任务,社会主义改革和发展面临着许多新的问题和挑战。作为政治制度相同、发展道路相近的社会主义国家,面对复杂多变的国际环境,党和国家的前途命运紧密相连,在改革开放和长期执政条件下维护共产党执政地位、确保国家政治安全、推动社会主义事业不断发展仍是社会主义国家当今面临的共性问题和头等大事。如何在两种制度的共存、交往与合作中保持社会主义特色;如何在不同制度和发展模式竞争中保持制度优势,在不断解放和发展社会生产力的基础上,逐步消灭剥削,消除两极分化,在发展过程中着力实现效率与公平的有机统一,最终达到共同富裕,仍是社会主义国家需要解决的重大课题,还需不懈探索。

20世纪80年代以来,以互联网和信息技术为中心的科技革命方兴未艾,经济全球化迅速发展,各国间相互依存度空前提高,世界进入了一个不同于战争与革命时代的新的历史阶段,维护世界和平,谋求经济发展已成世界的主要潮流。邓小平敏锐地把握时代变化的脉搏,

提出了和平与发展是当今时代两大问题的著名论断①，为执政的共产党正确认识国际形势、抓住机遇发展自己指明了方向。在和平与发展主题下，世界多极化、经济全球化、社会信息化、文化多样化深入发展，各国经济社会发展日益相互联系、相互影响、相互依存，和平、发展、合作、共赢和构建人类命运共同体的时代潮流不可逆转。然而，经济全球化进程一直为发达资本主义国家所主导，西方发达国家及世界银行和国际货币基金组织对世界经济进行干预，推行新自由主义，扩大和加深西方的影响，资本主义生产方式和意识形态在全球范围内扩散。世界上两种制度对立和矛盾并未根本消除，从过去公开对抗变为合作竞争，在合作中竞争，以斗争求合作，这种竞争合作关系复杂多变，两种制度的斗争时而缓和，时面激烈。西方国家依仗其政治、经济、科技、军事优势，加紧对社会主义国家西化、分化活动，与此相比，现存社会主义国家处于劣势，防不胜防。这些不利因素和险恶的外部环境，将会持续较长时间。

在处理改革开放和维护国家安全两者关系的时候，社会主义国家执政党不得不把维护国家安全和国内政局稳定作为党的工作重点，特别是在朝鲜、古巴两国，维护执政党地位和政局稳定成为头等任务，这在很大程度上延缓了本国政策调整和经济发展进程。由于受传统社会主义观念影响较深，思想束缚较多，有的社会主义国家执政党对什么是社会主义、如何建设社会主义问题还存在着不同理解；有的党缺乏改革的勇气，迈不开改革开放的步子，在一些具体做法上左右摇摆，求稳怕乱，失去了许多有利时机；有的改革开放中，自由化思想开始活跃起来，甚至有人鼓吹放弃社会主义，实行资本主义；有的国家腐败问题比较严重，行贿受贿、权钱交易、贪污走私等腐败消极现象蔓延，不仅败坏了社会风气，而且给社会稳定带来不良影响。随着改革开放日益深入，来自国内外要求政治改革的压力越来越大，社会主义

---

① 邓小平：《邓小平文选》（第三卷），北京：人民出版社，1993年版，第105页。

国家在保持经济发展与维护社会稳定过程中所面临的困难会更多。

### 三、主观条件滞后是左翼力量未来发展的重大障碍

世界社会主义要实现复苏与发展,除了需要有利的外部环境外,还要看左翼力量主观条件是否成熟和实力是否强大。虽然金融危机充分暴露了资本主义内在矛盾,客观上为社会主义发展创造了有利的外部环境,但应清醒地看到,主观条件滞后仍是左翼力量未来发展的重大障碍。

政党的力量主要体现为组织的力量,组织严密、行动有力则政党强大。对马克思主义政党而言,依靠和发挥组织力量更为重要。长期以来,一些共产党在效仿"苏联式的民主集中制"的过程中,遇到很多现实矛盾和问题,往往出现高度集中和自由化两个极端。民主与集中的对立状态使一些人对民主集中制产生怀疑并借此攻击共产党,认为民主集中制就是实行专制独裁,使共产党形象严重受损。传统的民主集中制作为共产党的组织方式,是建立在阶级结构单一、利益高度一致基础上的,不太适应今天如此分散的众多利益诉求,迫切需要理论和实践创新。而苏共垮台后,一些党随意抛弃民主集中制,改行"民主的运行机制",结果党内派别林立,组织涣散,党的力量迅速下降。一些共产党去传统、去意识形态化,导致思想和组织混乱,创新不足,行动能力弱化,成为制约发展的主要因素。在全球化、信息化背景下,政党阶级基础和依靠力量多样化,民主进程快速发展,当今各国共产党发展面临党的凝聚力和感召力弱化的难题,给党的组织方式和活动方式带来严峻挑战。在新形势下如何发扬民主和实现民主基础上的集中,如何在加强党的战斗力的同时又能有效地维护党的团结和统一,如何实现党的活动方式的创新与转型,是共产党自身建设的重大课题和艰巨任务。

社会主义实践形式取决于无产阶级自身的状况。在发达资本主义国家,马克思恩格斯笔下的无产阶级渐渐缩小,大部分转化为"中产

阶级"或"中等收入者","白领工人"迅速扩大。国际金融危机和世纪疫情全球深度发酵,加剧了民众身份认同的"碎片化",传统劳工阶层已不再是社会主义力量"天然"的社会基础,其政治"流动性"不断加大,在现实压力和民粹主义蛊惑下,很容易从一个阵营转投另一个阵营。特别值得注意的是,国际金融危机以来,民粹主义凭借鲜明的反精英、反体制旗帜异军突起,赢得了众多支持,挤压了社会主义及左翼力量的生存空间、政策空间和民众基础。为争夺选民,无论是左翼、右翼还是民粹主义甚至教派政党,均打着"平等、公正"大旗,公平正义成为当今世人普遍追求的共同价值。昔日共产党最能打动民心的"社会公正、扩大就业、完善福利保障制度"等传统政策领地被挤占,风光不再。由于一些共产党和左翼政党缺乏明确的、有凝聚力的纲领目标,在许多重大问题上没有形成自己的观点,左翼替代口号特色不明显,在很大程度上变成了没有政治内容的空洞论辩,政策主张缺乏吸引力,难以像以往那样广泛吸引民众。

国际金融危机爆发以来,各种反资本主义的力量在反新自由主义的旗帜下开展反政府紧缩政策的示威抗议活动,但共产党不能很好地把自己的纲领和政治目标融入并体现到运动中,没有抓住机遇提升共产党的影响力。其中一个重要原因在于这些国家的共产党政策主张复杂多变,缺乏创新能力和手段来统领各种力量,不掌握运动的主动权。有的共产党虽然强调建立左翼阵线,但对于是否参与左翼运动、如何建立统一战线等问题各有打算,多数共产党内部及共产党之间都不同程度地存在分歧,很难形成共识,要么在与其他左翼合作时削弱了自身实力,要么过分强调合作条件和原则而未能通过联合左翼来扩大自己的影响,很少能提出有吸引力的政策主张,更难实现在左翼联合中的领导权。

虽然国际金融危机和世纪疫情大暴发充分暴露了资本主义内在矛盾,客观上为社会主义发展创造了有利的外部环境,但应清醒地看到,社会主义力量并没有抓住机遇实现逆势而上,民粹主义力量反而成为资本主义危机的"获利者"。西方反资本主义思潮由于缺乏有效的政治引领,正加快向民粹主义转化,进而助推了民粹政党的快速崛起。民粹主义将在欧美和许多发展国家常态化,将在较长时间内同左翼争夺支持者。多数共产党、社会党阵营中的"中左派",以及发展中国家一些左翼政党,处境更加艰难。从总体上看,发达国家共产党在传统右翼和民粹政党夹击下,政治生存环境恶劣,夹缝中生存,活动空间越来越狭窄。

## 第三节 从百年大变局看世界社会主义发展前景

社会主义的前途和命运,同时代潮流和世界大变局紧密联系在一起。当今世界多极化、经济全球化、社会信息化、文化多样化大势难逆,和平合作、开放融通、变革创新的潮流滚滚向前。发展中国家和发达国家、新兴大国和传统大国、社会主义国家和资本主义国家之间围绕发展道路和发展模式展开激烈较量,世界正经历新一轮大发展大变革大调整,世界百年之未有大变局直接影响世界社会主义格局变化和发展前景。

### 一、"我们依然处在马克思主义所指明的历史时代"

每个历史时代,都有自己的主要矛盾,都有需要解决的根本任务。马克思主义经典作家通过对人类社会发展进程的研究,精辟地阐述了不同历史阶段的时代问题,客观地揭示了资本主义生产方式的内在矛盾及其发展趋势,科学地阐明了不同民族国家之间的相互关系及发展前景。马克思主义时代观构成了科学社会主义理论的重要组成部分,对于无产阶级政党正确认识时代特征和准确把握世界社会主义形势,制定科学的路线、方针和政策具有重要指导意义。

资本主义兴起以来的世界历史基本上是资本主义生产生活方式和资产阶级国家力量向全球扩张的历史,这一扩张背后的驱动力量乃是资本逻辑。在马克思主义看来，资本的本性是通过运动实现价值增值。然而，当资本价值增值受到外部条件制约而放缓甚至出现障碍时，需要通过国家力量进一步向外扩张，开始新的资本增值进程，由此进一步激化资本主义各种矛盾。19世纪末20世纪初，资本主义发展到了帝国主义阶段，整个资本主义充满了激烈的对抗、斗争和危机。列宁在《帝国主义是资本主义的最高阶段》《国家与革命》等著作中，揭示了资本主义走向垄断的帝国主义特征，认为帝国主义是极少数"先进"国对世界上大多数落后国家和民族实行殖民压迫及金融扼制的体系，提出了生产方式与世界革命形势相结合的时代划分方法，阐述了帝国主义和帝国主义时代的特征，认为帝国主义时代的主题是战争与革命，时代发展趋势是社会主义代替资本主义，十月革命开启了资本主义向社会主义过渡的历史进程。

20世纪60年代以来，世界社会主义形势逐渐发生改变。世界社会主义阵营分裂，社会主义国家在与资本主义的经济竞争中落伍，许多亚非拉民族社会主义国家遭遇挫折、失败。与此同时，第三次科技革命方兴未艾，经济全球化迅速发展，各国间日益相互依存。面对国际形势的这种新变化，如何认识时代性质和世界社会主义发展形势，成为世界共产党人面临的新课题。邓小平敏锐地把握时代变化的脉搏，提出了和平与发展是当今时代两大问题的著名论断。邓小平指出，"现在世界上真正大的问题，带全球性的战略问题，一个是和平问题，一个是经济问题或者说发展问题。和平问题是东西问题，发展问题是南北问题。概括起来，就是东西南北四个字。"① 这一论断，在1987年党的十三大报告中被概括为"当代世界主题"，在1997年党的十五大报告则被表述为"当今时代的主题"。和平与发展成为时代主题的提出，对于我们党正确认识国际形势，制定正确的内外政策，抓住机遇，加快发展，产生了深远影响。

---

① 邓小平：《邓小平文选》（第三卷），北京：人民出版社，1993年版，第105页。

## 第十一章　世界社会主义发展面临的机遇、挑战和发展前景

20 世纪 70 年代后，以新能源、新材料及电子计算机广泛应用为主导的第三次科技革命，快速推动经济全球化和人类社会变革，国家垄断资本主义进入到国际垄断资本主义阶段。马克思主义经典作家认为，社会化大生产的性质要求由社会占有和支配生产资料，对社会实行统一的有计划的管理。资本主义国家虽然也有计划，但由于它和资本主义私有制相联系，同资产阶级追求利润相悖逆，因而它不可能从根本上消除生产的无政府状态。进入 21 世纪以来，信息和互联网革命使当代资本主义发生了一系列耐人寻味的重大变化，但这些变化在总体上并没有改变资本主义的本质规定性，并没有解决资本主义固有的内在矛盾，并没有消除资产阶级对广大劳动人民的剥削和压迫。金融和高科技产业巨头加速集中和垄断，推升新的财富分配不均和贫富两极分化。西方通过金融、贸易等多种手段向别国转嫁危机，并利用危机激化发展中国家的社会经济矛盾，不惜引发发展中国家社会政治动荡，谋求在国际经济体系中继续维持结构性优势地位。这些问题，特别是发展中国家与发达国家之间的不平等经济地位，既表明旧的国际经济秩序成为各国共同发展的障碍，同时也构成危害世界和平的潜在因素。世界的和平与发展的形势更趋复杂，面临许多新情况、新问题，和平与发展仍是人类需要不懈追求的目标和亟待解决的历史课题。

时代在变化，社会在发展，但马克思主义基本原理依然是科学真理。马克思主义经受了时代考验，也在时代考验中不断发展。当今时代变化，对共产党和左翼力量产生了深刻影响。许多共产党和左翼政党意识到，必须创造性地对时代特征、当代资本主义发展阶段、实现社会主义的方式路径等一系列基本问题做出有说服力的回答，才能有效吸引、领导本国民众开展斗争。国际金融危机给世界经济发展造成一次巨大灾难，也促使许多有识之士对资本主义进行深层次反省，认为要摆脱世界经济的无政府状态，克服越来越频繁的经济危机，首先必须消除产生世界无政府状态的国内根源，消灭资本主义剥削制度。尽管社会主义发展进程呈现出种种曲折性、复杂性和艰巨性，当今世

界"资强社弱"基本格局未变,西方资本主义仍有一定的调适余地和发展空间,社会主义与资本主义长期并存,但这不能最终改变资本主义必然灭亡的历史命运,资本主义向社会主义过渡的历史大方向不会改变。邓小平在20世纪90年代针对流行的"社会主义失败论""历史终结论""中国崩溃论",强调指出,"社会主义经过长过程的发展后必然代替资本主义,这是社会历史发展不可逆转的总趋势,但道路是曲折的"①。"只要中国社会主义不倒,社会主义在世界将始终站得住。"②习近平总书记也指出:"尽管我们所处的时代同马克思所处的时代相比发生了巨大而深刻的变化,但从世界社会主义500年的大视野来看,我们依然处在马克思主义所指明的历史时代。这是我们对马克思主义保持坚定信心、对社会主义保持必胜信念的科学根据。"③

## 二、社会主义日益本土化、民族化

实现社会主义是一个长期历史过程,在任何一个国家都不是轻而易举的事情,需要各国共产党结合本国国情和本党实际,走自己的路。社会主义是人类社会发展的必经阶段,一切民族、一切国家都将走向社会主义、共产主义。但是,一切民族走向社会主义、共产主义的具体道路却不可能完全一样,每个民族都会有自己的特点。恩格斯在晚年回答什么是社会主义问题时,指出:"我认为,所谓'社会主义社会'不是一种一成不变的东西,而应当和其他社会制度一样,把它看成是经常变化和改革的社会。"④作为第一个社会主义国家缔造者的列宁也认为,社会主义建设不可能存在一个统一的模式,也没有一个先验的公式,而要把马克思主义普遍原理同各个国家的具体情况相结合,

---

① 邓小平:《邓小平文选》(第三卷),北京:人民出版社,1993年版,第382—383页。
② 同上书,第346页。
③ 习近平:《习近平谈治国理政》(第二卷),北京:外文出版社,2017年版,第66页。
④ 中共中央马克思恩格斯列宁斯大林著作编译局编:《马克思恩格斯选集》(第四卷),北京:人民出版社,1995年版,第693页。

他指出:"需要独立地探讨马克思的理论,因为它所提供的只是总的指导原理,而这些原理的应用,具体地说,在英国不同于法国,在法国不同于德国,在德国又不同于俄国。"① 俄国十月革命胜利不是历史的偶然,实际上是列宁将马克思主义基本原理与俄国实际相结合的产物,不照搬马克思、恩格斯原话,而是具体情况具体分析,走自己的路,这是俄国十月革命实践得出的一条根本经验。

在世界经济联系日益紧密、和平与发展成为世界主题的形势下,如何坚持和发展马克思主义,如何探索适合本国国情的社会主义道路,成为这一时期各国共产党人和左翼力量的主要任务,不同的探索使社会主义呈现多样化特点,世界社会主义运动出现了极为复杂的局面,苏联东欧社会主义国家改革失败,民主社会主义和欧洲共产主义的探索也不成功,中国在改革开放中形成了中国特色社会主义理论、道路和制度。改革开放 40 多年来,中国走完了发达国家几百年走过的发展历程,经济总量从世界第十位跃升到第二位,对世界经济的贡献率超过 30%,7 亿多贫困人口摆脱贫困,对全球减贫的贡献率超过 70%,中国人民的生活水平实现了质的飞跃,从低收入国家跨入中等偏上收入国家行列。中国特色社会主义道路之所以完全正确、之所以能够引领中国发展进步,关键在于我们既坚持了科学社会主义的基本原则,又根据我国实际和时代特征赋予其鲜明的中国特色。作为一种实现现代化的发展模式,中国特色社会主义既有其特殊性,也有其一般性,它在回答和解决中国问题的探索中,为其他经济文化相对落后国家如何实现现代化、如何发展,积累了经验,提供了选择。中国特色并不是中国特有,中国特色社会主义在实践中显示出的个性和特色,通过经验总结和理论升华可变成可复制、可分享的共同经验而得到普遍认可。中国改革开放"不仅致力于中国自身发展,也强调对世界的责任

---

① 中共中央马克思恩格斯列宁斯大林著作编译局编:《列宁选集》(第一卷),北京:人民出版社,1995 年版,第 393—394 页。

和贡献;不仅造福中国人民,而且造福世界人民"①。"中国一心一意办好自己的事情,既是对自己负责,也是为世界作贡献。"② 对人类发展进步事业来说,中国对世界的贡献不只是经济上的,物质上的,还包括制度上的、思想上的贡献。中国特色社会主义道路和制度不仅给14亿人口的中国带来了巨大成功,而且也丰富了马克思主义理论宝库,中国特色社会主义道路是对世界社会主义运动做出的有益探索。

### 三、社会主义能够通过发挥优势取代资本主义

社会主义事业是伟大的正义事业,但社会主义等不来、靠不来,需要通过长期革命斗争积极争取。我们要坚信社会主义代替资本主义是世界历史发展大趋势,同时也要看到这种取代是一个长期历史过程,需要各种主客观条件的成熟,取决于社会主义自身力量的增长,特别是要靠社会主义搞成功的实例来证明社会主义优于资本主义,从而赢得世界人民的拥护。世界社会主义在21世纪能实现振兴的一个重要标志是社会主义制度赢得比资本主义更广泛的制度优势。邓小平曾高瞻远瞩指出:"我们中国要用本世纪末期的二十年,再加上下个世纪的五十年,共七十年的时间,努力向世界证明社会主义优于资本主义。我们要用发展生产力和科学技术的实践,用精神文明、物质文明建设的实践,证明社会主义制度优于资本主义制度,让发达的资本主义国家的人民认识到,社会主义确实比资本主义好。"③习近平总书记也强调了同样的思想:"随着中国特色社会主义不断发展,我们的制度必将越来越成熟,我国社会主义制度的优越性必将进一步显现,我们的道路必将越走越宽广,我国发展道路对世界的影响必将越来越大。"④

---

① 习近平:《习近平谈治国理政》,北京:外文出版社,2014年版,第57页。
② 《习近平在中法建交50周年纪念大会上的讲话》,http://www.xinhuanet.com/world/2014-03/28/c_119982956.htm。
③ 冷溶、汪作玲主编:《邓小平年谱(1975—1997)》(下),北京:中央文献出版社,2004年版,第1255页。
④ 习近平:《习近平谈治国理政》,北京:外文出版社,2014年版,第22页。

与深陷困境的西方三权分立制度不同，中国特色社会主义制度具有独特优势。中国共产党领导是中国特色社会主义制度的最大优势，是中国政治"奥秘"所在，也是与西方政治最大不同点。只有发挥党总揽全局、协调各方的领导核心作用，才能把政治制度、经济制度，以及各方面体制机制等具体制度有机结合起来，才能够把国内各种力量有序"组织起来"，有效调节国家政治关系，避免无序竞争，形成"全国一盘棋"局面。中国把共产党领导、人民当家作主、依法治国结合起来，把政府、社会、市场有机协调起来，统筹推进"五位一体"的总体布局和"四个全面"的战略布局，解决了许多长期想解决而没有解决的难题，办成了许多过去想办而没有办成的大事，充分显示了中国特色社会主义制度优势。

社会主义赢得比资本主义更广泛的制度优势，其中还有一个重要优势，即社会主义能实现人民共同富裕。共同富裕是马克思主义的一个基本原则，也是科学社会主义的本质属性和根本要求。资本主义经过几百年的发展，一度形成"从摇篮到坟墓"的福利国家模式，由于这种发展模式受"资本逻辑"制约，不可能从根本上解决贫富两极分化痼疾。当今欧美发达的资本主义国家，虽然拥有巨量财富，但由于贫富两极分化，仍然无法实现共同富裕和社会和谐。中国曾是一个农民占绝大多数的贫穷落后国家，丰衣足食、社会大同是中国人长期追求的理想社会，许多志士仁人为此前仆后继、不懈探索，但都抱憾而终。共同富裕是中国共产党人始终不渝坚持的初心使命，是社会主义的本质要求。中国共产党带领中国人民选择走共同富裕的社会主义道路，使得中华民族伟大复兴的中国梦一步一步走进现实。实现共同富裕不仅是经济问题，而且是关系党的执政基础的重大政治问题。党的十八大以来，以习近平同志为核心的党中央坚持以人民为中心的执政理念，把扎实推进全体人民共同富裕摆在更加重要的位置，开展精准扶贫精准脱贫，实现了现行标准下农村贫困人口全部脱贫，向着全体人民共同富裕的目标迈进了一大步。

"天下之势不盛则衰，天下之治不进则退。"随着世界格局的变化，新旧国际秩序的更替，两种社会制度在历史的长河中呈现出此消彼长的态势，社会主义的制度优势更为彰显。一旦中国全面建成社会主义现代化强国并实现了共同富裕目标，西方资本主义国家就会相形见绌，其自以为制度优越的神圣地位将不攻自破。我们要坚定不移高举改革开放旗帜，勇于推进理论创新、实践创新、制度创新，以及其他各方面创新，不断解放和发展社会生产力、解放和增强社会活力，进一步完善和发展中国特色社会主义制度、推进国家治理体系和治理能力现代化，实现好、维护好、发展好最广大人民根本利益，在实现现代化过程中不断地、逐步地实现共同富裕，用新的实践进一步显示中国特色社会主义制度的优越性。

**四、和平发展、合作共赢和构建人类命运共同体的时代潮流推动世界社会主义力量发展壮大**

世界百年未有之大变局中的一个突出特点是，"中国之治"和"西方之乱"对比鲜明，"东升西降"趋势明显。如何促使这种趋势朝着有利于"社升资降"趋势的出现和发展，是21世纪社会主义发展的重大课题。

从大变局趋势看，随着世界多极化、经济全球化不断发展，世界文明的多样性与发展模式的多样化更加明显。"要尊重世界文明多样性，以文明交流超越文明隔阂、文明互鉴超越文明冲突、文明共存超越文明优越。"[①] 文明因交流而多彩，文明因互鉴而丰富，文明交流互鉴，是推动人类文明进步和世界和平发展的重要动力。不同文明（包括制度文明）有差异，有时也会产生冲突，但可以和平共处、交流互鉴。通过不同文明交流互鉴，把各国国情差异性和文明多样性转化成为促进互补发展、互利共赢的源头活水。构建人类命运共同体顺应世

---

① 《中国共产党第十九次全国代表大会文件汇编》，北京：人民出版社，2017年版，第47页。

界发展潮流,契合各国人民共同期盼,它超越了国别、党派和制度的异同,汇聚起各国都认同的最大公约数,蕴含着人类都接受的共同价值,对世界各国、各地区、各民族、各文明共生共存具有普遍借鉴意义。社会主义作为一种超越资本主义的先进思想,它所追求的消灭剥削、实现社会公正平等、实现每个人自由而全面的发展,实现人类彻底解放,从必然王国到自由王国的飞跃等理念和价值,永远占据人类道义的制高点,这是社会主义具有不可遏止的吸引力的根本原因。

中国共产党不仅是为中国人民谋幸福的政党,也是为人类进步事业而奋斗的政党,始终将中国特色社会主义共同理想与共产主义远大理想紧密结合起来,始终把为人类作出新的更大的贡献作为自己的使命。中华民族同舟共济、守望相助的文化底色和天下情怀,与美国和西方种族歧视和排外仇外的极端民粹情绪成鲜明对照,中国提出人类命运共同体与美国奉行的"美国优先主义"高下立判。新冠肺炎疫情发生以来,习近平总书记亲自推动开展国际合作,强调中国将秉持人类命运共同体理念,为全球疫情防控分享经验,提供力所能及的支持,同各国一道促进全球公共卫生事业发展,构建人类卫生健康共同体。中国理念和中国行动对坚定各国抗击疫情的信心、携手应对全球公共卫生危机发挥了重要引领作用。

察势者智,驭势者赢。只有与历史同步伐、与时代共命运的人,才能赢得光明的未来。在西方民主国家,由于政府表现不佳、政治两极分化、经济不平等加剧,民众对民主制度运转失望和不满情绪上升,美国民众对美政府及民主进程的信任度处历史最低点。西方思想界在世界大变局背景下对西方民主运行的失望及对民主制度何去何从的茫然,表明西方政治制度越来越难以适应当前西方社会发展的需要。在西方分裂、美国之乱的复杂背景下,能否抓住当前世界社会主义发展"窗口期",主要看世界左翼和进步力量如何应对。只有契合各国人民共同期盼,顺应当今时代发展潮流,才有可能从低潮中探索一条世界社会主义的发展与振兴之路。

国际金融危机后，反新自由主义全球化运动方兴未艾，许多左翼力量、非政府组织投身其中，并得到民众的广泛响应和支持。一些环保主义政党如绿党等在各国政坛独树一帜，并成为重要的参政党。一些有利民生、推动历史进步的新兴社会运动拓宽了当今政治实践领域，不仅为共产党扩大生存和发展空间提供了机遇，也是共产党可以借重和合作的生力军。加强与各种新社会运动合作，团结各种左翼力量，培育新优势是共产党未来发展的主要途径。近年来，各国共产党利用一年一度的"世界共产党和工人党国际会议"这一多边合作平台，彼此交流思想和看法，对促进共产党之间团结合作产生了积极意义。迄今为止，世界共产党和工人党国际会议共举行了22次，历届会议都贯穿了"团结世界共产主义进步力量、反帝反资、建设社会主义"的宗旨目标。2017年11月，为纪念伟大的十月社会主义革命100周年，俄共在圣彼得堡主办的第十九届世界共产党与工人党国际会议，来自77个国家103个共产党和工人党的300多名代表与会，会议分析了各国共产党左翼力量面临的形势和任务，号召各国共产党弘扬共产主义理想、反对帝国主义战争、捍卫和平及实现社会主义。2018年5月，中国在深圳举行了纪念马克思诞辰200周年专题研讨会，中方邀请了50个国家和地区的75个共产党和左翼政党的领导人参会，大多数代表都是党的主席、总书记。与会代表一致肯定中国共产党为人类文明进步和世界社会主义事业作出的重要贡献，呼吁中国应进一步利用自身优势和影响，在社会主义国际团结合作中发挥更大作用。许多外国共产党和左翼人士指出，通过总结吸取中国特色社会主义理论和实践创新经验，特别是中国共产党治国理政和管党治党经验，可为深陷思想迷茫、理论困惑、政策匮乏、行动失措等多重窘境的国外社会主义及左翼力量提供有益参考借鉴，从而推动世界社会主义运动走向重兴。多数共产党都认识到，在当前复杂的国际形势下争取实现社会主义目标是一个长期过程，必须要实现广泛的左翼联合阵线，特别是要加强共产党之间的团结合作，调动和利用各种积极因素，制定正确的战略与策略，扩大左翼统一战线，以达到凝聚队伍和争取自身发展的目的。但应看到对于是否及怎样建立共产党国际联合，各国共产党内部及共产党之间还不同程度地存在分歧，共产党实现团结联合任重道远。

构建人类命运共同体理念与实践，集中体现了新时代条件下马克思主义关于人类解放的价值目标和实现共产主义的远大理想，进一步深化了对人类社会发展规律的认识。在当前经济全球化遭遇逆流，世界和平、公正发展面临美国单边主义严峻挑战之时，习近平总书记强调，天下并不太平，和平需要保卫，发展任重道远，公正的发展至关重要，我们仍处于战略机遇期，但机遇挑战都有新变化，要求我们继续坚持和平与发展的时代主题，走团结合作、共同发展、合作共赢之路。合作共赢是实现和平发展、安全公正的最有效路径，充分体现了构建人类命运共同体理念的深刻内涵。随着中国同世界各国的友好合作不断拓展，人类命运共同体理念将得到越来越多的支持和赞同。特别是新冠肺炎疫情在全球蔓延时，这一理念得到切实检验，在国际社会产生日益广泛而深远的影响，这也必将推动21世纪世界社会主义的新发展。

# 后　记

2021年是中国共产党100年华诞，也是我大学毕业后在高校、党校及有关部门从事马克思主义理论和世界社会主义问题研究工作40年。40年弹指一挥间，我目睹了改革开放初期理论界思想解放的历史风云，也见证了中国特色社会主义理论体系的创建和成熟，曾发表了一些文章和著作。然而，自己的一点研究习得充其量只是无涯学海中的一朵浪花，能否发出亮光尚需事实验证。曾有人问我，为何要在一个冷门左道上穷其一生？对此我没有高调回应，是志向，是挚爱，可能是，但终因是习近平总书记所指出的那样，尽管我们所处的时代同马克思所处的时代相比发生了巨大而深刻的变化，但从世界社会主义500年的大视野来看，我们依然处在马克思主义所指明的历史时代，这是我们对马克思主义保持坚定信心、对社会主义保持必胜信念的科学根据。作为一名执着于世界社会主义问题研究的理论工作者，我深信中国特色社会主义将引领和推进世界社会主义进入新时代，也深感要以这样的时代观和历史视野去观察世界，正确认识和深刻把握世界社会主义发展历程、当今现状及走向。为此，我利用自己主持"大变局中的世界社会主义现状与前景"重点课题研究的机会，将我长期跟踪研究国外共产党和世界社会主义问题的有关心得，按专题篇章展开并以"北京市习近平新时代中国特色社会主义思想研究中心重点项目阶段性成果"形式与学界同仁和各界读者分享。由于本书选题宏大，涉及世界社会主义历史进程和现状趋势等方方面面，而本人学识能力有限，不可能做到深入透彻的专题研究，只能是抛砖引玉，提出问题，为后来者留下更多思考空间。

本书出版得到了北京市习近平新时代中国特色社会主义思想研究中心、天津科技大学马克思主义学院和当代世界出版社的大力支持。中共北京市委前线杂志社的李明圣总编、前线杂志社研究室许海主任、天津科技大学马克思主义学院副院长滕翠华等领导给予我热情鼓励和宝贵支持，学界朋友对我的课题研究也提出许多宝贵建议，当代世界出版社社长兼总编辑丁云及编辑刘娟娟等精心编审，为此书增色不少，魏银萍也为本书出版做了一些工作，在此一并感谢！由于本书并不是严格意义上的专著，且写作时间不一，肯定会存在不足乃至出现错误，敬请读者批评指正！

"不忘初心，方得始终"，与时代同步仍需终生学习努力。我将珍惜晚年时光，踔厉奋发、笃行不怠，不负历史、不负时代、不负人民，在世界社会主义问题研究领域再接再厉，不断前行。

柴尚金
2022 年 3 月于北京万寿路寓所